会展
全程策划宝典

程爱学 徐文锋 ◎ 编著

HUIZHAN QUANCHENG
CEHUA BAODIAN

北京大学出版社

图书在版编目（CIP）数据

会展全程策划宝典/程爱学等编著. —北京：北京大学出版社，2008.1
ISBN 978-7-301-12917-3

Ⅰ.会… Ⅱ.程… Ⅲ.展览会—策划 Ⅳ.G245

中国版本图书馆 CIP 数据核字（2007）第 168528 号

会展全程策划宝典

著作责任者：程爱学　徐文锋　编著
责　任　编　辑：刘晓晨　张静波
标　准　书　号：ISBN 978-7-301-12917-3/F·1760
出　版　发　行：北京大学出版社
地　　　　　址：北京市海淀区成府路 205 号　100871
网　　　　　址：http://www.pup.cn　电子信箱：em@pup.pku.edu.cn
电　　　　　话：邮购部 62752015　发行部 62750672　编辑部 62752926　出版部 62754962
印　刷　者：北京大学印刷厂
经　销　者：新华书店
　　　　　　730 毫米×1020 毫米　16 开本　24 印张　345 千字
　　　　　　2008 年 1 月第 1 版　2008 年 1 月第 1 次印刷
定　　　　价：49.00 元

未经许可，不得以任何方式复制或抄袭本书之部分或全部内容。
版权所有，侵权必究

前　言

2008年北京奥运会和2010年上海世博会，无疑将是中国会展业的一次盛会。届时需要一大批能独立策划、设计并指导实施的会展人员，这将给会展策划设计人员提供一个难得的展现个人才华的机遇和广阔舞台。

中国会展业方兴未艾。自20世纪90年代以来，会展业成为我国各大中城市的一个"显业"，得到了迅猛发展。据不完全统计，最近两年，全国每年举办的达到一定规模的展会活动项目近3000个，进入市场的会议项目则数以万计，会展业创造的直接收入超过百亿元，直接或间接带动的关联产业的经济产出则有近千亿元。由于我国会展业和对会展经济的研究起步较晚，会展教育亦相对滞后，各地都缺乏全面、系统懂得会展策划的人才。会展人才的匮乏，成为制约我国会展业的发展、会展的组织管理水平及服务质量提高的瓶颈。业内资深专家指出，我国展览会数量已经很多，但真正形成国际品牌的屈指可数，其关键在于策划人才的缺乏。会展策划师作为会展的总导演，是会展行业中最抢手的人才。

会展业人才，大致可分成会展核心人才、会展辅助人才与会展支持性人才，前两者就是我们通常所说的会展业人才，会展核心人才中会展项目策划和营销人才尤其重要。会展策划的人才属于知识复合型的综合性人才，不但要熟悉展览会运作的一般流程，而且要了解展览项目所在行业的情况，还要具备一定的外语水准，最好还懂经济和管理。而目前的会展从业人员中，大多为半路出家，或者是从其他专业如平面设计、广告策划、装潢制作等专业转道而来；有的会展策划人员虽有一定的外语水准，但均不是学经济管理出身的；工程、制作、施工人员更是来自各行各业。这直接造成展览项目大都规模不大，管理难以与国际会展公司抗衡。

就国际展览业而言，中国内地被认为是展览业发展最快的地区。在此形势下，欧美一些国家已经采取了一些针对中国会展业的竞争对策。相比而言，国外会展人才培养体系成熟，并在长期的实践中形成了良好完善的会展理论，如德国已经有专业公司培训会展人才，美国则是高校和培训两种人才培养模式，他们的人才培养更注重实践能力的锻炼和培养。国际会展策划师已成为一个相当成熟的职业，并且设置相应的证书考核标准。

当下，只有全面提高我国会展从业人员的素质，才能满足会展行业发展对人才的迫切需要，进一步提升会展行业面向国际的综合竞争力。这对于我国会展行业的持续、健康发展有着重要的现实意义和深远的历史意义。

会展策划是会展产业相关学科专业的一门核心主干课程。在整个会展活动的运作中，策划可以说是"头脑"，它是会展活动的灵魂。本书通过对会展策划原理的系统阐述，将会展策划的知识体系以及会展策划的基本操作技能融为一体，并且通过对会展策划的经典案例分析，使读者能够掌握规律，明确理论，指导实践。读者在详细了解会展策划的知识体系之后，可以全面掌握会展策划的基本操作技能，熟悉现代会展的策划运作。本书内容包括会展与会展业、展览主题策划、展览项目策划、展览品牌策划、展览运作策划、展览活动策划、展览服务策划、招展策划、招商策划、企业参展策划、展览设计策划、会议策划等。

出版本书的目的，就是希望读者通过阅读本书，可以从中得到有益的启迪，尽快掌握会展策划的基本方法和技巧，以适应会展策划工作的需要，并在今后的会展策划事业中一显身手，成为行业的佼佼者。

Contents

目录

第1章   1

会展与会展业

  1.1   会展的构成 ·· 1
  1.2   会展的特点 ·· 8
  1.3   会展业的作用 ··· 11
  1.4   世界会展业概况 ·· 16
  1.5   我国会展业的现状 ·· 19
  1.6   中外会展及机构介绍 ······································· 23

第2章   31

展览主题策划

  2.1   影响展览主题策划的因素 ································· 31
  2.2   选择展览行业 ··· 36
  2.3   选择展览题材 ··· 39
  2.4   确定展览主题 ··· 44
  策划锦囊：2010年上海世博会的主题 ······················ 49

第3章   51

展览项目策划

  3.1   展览项目信息收集 ·· 51
  3.2   展览项目市场调研 ·· 62

3.3 展览项目立项策划 ·················· 64

3.4 展览项目可行性分析 ················ 81

策划锦囊：展览项目策划书的内容 ·············· 88

第4章　　　　　　　　　　　　　　　　　　89

展览品牌策划

4.1 展览品牌定位 ···················· 89

4.2 展览品牌形象设计 ················· 93

4.3 展览品牌传播 ··················· 102

4.4 品牌展览的塑造 ·················· 110

策划锦囊：如何使参展商连续参展 ············· 123

第5章　　　　　　　　　　　　　　　　　　127

展览运作策划

5.1 展览实施策划 ··················· 127

5.2 展后工作策划 ··················· 130

5.3 展览资料的编制 ·················· 132

策划锦囊：参展手册的格式 ················ 139

第6章　　　　　　　　　　　　　　　　　　143

展览活动策划

6.1 展览活动的种类 ·················· 143

6.2 展览会议活动策划 ················· 149

6.3 展览公关活动策划 ················· 155

6.4 展览招待活动策划 ················· 162

第7章　　　　　　　　　　　　　　　　　　169

展览服务策划

7.1 展览服务策划的流程 ················ 169

7.2 展览运输服务 ··················· 176

7.3　展览食宿行服务 …………………………… 184

　　7.4　展览现场服务 ……………………………… 187

　　策划锦囊：展会服务的常见问题 ………………… 193

第8章　　　　　　　　　　　　　　　　　　　　197

招展策划

　　8.1　招展的基本流程 …………………………… 197

　　8.2　招展方案策划 ……………………………… 203

　　8.3　招展宣传策划 ……………………………… 214

　　8.4　招展组团 …………………………………… 217

第9章　　　　　　　　　　　　　　　　　　　　227

招商策划

　　9.1　观众招揽策划 ……………………………… 227

　　9.2　赞助商寻求策划 …………………………… 233

　　9.3　招商宣传 …………………………………… 237

第10章　　　　　　　　　　　　　　　　　　　 243

企业参展策划

　　10.1　企业参展决策 ……………………………… 243

　　10.2　制定参展目标 ……………………………… 250

　　10.3　选择展览项目 ……………………………… 258

　　策划锦囊：展位不好如何吸引观众 ………………… 268

　　10.4　拟订参展计划 ……………………………… 269

　　10.5　参展实务 …………………………………… 275

　　策划锦囊：参展计划范例 …………………………… 296

第11章　　　　　　　　　　　　　　　　　　　 305

展览设计策划

　　11.1　展览设计的原则与标准 …………………… 305

11.2 展览的总体设计 ·· 310
11.3 展览空间设计 ·· 313

第12章　319

会议策划

12.1 会议策划的基本内容 ·· 319
12.2 会议的组织与实施 ·· 324
12.3 会议主题与目标的确定 ···································· 331
12.4 会议场所的选择 ·· 335
12.5 会议活动安排 ·· 353
12.6 会场布置 ·· 358
策划锦囊：如何成功筹备会议 ································ 372

主要参考文献 ·· 374
后记 ·· 376

第1章 会展与会展业

　　会展是会议、展览等集体性活动的简称，是指在一定地域空间，由多个人集聚在一起形成的，定期或不定期的集体性的物质、文化交流活动。

　　会展业是指以会展为业的部门，包括行业协会、展览组织筹办公司、会展场馆、展览设计施工公司、展览道具制作公司等。广义的会展业，除狭义会展业的解释外，还包括运输、广告、饭店、餐饮、交通等部门中为会展提供服务的部分。会展业的发展必然带动相关行业的发展，推动一个城市经济的腾飞。

1.1　会展的构成

　　广义的会展包括会议（meeting）、展览（exhibition）、奖励旅游（incentive travel program）、协会/团体组织会议（convention）和节事活动（events）。

　　狭义的会展仅包括会议和展览两部分。

1. 会议

　　会议是指一群人为了解决某个共同的问题或以各种各样目的聚集在

一起的活动。会议有规模大小和持续时间长短之分。会议的规模可以从几个人到上万人，而持续时间长短也是因"需"而异的。根据会议规模大小和与会者的身份不同，会议可以简单地分为国际会议、洲际会议和国内会议。国际会议一般是指与会总人数在50名以上、外国与会代表占20%以上的会议。

会议的具体形式有大会、年会、例会、专门会议、代表会议，等等。

（1）大会（assembly）。大会是指一个协会、俱乐部、组织或公司的正式全体会议。参加者以其成员为主，其目的在于决定立法方向、政策、内部选择、同意预算、财务计划等。所以，大会通常在固定的时间及地点定期举行，也有一定的会议程序。

（2）年会、例会（convention）。年会是会议领域最常见的字眼，指就某一特定的议题展开讨论的聚会，议题可以涉及政治、贸易、科学或技术等领域。当今的年会通常包括一次全体会议（general session）和几个小组会议。年会可单独召开，也可以附带展示会。多数年会是周期性的，最常见的周期是一年一次。年会常有的内容是市场分析报告、介绍新产品和筹划公司策划等。在美国，年会通常是指工商界的大型的全国甚至国际集会，包括研讨会、商业展览或两者兼具。

（3）专门会议（conference）。专门会议几乎与年会相同，通常有许多与会者参加讨论并参与活动。"年会"这一字眼常被贸易界用于一般性的会议，而专门会议常常是科技界使用的术语，贸易界也使用这个词。因此，两者没有实际意义上的区别，仅仅是用语习惯不同而已。专门会议的议题通常涉及具体问题并就其展开讨论，可以召开小组会，也可以只开大会。

（4）代表会议（congress）。"代表会议"一词常被欧洲人和国际性会议使用。在性质上，代表会议是与专门会议相类似的活动，并且这一词在美国被用来指立法机构。代表会议的与会者数量参差不齐。

（5）讲座（lecture）。讲座是一种比较正式或者说组织较为严密的活动，通常由一位专家单独做示范，会后有时安排听众提问，讲座规模的大小不定。

（6）论坛（forum）。论坛的特点是反复深入的讨论，一般由小组组长或者演讲者来主持，与会者的身份均要求先被认可，其过程一般由一位会议主席（moderator）主持，有不少听众参与其中，各种各样的问题分别由小组组长和听众提出并讨论。两个或更多的发言人可以就各自的不同意见向听众而不是向对方进行阐述，再进行反复的讨论，最后由会议主席下结论。

（7）专题学术讨论会（symposium）。专题学术讨论会是由某一领域内的专家组成的集会，他们就某一特定主题请专家发表论文，并共同就问题加以讨论并提出建议。专题学术讨论会与论坛相类似，参与人数较多，会期在2—3天左右，进行方式比论坛更为正规。专题学术讨论会的典型特点是一些个人或者专门小组要做示范讲解，一定数量的听众会参与讨论，但是相对论坛而言，会议中较少有与会者进行观点和意见的交流。

（8）研讨会（seminar）。指一群（10—15位）具有不同技术但有共同特定兴趣的专家，借一次或一系列的集会来达到训练或学习目的的进修会。与其他类型的会议相比，研讨会通常有充分的参与性，在这一点上，与那种有一个或更多个主讲人站在讲台上向听众示范的模式非常不同，它是由一位主持人（discussion leader）协调各方，这种模式适用于相对小型的团体。

（9）讨论会（workshop）。讨论会要求各小组参加全体会议，就专项问题或任务进行讨论，参加者互教互练，交流知识、技能以及对问题的见解。讨论会的特点是面对面的活动，使所有与会者充分参与进来，通常被用来进行技能培训和训练。

（10）讨论分析会（clinic）。讨论分析会常用于培训项目，就某一课题进行指导和操练，其形式基本以小组为主。

（11）静修会（retreat）。静修会通常是小型会议，一般在边远地区召开，其目的要么是为了增进了解和友谊，要么是集中进行策划工作，要么纯粹为"寻找清净"。

(12) 座谈（panel discussion）。由一位会议主席主持，另由一小群专家为小组成员（panelist）针对专门课题提出观点进行座谈。小组成员之间、主要发言人与组员之间都要进行讨论。

2. 展览会

展览会，有时简称展览，它是一种具有一定规模、定期在固定场所举办、参会人员来自不同地方的有组织的商业聚会。

展览会根据展览目的的不同大致可分为非营利性展览会和商业性展览会。非营利性展览会最大的特点是展示和信息交流，不进行交易。商业性展览会最大的特点就是在最短的时间和最小的空间里，用最少的成本做最大的生意。

商业性展览会又可以根据展览的内容、展览的性质、所属的行业、开放对象以及展览规模、时间、地点等不同，分为如下各类：

（1）根据展览内容不同，可分为综合展览会和专业展览会。

综合展览会是指向专业公众开放、以展示和交易多种行业和产品为内容的展览会。如我国每年4月和10月在广州举办的"中国出口商品交易会"（简称"广交会"）和每年3月初在上海举办的"华东进出口商品交易会"（简称"华交会"）。这类展览会既展出工业品，也展出消费品；既吸引工商业人士，也吸引消费者。这种大型综合展览会能比较全面地反映经济或工业的发展状况及实力，又有良好的展览经济效应和地方经济效应。因此，地方政府、展览公司、展览场馆都希望举办这种大型综合展览会。专业展览会是指一般向某一行业的专业观众开放、以一个或多个相关的行业为主题、展示与交易并重的展览会，如每年春季在上海举办的"上海国际汽车工业展览会"（简称"上海国际汽车展"）。专业展览会的最大特点是常常会举办各种讨论会、报告会，用以介绍新产品、新技术等。

（2）根据开放对象不同，可分为贸易展览和消费者展览。

贸易展览是针对行业开放的展览。具体来讲，它是为产业即制造业、商业等行业举办的展览，展览的主要目的是交流信息、洽谈贸易。

贸易展览只向某些特定行业的公司开放，而不面向公众，主要集中在批发业务上，所以参展商主要是中间商或批发商，参观者必须在登记时证明自己的准入资格。他们通常是某一行业或商业协会的成员，并必须出示该行业的职业身份证明。

贸易展览平均每年或每半年召开一次，持续3—4天（有时也会延长至7—8天），通常同时召开会议，举办的日期、地点相对稳定，有规律。一些效益好、名气大的展览会的举办计划往往会排到几年以后，申请参展需要排队等候。贸易展览会限制参展企业的行业，不对口的公司一般不允许参加展览。参展企业可以是行业内的制造商、贸易商、批发商、经销商、代理商或咨询服务公司，参观者主要是对口的贸易公司人员。贸易展览会的组织者大都是经过挑选并经过特殊途径（直接发函等）邀请来的目标观众，他们通过登记入场，一般不接待公众参观，重视观众的质量。贸易展览会的优势是观众对口、推销成本低、宣传影响大、接近市场等。贸易展览会的成功举办需要明确的目的、有效的计划和科学的管理。

消费者展览是对公众开放的展览。参观者支付入场费用，参展商直接向公众出售产品。消费者展览基本上都展出消费品，目的主要是直接销售，因此，这是一种零售交易。这种展览代表了以消费者为导向的公司日益增长的市场，参观者可以直接将所购产品带回家。公司在展览的同时推出新产品，并努力提高公司的知名度，这已经成为一种趋势。大多数消费者展览都在周末举行，持续3—4天（如周四开始，周末结束）。

常见的消费者展览包括家庭花园用具、船艇、鲜花和汽车展览。大型商品如船艇、汽车等往往需要更多时间来准备和撤除，一般3—4天准备，2—7天撤除，而小型展览只需1天准备，1天撤除。

（3）根据展览内容划分，有横向展览和纵向展览之分。

横向展览强调所有产品来自同一行业。例如五金展览中，陈列的钉、锤、园艺工具、电器、篱笆、割草机等，而杂货展览包含的内容会广一些，如食品及录像机租赁、摩托车机油、食品加工器具、针织品、化妆品等。

横向展览的优点在于：①参观者可以选购品种繁多、覆盖面广的产品；②一般情况下由于可以出售最多的摊位，利润较高；③参观者更多样，数量大；④横向展览往往是一年中某一行业最重要的和最大的展览。

横向展览的缺点在于：①面对过多产品消费者可能会不知所措，特别是在布局不当或缺乏良好组织的情况下；②规模过大，许多参观者因疲劳而可能放弃参观所有产品；③尽管参展商数量庞大，但某一类型产品数量可能较少，消费者难以就某种产品做比较。

纵向展览强调具体行业的某一产品，如金属器具展销可能只提供钉子和锤子，但会展出各种类型的钉子和锤子以及相关的产品；而对于纵向的杂货展览来说，也许只展览水果。

纵向展览的优点为：①参观者可对多家公司及同种产品做比较；②规模较小，便于参观，顾客可以参观完全部产品且不易因产品过多而感到困惑。

纵向展览的缺点为：①产品种类有限，只吸引较少参观者；②业务量小，摊位出售少，产品销售少，利润也少。

（4）根据展览规模可分为国际、国家、地区、地方展，以及单个公司的独家展。

这里的规模是指参展企业和参观者的代表区域规模而不是展览场地规模。不同规模的展览有不同的特色和优势。

国际展览，通常被称做交易会（trade shows），它是在固定的地点、规定日期和期限内举行的由若干国内外参展商参与的展览会，一般比国内展览持续的时间要长。它不仅有国际参展商，还有国际观众，在参展商间、参展商与观众间、组织者与参展商间、观众间，商标与信息是互动的、双向的。整个展会反映的是整个行业的整体发展状况，具有足够的市场价值。它为各国提供了一个大舞台以便推销出口产品，所以被各国视为推销本国产品、出口本国产品的有效方式。简而言之，国际展览是集贸易、信息、投资、服务为一体的系统的现代经济形式和社会活动。

国际展览局在其公约中规定了国际展览会的标准：20%以上的参展企业来自国外；20%以上的观众来自国外；20%的宣传费用的使用在国外。符合这样的标准就可称为"国际展览会"。

另外，通过国际展览权威机构——国际博览会联盟（UFI）认证的展览会才能称得上重要的国际性展览会。中国取得UFI认证的展览会为30个左右，其中，香港有17个，上海有4个半。要获得认证，需在国际参展商比例、海外观众、展览面积等指标方面达到一定标准。

世界博览会是全球最高级的国际展览会，它不同于一般的贸易促销和经济招商的展览会，是各国动员全国力量，全方位展示本国社会、经济、文化成就和发展前景的最好机会。举办世界博览会，不仅能给参展国家带来发展机遇，促进经济发展，而且能给举办国创造巨大的经济效益和社会效益，提升举办国的知名度，促进社会的繁荣和进步。因此，世界博览会一直是世界各国争相承办的大型国际展览会。

地方展览会一般规模不大，主要是以当地观众为主。但参展企业可能是这一地区以外的，甚至是国外的。地方展览会的费用相对较低，但是观众水平并不一定低。地方展览会可以为中小企业提供与潜在客户直接接触以及与大企业进行公平竞争的机会。

独家展览会是由单个公司为其产品或服务举办的展览会，独家展览会的好处是公司可以自行选择展览的时间、地点和观众等。公司还可以充分发挥设计能力，制造特殊展览效果，不受常规展览会的规定和限制，而且独家展览会的费用一般比较低。独家展览是一种迅速发展的展览形式，它大多在酒店、宾馆内举行，一些大规模的独家展览会也在展览馆举办。这类展览会可与研讨会、报告会、订货会等结合起来，可以设展厅，常设展厅里除了陈列产品之外，还可以安排操作、测试，以及展览公司的历史、发展前景、重大成就等内容。常设展厅能起到市场营销、公共关系、信息交流、培训员工等作用。

（5）按展览时间可分为定期展览和不定期展览。

定期展览会有两年一次、一年一次、一年两次、一年四次等。

不定期展览会一般视需要和条件举办，分长期和短期。长期展览可以是三个月、半年，甚至常设；短期展览一般不超过一个月。

（6）按展览场地可分为固定展览和流动展览。

固定展览是在专用展览场馆举办，展览场馆又分为室内场馆和室外场馆。室内场馆多用于展览常规展品的展览会，而室外场馆多用于展览超大重的展品。

在几个地方轮流举办的展览被称做巡回展。

流动展览是一种使用飞机、轮船、火车、拖车或组合房屋等作展馆，在不同地点、不同时间展出内容相同的展览会。流动展览的时间比较长，几个星期、几个月或几年。这类展览会规模一般比较小，由一个或几个公司参展，展品、展具轻便，内容比较单纯。

3. 节事活动

节事活动分为体育运动会、政治性或纪念性庆典和传统喜庆等几种类型的活动，如奥运会、世界杯、国庆节、建军节和春节、端午节等。不同的活动要采取不同的形式和礼仪，如联欢晚会、文艺晚会、舞会、游园、花会、灯会、演讲会、座谈会、报告会、茶话会等。无论采用哪种形式，举办节事活动都应注意以下一些原则：

（1）活动应灵活、新颖、欢快；

（2）尽量节省开支，防止铺张浪费；

（3）严密组织，保证安全，防止意外；

（4）重大活动可请有关方面领导人参加；

（5）讲话简短、精彩；

（6）政治性庆祝活动应注重宣传报道，以扩大影响，烘托气氛。

1.2 会展的特点

会展是一个涉及经济、社会诸多方面的行业。近年来，会展业以其超常的关联影响和经济带动作用，成为经济发展关注的焦点，其特点是十分鲜明的。

1. 产业带动能力强

会展的特点之一，在于它与旅游业相似，是一个产业带动能力强的行业。它既能为策划、主办和参加会展的各方带来一定的经济效益，又能收到多方面的社会效益。会展业可以带动诸如建筑、交通、运输、通信、广告、旅游、宾馆、餐饮、住房和城市建设等一系列产业的发展，孕育和发展新的产业门类。例如，2004年香港国际展览业创造的产值为73亿港元，其中除19亿港元来自于会展自身外，其余54亿港元都是会展业拉动所致。这54亿港元收入中包括酒店业、餐饮业、运输仓储业、零售业及其他行业的收入，由此可见会展业对相关行业的带动作用之大。

2. 综合效益高

会展的特点之二是无污染、高收益。

会展无污染，有利于环境保护。与第二产业的有形生产相比，会展业的主要要素是展馆、参展商和参观者，不会构成明显的污染。从可持续发展的角度看，由于会展业属于第三产业范畴，发展会展业不仅符合产业发展的一般规律，符合加快发展第三产业的要求，更重要的作用在于会展业的发展绝不是以牺牲环境质量为代价的，而在很多方面恰恰是以加强环境保护，创造人与自然和谐发展的环境为目的的。

会展业的效益高。这种效益包括经济效益和社会效益两方面。据有关对会展主办方的调查，办展净利润高于一般贸易的利润，国际展览业的利润率在20%以上；同时，大型展览会一般都能给参展商带来大量的订单和潜在的商业机会，会展也是维持客户良好关系的有效手段。

从社会效益看，会展的举办对传播新的观念是十分有益的。例如，1999年在上海举办的"99上海《财富》论坛"，不仅造就了上海国际会议中心，使其成为高层次会议的举办场所；同时，于会议前夕落成的上海国际会议中心环境绿化装饰工程，也是一个吸收新理念的产物。这一绿化工程，采用"无障碍设计"，将人行隧道地面出入口、采光天窗、地下车库出入口等融入到整体绿化环境中，根据"太极"图案演变而成的三块动感极强的草坪成为空间构图的中心，各种乔灌木、地被植物、草花搭配成人工植物群落，在会议场地的设计中也是一种创新。此外，由于众多企业巨头参与这次论坛，会议的规模、档次很高，也为提高上海举办会议的水平，接受和学习新的知识和观念创造了条件。

3. 有利于提升城市整体形象

会展有利于提升城市的整体形象。因为大型会展一能推进市政建设，如1996年为筹备举办德国汉诺威世界博览会，德国政府拨款70亿马克投入城市基础设施建设，促进了城市基础设施的更新和建设，为汉诺威成为举世闻名的展览城市创造了条件。二能提供就业机会，据测算，每增加1 000平方米的展览面积，就可创造近百个就业机会。而德国汉诺威和日本筑波世界博览会分别创造了10万个和45.7万个就业机会。三能提高城市知名度。事实上，会展城市也应作为一个产品来经营和推广，会展营销的主体可以包括政府、会展企业、参展商和与会者，甚至还有媒体。显而易见，如果一座城市成为会展知名城市，这个城市在公众中的形象必然是高大的，城市的知名度也因此有所提高；并且会展在创造和开辟新的服务行业、提高城市综合竞争力等方面的作用也是十分明显的。

4. 发展潜力大

会展是一个朝阳产业，它的发展潜力巨大，会展业本身是为其他有形和无形的产业部门提供服务的，这就决定了其可以顺应产业发展的方向，甚至可以引领和促进新兴产业的发展。例如，上海举办的著名的国际汽车展，既是为推销新型汽车而设立的展示，更是促进汽车消费和汽车制造业发展的催化剂。再如,以"英国教育展"、"澳大利亚教育展"等为题材的教育宣传展示,不仅是应广州青年学生海外留学之需,更重要的是烘托并形成海外留学的气氛。近年出现的展会新题材——"动漫艺术博览会",无疑将提高国内青少年对国产动画、漫画的认知水平和兴趣,构建企业与动漫艺术家沟通的渠道,促进我国动漫产业的发展,激发动漫产业赶超世界先进水平。

1.3 会展业的作用

会展业是以会议、展览为媒介,以在一定时期内聚集大量的人流、物流、资金流和信息流为手段,达到经济、社会等方面发展的行业。会展业通过会展公司或主办单位把参展商、购买商、观光者汇集起来,实现商品交易、产品宣传等目的。

会展业是综合性产业,具有明显的城市经济特征,涉及旅游、交通、邮政、广告、餐饮、住宿、通信等诸多行业。会展业还可增加大量的就业机会,所以会展业素有"城市的面包"、"城市经济的助推器"等美誉。

1. 会展业对旅游业的作用

会展业对旅游业的作用主要是会展业能形成会展旅游,这种旅游是指通过各种类型的会展而形成的各种旅游现象,其含义是借举办各种类型的会展,以招揽会展客户洽谈业务、交流沟通和旅游参观访问,为他们提供食、住、行、游、购、娱等诸方面的优质服务,刺激他们消费,从而为当地创造经济效益、社会效益。

会展旅游是传统旅游活动的发展,是旅游功能的新发现。包括会展举办期间和会展举办过后所进行的一系列的旅游活动。它与追求精神愉悦、审美功能、个体体验的观光旅游活动的不同之处是:会展旅游的主体不再以追求自我感受为第一目的，而主要追求的是与他人的交流，以互通信息、联络感情为主要目的。

会展旅游同时实现会展与旅游的社会功能，可为旅游者实现多种旅游动机，为旅游地带来可观的经济收入。会展旅游扩展了会展活动和旅游活动的领域，拓宽了会展和旅游的范围。

会展旅游往往比观光旅游层次更高，因为参与会展旅游的客人一般是各行各业的专门人才或主要负责人，在素养和消费上比大众观光游客要高出很多。因而，会展旅游往往比观光旅游拥有更多的文化、科技、商贸含量；给举办地带来的巨大经济效益和社会效益是观光旅游所难以比拟的，所以越来越受到各级政府的重视。

世界旅游组织一向把会展旅游作为旅游业一个极其重要的组成部分。另外，国际大会和会议协会（ICCA）曾经做出过发展旅游的具体规划。会展旅游是未来旅游业中最有发展前途的市场之一。

2. 会展业对酒店业的作用

酒店主要提供食、宿服务，其本身亦可以作为会展的场所。会展业对酒店业的规模、效益、品牌产生积极影响。

（1）会展推动酒店业发展。酒店业是受惠于会展业最多的行业。据统计，美国酒店客人的33.8%来自国际会议；香港展览业带来的客人占其酒店总入住率的16%—25%。"广交会"期间广州的主要酒店平均入住率高达95%以上，加上会展期间房价上浮，主要酒店在4月和10月的营业收入比平常月份普遍高1—3倍。

由于参加会展活动的人员主要是有强劲消费能力的商务客人、高文化素质客人，其消费特点通常表现为档次高、规模大、时间长。因此，会展大大地推动了酒店业的发展，以1999年《财富》全球论坛上海年会为例。世界工商巨子为参加年会，早早地预订下了上海最豪华酒店的豪华套房，客房被年会代表、随行记者和新闻记者预订一空，酒店大大小小的会议室全部爆满。会展结束后吸引来的四面八方的观光客，也极大地刺激了当地酒店业的发展。

(2) 引发酒店业投资热潮。大型会展往往蕴藏巨大的商机,吸引众多商家前来投资酒店业,这其中不乏国际著名酒店集团。

上海成功申办 2010 年世博会后,国际知名的喜达屋酒店管理集团就宣布,上海市场将成为该集团在今后一段时间内的投资重点,预计到 2006 年,喜达屋旗下六大品牌将全部入沪。

另外,据北京奥申委报告,北京现有星级饭店 392 家,客房 8 万间。到 2008 年,北京星级饭店将达到 800 家,客房 13 万间,这说明了北京酒店业会有很大发展。

(3) 促进酒店服务水平的升级。据国际大会和会议协会的统计,每年全世界举行的参加国超过 4 个、参会外宾超过 50 人的各种国际会议达 40 万次以上,80% 以上的会议在宾馆酒店举行。

为了抓住会展业所带来的商机,做大、做强酒店业,酒店经营者以提升服务水平为切入点,从完善软、硬件着手,开始了"二次创业"。

从酒店的硬环境来说,酒店的建设、改造和经营要多考虑商务客人的需求。主要有:商务设施和设备要齐全,如在客房内为客人提供光缆高速上网接口等,会议场地的大容量和空间的可分割,配备同声翻译系统、图文传输系统、数字跟踪等先进设施,增加会议设施设备和会议场所。随着会展业蓬勃发展,各种会议展览将日益增多,因而对酒店会议展览设施的需求将提高。

酒店设施、设备要进一步现代化、智能化,酒店经营和管理中要充分利用现代高科技手段,如多功能智能型商务会议中心等。

从酒店的软环境来说,提升员工的文化素质、强化员工的服务意识等是十分重要的。文化素质包括外语(主要是英语)、计算机、行业知识等。对于涉外酒店而言,员工外语水平的高低直接影响到服务质量,影响到酒店的形象,从而也间接影响到当地会展业的可持续发展。

(4) 在会展业引发的会展经济下,酒店业无淡季。宾馆酒店行业具有很强的依附性,向客户销售的产品是服务,其经营效益主要取决于客房入住率。旅游旺季或有影响活动的举办,都能为酒店带来比平时更多的客源。在酒店业，存在着销售淡季和旺季之说，而会展活动汇集了大量客源，给酒店创造了绝好的机会。就会展作为一个产业而言，其会展活动是经常性的，模糊了酒店业淡季和旺季的界限。因而，会展业为酒店业走出淡季创造了必要条件。

（5）为酒店树立品牌创造了条件。成功地举办一次会展有助于树立良好的品牌，特别是那些有重大意义或影响的会展，常常使名不见经传的宾馆酒店声名远播，进而为以后的发展奠定了基础。

3. 会展业对餐饮业的作用

通常，会展业在经济较发达的地方举办，其餐饮业相对较为活跃。会展业无疑又促进了该地经济进一步发展。餐饮业和旅游业、酒店业是紧密联系在一起的，会展消费中，餐饮消费仅次于购物消费。

会展业对餐饮业的作用如下：

（1）促进了当地餐饮服务的多样化。餐饮业主为了满足四面八方参展商的饮食口味，必然注意和引进各个国家或地区的餐饮习惯，有利于餐饮业形成"百花齐放"的局面。

（2）促进了当地旅游餐饮的发展。这主要反映在餐饮场所迅猛增加，以及餐饮效益的提高等方面。

（3）由于会展聚集的大量客流，当地的餐饮特色、餐饮品牌通过客流扩散作用而声名远扬，产生巨大的广告效应。

食、住、行是紧密联系在一起的，如前面所述，参展商的文化素质、消费能力较高，因此，其餐饮消费主要有两个特点：文化品位高以及消费档次高。从另一个角度来看，由于地理位置、气候物产、政治经济、民族习惯与宗教信仰的不同，使得来自不同地区或国家的参展商饮食风俗千姿百态，餐饮业要能满足不同客人的需求。为了满足不同国家或地区人员餐饮口味，当地餐饮业必须能够提供多样的饮食服务，这在客观上也促进了当地餐饮品种的多样化。

4. 会展业对物流业的作用

物流是物品从供应地向接受地的实体流动过程，根据实际需要，将运输、储存、搬运、包装、流通加工、配送、信息处理等基本功能有机结合。物流的总体目标是要在最低的总成本条件下实现既定的服务水平。

会展业对物流业的作用是促进物流业，尤其是第三方物流的发展。

展品的运输是一项重要的物流活动，从供应地流向展览场所，其间涉及展品的分类、包装、搬运、运输、储存、拆箱等环节，展览结束后，展品回流至供应地。根据目的地不同，分为国内本地参展运输和国内异地参展运输（异地指国内不同城市）、出国参展运输。一般来讲，本地参展运输环节较少，所以容易解决，而异地参展运输与出国参展运输环节较多，需要解决的问题也较多。

国内异地参展分为两类：一次性展览和巡回展览。巡回展涉及地点较多，展品能否按时完好地运送到展地是最关键的问题，运费往往不是首要问题。一般为了保险起见，通过不同途径向同一展地发送两套展品。

出国参展运输是手续最为复杂的一类，涉及部门较多，而且情况各不相同，首先是海关，与此相应的是报关手续。如果包装材料属于动植物检疫范围的，还要按相关的动植物检疫规定进行消毒防腐处理。由于环节较多，周期较长，在时间的把握上很困难，通常委托境外物流经营商来承运。

参展运输的要求可归纳为及时性、安全第一、小批量、多品种、适时监控等，对于涉及出国参展运输，物流企业还必须熟悉出入境、展地的交通行业规则等。总之，需要专业性的物流企业来提供参展运输服务，保证物流质量。

物流是供应链的重要组成部分。从整个供应链的链条来看，展览应是销售链条上的一环。根据供应链管理理论，参展商应将主要精力放在核心业务上，而将非核心业务外包。参展商的核心业务是在展览会上推销（销售）商品，因此，对参展商来说，物流业务外包是必然要求，以便参展商集中精力搞好展示，促进销售。因而，可以说会展业必将促进物流业尤其是第三方物流的发展，加快物流市场的形成。所谓的第三方物流是指由供方与需方以外的物流企业提供物流服务的业务模式。

通常，参展商参展的展品具有批量少、品种多、零散运输、限时抵达等特点，而且不同的展品往往有不同的运输要求，参展商需要专业化的物流企业来提供个性化的服务，第三方物流企业则能提供专业化、个性化的服务。

1.4 世界会展业概况

国际会展业是国际经济中的重要分支，这一产业构成了非常巨大的市场，对经济有着巨大的关联带动作用，同时相对于传统旅游业来讲，由会展而派生出的会展旅游业的效益更高，影响更积极。

国际会展活动的工作越来越专业化，形成了专业化的接待服务分工体系。其中招徕工作和服务工作主要是由专业会展组织者（PCO）与目的地管理公司（DMC）来分别承担。PCO负责招徕和统筹安排、策划会展，而DMC则负责实施接待，两者分工明确，各司其职。只是PCO的收入与投资回报率远高于DMC，从中可以看出，会展业是一个更注重脑力、智力劳动与创新意识的产业。

随着科技的进步与发展，会展业的技术含量不断提高，无论是交通运输，还是会展招展与报名、主题展示等方面都及时与现代新技术相结合，特别是近年因特网技术的发展为会展提供了更方便快捷的技术支持，虚拟网上会议、电视会议应运而生，这对雷同的会展活动方式来说，既是巨大的威胁和挑战，也带来了机遇与发展空间。

国际会展业经过多年发展，形成了专业化经营会展的区域，如世界著名的米兰博览会、莱比锡博览会、巴黎博览会等；也形成了米兰、莱比锡、巴黎等国家展览中心，并带动了这些国家展览业的发展。美国、英国、德国、法国、意大利等则形成了国际会展的集中地，而维也纳、哥本哈根、马德里、布达佩斯、悉尼、巴黎、伦敦、墨尔本等也是会展比较集中的城市。会展业具有集中于专业化区域，特别是国际化大都市的特点。

1. 欧洲的会展概况

欧洲是世界会展业的发源地，会展经济整体实力最强，规模最大。在这个地区中，德国、意大利、法国、英国都是世界级的会展业大国。在国际性贸易展览会方面，德国是第一号的世界会展强国，世界著名的国际性、专业性贸易展览会中，约有 2/3 都在德国主办。欧洲作为老牌的发达国家的集中地，在会展业的发展上已经走在了前列。

（1）德国。德国是首屈一指的会展大国，世界上影响最大的 210 个专业展中，有 2/3 在德国举办，展出面积达 700 万平方米，参展商 17 万家，其中 40% 来自德国以外；观众 2 500 万人次，有 20% 来自欧洲以外。作为市场伙伴的参展商和参观者从 190 多个国家云集德国，证明德国作为会展大国具有全球的吸引力。

德国最重要的博览会城市：柏林、杜塞尔多夫、埃森、法兰克福、弗里德里希港、汉堡、汉诺威、科隆、莱比锡、慕尼黑、纽伦堡和斯图加特。

世界上两个最大的博览会在汉诺威举办，成立于 1947 年的汉诺威博览会展出面积 310 000 平方米。从 1986 年起，为办公、信息与通信技术等部门举办了从汉诺威博览会中产生的"CEBIT"，CEBIT 的参展商约 7 200 家，展出面积 365 000 平方米。汉诺威其他的重要博览会有金属加工博览会（EMO）、国际汽车—商用车展览会（IAA）及国际林业木工展览会（LIGNA）。

法兰克福是消费品博览会"AMBIENTE"和"TENDENCE"的展出地，其重点是桌子文化、厨房用品、礼品及现代化附属设备。此外，法兰克福还有国际汽车—小轿车展览会和国际"卫生—取暖—空调"专业博览会。另外，法兰克福具有吸引力的展览还有每年秋季举办的法兰克福书展，多年来它是世界各地的出版商、书商以及作家的聚会场所。

在科隆举办的博览会有"国际食品市场"(ANUGA)、"国际图像博览会"(PHOTOKINA)、国际家具博览会,以及其他的如男子时装、家庭用具、五金制品、自行车与摩托车等方面的专业博览会。

柏林的博览会主要有"绿色周"(农业与食品业)、国际旅游交易会、国际无线电展览会和"国际航空航天展览会"(ILA)等在世界上引起广泛影响的博览会。

杜塞尔多夫的重要展览活动有"印刷与纸张"(DRUPA)、塑料博览会、"计量技术与自动化"(INTERKAMA)以及国际时装博览会。

慕尼黑举办的重要博览会有"国际建筑机械博览会"(BAUMA)、"国际手工业博览会"、"饮料技术展览会"(DRINKTEC)以及国际体育用品博览会。

(2)意大利。意大利有40多个展场,年办展700多个,是欧洲办展最多的国家。著名的米兰国际展览中心,有65万平方米的38个展馆,是世界三大展场之一。为在竞争中立于不败之地,米兰国际展览公司对17万平方米的展馆做了大修,投资2 600亿里拉兴建的20万平方米新馆,有10.4万平方米和3万平方米的屋顶和地面停车场。

(3)法国。法国每年举办300多个展览,有近一半集中在"展览之都"巴黎。巴黎的凡尔赛展场及北展场,虽有40万平方米的供展规模,还是常因面积不足,将展商拒之门外。为保证其世界三大展览胜地的桂冠,近年来正抓紧老展场地的改扩与新展场地的兴建工作。到20世纪末,其展览总面积翻了一番,达到80万平方米。巴黎博览会之所以久负盛名,首先除其固有的商贸中心优势外,还在于从创办至今,一直受国家重视,政府政要届时参观已成惯例;其次是顺应时代潮流,不断改换展览主题,常给人以新意。

2. 美洲的会展概况

美国和加拿大也是世界会展业的发展重地,以会展业的主要组成部分——展览为例,这一地区每年举办的展览会近万个,净展出面积约4 600万平方米,参展商120万家,观众近7 500万人,创造了巨大的直接收益和间接效益。另外，美国还是世界最大国际会议主办国，其每年举办200多个国际会议，其航空客运量的2.4%和饭店客人的33.8%来自国际会议及奖励旅游。根据1998年美国TTCDEIS、USDC-TIO、TI（美国旅行协会）的统计，全美会展业总收入为4 202亿美元。会展行业为美国经济带来了巨大的直接和间接效益。此外，会展行业近年来在中美洲和南美洲逐步发展壮大。据估计，整个拉美的会展经济总量约为20亿美元。其中，巴西位居第一，每年办展约500个，经营收入约达8亿美元。

3. 亚洲的会展概况

在亚洲，会展经济近年来发展也十分迅速，其规模仅次于欧美。日本、新加坡、我国香港地区等都是亚洲会展经济中的佼佼者。它们或者经济发达、基础设施完善、各项辅助设施与服务水平较高，或者具有高度的国际开放性和关联性，或者处于有利的地理区位和贸易、资本流动的中心位置，因而在亚洲的会展业中占据了优势地位。新加坡由于政府的重视，具有交通、通信等发达的基础设施以及较高的服务业水准、较高的英语普及率，连续17年成为亚洲首选的举办会展的国家，每年举办的展览会和会议等大型活动达3 200多个，因而被国际协会联合会评为世界第五大"会展之都"。

1.5 我国会展业的现状

1. 国内展览业总体描述

中国会展业与改革开放同步发展，从无到有，从小到大，以年均近20%的速度递增。在北京、上海、广州等中心城市展览业的带动下，全国新近建成展览面积上万平方米的展馆达30余个，并形成了北京、上海、广州、大连、哈尔滨、武汉、乌鲁木齐、成都等展览业地区中心。1978年，境内国际展仅6个，出国参展办展21个；1995年，京、沪、穗三大城市举办的国际展会共计469次；1998年，上升到617次。中国组团赴海外参展的次数1996年为285次，1998年上升到400次。1999年，境内国际展达694次，出国参展办展292次。据统计，1997年全国举办展览会总数为1 063个，1998年为1 262个，1999年为1 326个，其中国际性展览约占48%，国内展览约占52%。二十多年来，我国展会的数量和规模增长了数十倍。

目前，会展业已渗透到各个经济领域，从机械、电子、汽车、建筑，到纺织、花卉、食品、家具等，各行各业都有自己的国际专业展。北京和上海已成为全国最大的会展中心城市。从展览规模看，北京为全国之最；从展会数量看，上海位居全国首位。

中国的展览业主要集中在经贸方面，尤其是20世纪80年代以来，展览已作为一个产业出现在中国的经济舞台上。随着我国逐步由计划经济向市场经济过渡，展览业的发展也逐步走向市场。这主要表现为：

（1）展览会类型与数量日趋增多。就展会类型来说，有外国来华单一国家展览，有综合性展览，有专业性展览。就国际展览而言，专业性展览约占95%以上。据有关方面不完全统计，全国主要的行业展是：电子展、轻工展、食品展、石化展、汽车展、纺织服装展、建材展等。

专业展览目前较成熟且在国内外影响较大的，有北京的国际机床展、国际汽车展、国际通信展、冶金铸造展等，面积在4万—6万平方米，这些展览在其同类展中占有重要的分量，在亚洲乃至世界均有一定的影响。就总体来说，5万平方米以上的展览每年不超过10个，2万平方米以上的展览约20个，其余国际性专业展以1万平方米左右的居多，约占总数的50%。

就观众来说，估计每年约有600万以上人员参观国际展览会。以中国国际展览中心为例，每年约有160万人次。除汽车展等公众性较强的展会外，大多数专业展会观众为专业界的决策人士、贸易人员及科技人员等。一些高水平的专业展给我国经贸、技术人员提供了一个不需出国即可考察、交流的机会，其客观经济效益难以估量。

（2）展览会质量有所提高。中国的展会发展很快，以中国国际展览中心为例，它举办的国际展 1985 年 15 个、1990 年 20 个、1995 年 39 个、1999 年 46 个、2000 年 55 个。展会面积 1985 年 8 万平方米，1990 年 14.1 万平方米，1995 年 35.9 万平方米，1999 年 52 万平方米。随着中国经济的发展以及民族工业的振兴，中国厂商参加国际展的比例越来越高，以一些比较成功的国际展为例，其参展比例已由 20 世纪 80 年代末 90 年代初的 20% 增至现在的 50% 左右。参展的展品和装修水平也逐年提高，如通信展、汽车展，其装修水平不亚于国外的参展公司。中国参展商在国际展中数量和质量的提高，表明了中国民族工业的发展与壮大。目前国际、国内参展费用正在逐渐靠拢，若干年后将逐步取消内外参展的价格双轨制。

（3）展览会场馆规模不断扩大。十多年来，中国展馆随着展会数量增多、规模扩大而发展。以中国国际展览中心为例，1985 年初建时室内展厅 2.5 万平方米，1988 年扩大为 3.8 万平方米，1994 年扩大为 5 万平方米，到 1999 年已扩展到 6 万平方米。近几年已有一批新场馆建成，如成都、大连、珠海、福州、厦门等纷纷建设了新场馆，而上海、广州、深圳、北京已经建成或正在建新场馆。

（4）展览公司越来越多。根据政府的有关规定，主办、承办来华展览或出国展览的公司必须具有主承办资格。资格的认定由政府有关部门执行。

自 20 世纪 80 年代以来，展览公司越来越多，展览市场亦出现办展质量不高的问题。现被认定有资格办展的公司是通过各项指标调查后甄选出来的，它们举办过的展览有一定的规模和档次，但它们举办的展览主题重复较多，举办展览的时间和地点也有待协调。

2. 我国会展业与发达国家会展业的差异

我国目前会展业总体水平和发达国家会展业的差异较大，具体表现在管理体制、展会规模、展览设施、观众构成等方面。

（1）管理体制上的差异。国外会展业的管理主要依靠行业自身的自律机制和自律规范，政府的介入一般体现在基础设施的投资和国际大型展会的协助招揽上。我国会展业目前依然维持计划经济形成的展会审批制、展览公司资格认定制，尚未与市场接轨，形成优胜劣汰的竞争机制。目前只有北京、深圳等地成立了地方展览协会，全国性展览协会尚未成立，这一缺陷造成我国会展业在统计、研究、管理、交流、培训等多方面的欠缺。随着我国组展单位和办展数量的增加，特别是业界的无序竞争、低档次重复办展现象的加剧，成立全国性展览协会的必要性越来越突出。

（2）展会规模上的差异。由于我国严重的低层次重复办展，直接导致参展商和观众分流、展会规模小、展览效果差。目前，我国国际性专业展展览面积以1万平方米居多，约占每年展会总数的50%，而即便是展览面积6万平方米、有"全国之最"之称的北京国际机床展，其规模也不足发达国家同类展会的1/5。由于展览规模直接与展览效果和效益挂钩，展会大型化已成为国际展览业的发展趋势。发达国家不断通过收购的方式来扩大各自的展会规模、提高市场占有率，因此，相对来讲，我国目前的展会规模显得非常小，迫切需要扩大。据有关专家预测，今后我国的展会规模将以年均30%的速度增长。

（3）展览设施上的差异。德国展馆总面积230万平方米，其中汉诺威博览会场馆面积达47万平方米，室外展场21万平方米，停车位5万个。法国拥有展览场馆面积160万平方米，大型场馆面积约40万—50万平方米。这两个国家一般的中等博览会场馆也都在20万平方米左右。国外展览场馆的交通十分方便，在展会期间，火车、地铁、直升机等交通工具可以直接抵达场馆。展览场馆提供全方位服务，包括会议室、办公场所、银行、邮局、海关、航空、翻译、日用品、商店、餐馆、仓库、停车场等，整体服务体系使展馆成为一座城中之城。

与会展业发达国家相比，我国展览设施水平差距很大。我国展馆缺口较大，全国展馆约有147个，展览面积普遍较小，而且分布松散，不适应会展业发展的需要。另外，展馆整体规划落后，遇有大型展览便出现交通堵塞情况；展馆扩建由于缺乏资金，建馆水平不高；配套服务设施落后。这些问题也是制约我国会展业进一步发展的因素。

（4）观众构成上的差异。伴随展会向专业化发展的趋势，专业观众的数量和比例成为评价展会质量和水平的重要因素。国外展会观众多为专业观众和贸易人员，我国展会对专业观众的重视程度稍低。另外，我国海外贸易观众比例很小，从1%到5%不等，形成中外双边贸易多、国际间多边贸易少的局面。

1.6　中外会展及机构介绍

1. 中国主要会展

□ 广交会

中国出口商品交易会，又称广交会，创办于1957年春季，每年春秋两季在广州举办，是中国目前历史最长、层次最高、规模最大，商品种类最全、会客商最多、成交效果最好的综合性国际贸易盛会。

首届交易会于1957年春在原中苏友好大厦举办，展馆面积1.8万平方米，参展交易团13个，参展商品1.2万多种，来自19个国家和地区的客商共1 223人次到会洽谈，成交1 754万美元。如今，广交会展馆面积达20多万平方米，参展交易团47个，参展企业4 000多家，展品10余万种。第97届就有近200个国家和地区的超过10万客商到会，成交额逾200亿美元。

广交会的主办单位是中国商务部、广东省人民政府，承办单位是中国对外贸易中心（集团），组织机构是中国出口商品交易会领导委员会。广交会由中国商务部、广东省人民政府和广州市人民政府领导，各交易团团长、各展馆馆长、有关部门领导共同组成，下设大会办公室、业务办公室、外事办公室、政治工作办公室、保卫办公室、宣传办公室，统一组织和领导交易会的各项工作。交易会实行"省市组团，商会组馆，馆团结合，行业布展"的组织方式。

从2002年春交会（第91届）起，为适应我国加入世贸组织的新形势和外贸经营主体不断增加的新变化，采取了按专业分期举办的方式，成倍扩大了参展规模。2004年的展会更是引人注目，展览面积不断扩大，展馆设施日趋先进。展位规模已扩大到27 500个，根据德国展览协会（AUMA）统计数字，其规模已居世界单年展第三位，仅次于汉诺威能源及通信技术博览会和汉诺威工业博览会。展会的商品分类更加明确，展区划分更为专业，参展企业大幅增加，企业代表性显著增强，布展水平大大提高，展会功能日趋完善。

近年来，广交会提高了展会档次，鼓励高档次、高附加值产品，尤其是机电产品和名牌商品的出口，2004年广交会开始设立品牌展区，用于集中展示海尔、美的、北大方正、雅戈尔、力帆等300余家名牌出口商品。

□ 投洽会

投洽会是中国投资贸易洽谈会的简称，英文缩写为CIFIT，由中华人民共和国商务部主办，福建省人民政府和厦门市人民政府承办，中国各省、自治区、直辖市和部分计划单列市，国家有关部、委、办、局、协会等以成员单位身份参加，它的前身是已经成功举办了十届的福建投资贸易洽谈会。投洽会自1997年开始每年9月8日至12日在中国厦门举行，目前已成功举办了五届。为增强展会效果，组委会决定自第六届投洽会开始，将会期由原来的5天调整为2002年9月8—11日共4天。

投洽会是中国唯一以吸收外商直接投资为主的全国性国际投资促进活动，以投资洽谈为主题，邀请世界各地的投资商、贸易商、中介机构、金融机构、外商在华设立的投资性公司、境外投资企业和境外招商机构的代表出席并设置展位。投洽会期间举办的"国际投资论坛"，是中国最具权威性的利用外资政策与国际投资战略论坛，是了解国内外投资热点与资本流向信息的重要场所。组委会主要邀请中国国家领导人、国外政界名人、国际经济组织负责人、企业界著名人士及经济学界知名人士与会发表演讲。

投洽会是获取中国最新投资政策信息,全面了解中国各地投资环境,考察中国各地招商项目,广泛接触中国各级经贸官员和投资合作伙伴的最佳时机,也是世界各国尤其是发展中国家开展招商引资的大好商机。

□ 高交会

高交会是中国国际高新技术成果交易会的简称,是经国务院批准,由中华人民共和国商务部、中华人民共和国科学技术部、中华人民共和国信息产业部、中华人民共和国国家改革发展委员会、中国科学院、深圳市人民政府共同主办的国际性、国家级科技盛会,每年秋季在深圳市举行。

首届"高交会"于1999年10月在深圳举行,以64.94亿美元的成交额、超过30万观众的大规模和高水平,在海内外引起极大的反响和关注。时任总理的朱镕基同志亲临会场并致开幕词:"为了促进中国与世界的经济技术合作,中国政府决定每年在深圳举办中国国际高新技术成果交易会。"为了组织和实施每年一届的"高交会",深圳市政府专门成立了深圳市中国国际高新技术成果交易中心(简称"交易中心")。交易中心的成立,是每年一届高交会专业化、规范化运作的需要,顺应了中国高新技术产业化发展的需要。

交易中心发展目标是:以高交会为平台,为高新技术产业发展提供支持与服务;探索"高交会——技术产权交易——创业板市场"一条龙的科技创业新模式;形成以技术产权交易与创业投资为核心的新型资本市场;构筑符合国情并具有中国特色的科技成果交易体系;加快建立国际化的商业运作机制,促进会展经济的发展。

□ 博鳌亚洲论坛

博鳌亚洲论坛类似但又有别于"达沃斯世界经济论坛",是一个非官方、非营利、定期、定址的开放性的国际组织,其宗旨为:

(1) 立足亚洲,深化亚洲各国间的交流、协调与合作;同时又面向世界，增强亚洲与世界其他地区的对话与经济联系。

（2）为政府、企业及专家学者等提供一个共商经济与社会等诸多方面问题的高层对话平台。

（3）通过论坛与政界、商界及学术界建立的工作网络为会员与会员之间、会员与非会员之间日益扩大的经济合作提供服务。

在有关各方的共同推进下，博鳌亚洲论坛成立大会于2001年2月26—27日在中国海南博鳌举行。包括日本前首相中曾根、菲律宾前总统拉莫斯、澳大利亚前总理霍克、哈萨克斯坦前总理捷列先科、蒙古前总统奥其尔巴特等26个国家的前政要和政府代表出席了大会。中国国家主席江泽民、马来西亚总理马哈迪尔、尼泊尔国王比兰德拉、中国国务院副总理钱其琛、越南副总理阮孟琴等作为特邀嘉宾出席大会并发表了重要讲话。大会宣布博鳌亚洲论坛正式成立，通过了《博鳌亚洲论坛宣言》、《博鳌亚洲论坛章程指导原则》等纲领性文件，取得圆满成功并受到了国际社会的广泛关注。会议期间，26个发起方所在国政府首脑、商业团体等，以及联合国秘书长安南纷纷向大会发来了热情洋溢的贺电，祝贺论坛正式成立。

□ 北京国际汽车展

北京国际汽车展是中国第一大国际车展，每两年一届，定期举办，逐步与国际接轨，经过十余年培育，一届比一届走向成熟。第七届展览会由中国机械工业联合会、中国汽车工业总公司、中国国际贸易促进委员会、中国汽车工业协会主办，由中汽对外经济技术合作公司、中国国际贸促会汽车行业分会、中国汽车工程学会、中国国际展览中心集团公司联合承办。

第七届北京车展的规模已跻身世界汽车展会的前八名，与德国法兰克福、日本东京、北美车展等世界级车展并列。

北京车展目前已成为一个具有影响力的品牌车展。许多汽车企业，特别是国际汽车企业已将北京国际车展列为A级展会，这意味着这些企业只要在中国参展就会首选北京车展。

□ 上海工博会

上海国际工业博览会（简称"上海工博会"）是中国唯一的以高新

技术装备为交易、展示主体的国家级大型工业博览会。每年11月在上海举办。

"上海工博会"以"信息化带动工业化"为主题，立足于用高新技术和国际先进技术改造我国传统工业，加快提升我国工业的整体素质和国际竞争力的基本宗旨，努力将信息化和工业化结合起来。充分发挥产品交易、产权交易和技术交易"三位一体"的交易功能，使"上海工博会"成为全球高新技术和我国用高新技术改造传统工业的产品展示中心、交易中心和评估中心。

国家经贸委、外经贸部（现为商务部）和上海市人民政府自1999年12月13日共同创办了首届"上海工博会"以来，已成功地举办了四届。主办单位新增了科技部、信息产业部、教育部、中国科学院和中国贸促会，使其总数达到8家，展会的层次得到了全面的提升。

2003年"上海工博会"境外参展企业283家，展位506个，境外展位数超过展位总数的20%。参展企业（机构）分别来自美国、德国、英国、法国、荷兰、加拿大、俄罗斯、瑞士、以色列、印度、白俄罗斯、日本、韩国、意大利、新加坡，以及中国台湾、中国香港等17个国家和地区。世界著名企业通用电气、微软、IBM、朗讯、强生、3M、摩托罗拉、沃尔沃、西门子、丰田、大众汽车、通用汽车等先后参加了历届"上海工博会"，"上海工博会"国际化进程实现了飞跃发展。

□ 大连国际服装节

大连国际服装博览会暨服装出口洽谈会由中国国际贸促会、香港贸发局、国际羊毛局、中国纺织进出口总公司和大连市政府等单位主办。

作为大连国际服装节的主要经贸活动，大连国际服装博览会和服装出口洽谈会得益于蕴藏活力的市场经济的沃土，得益于主办单位的共同努力和中外参展商、贸易商的积极参与。它不仅在总体布局上具有国际现代化气派，而且在邀请贸易商与参展厂直接见面、洽谈订货方面也成效显著，因此每年吸引了大批中外厂商，参展水平一届比一届高，成交额一年比一年多，已发展成为当今中国颇具规模和影响的国际服装交易会。

除服装交易之外,博览会和出口洽谈会每年还组织海外时装设计、流行趋势讲座、中外服装交流会、参展商新闻发布会以及模特展销表演等活动,从多个侧面围绕着服装这一主题,为两会增添了诸多的功能和服务。

□ 中国国际航空航天博览会

简称中国航展,是国务院于1996年批准举办的唯一一个集产品展示、经贸洽谈、技术交流和飞行表演于一体的大型国际性展会,每两年在珠海举办一次,是世界五大国际航展之一(其余四大航展为巴黎航展、英国范堡罗航展、莫斯科航展和新加坡航展)。

□ 华交会

中国华东进出口商品交易会(简称"华交会")是中国规模最大、客商最多、辐射面最广、成交额最高的区域性国际经贸盛会。由上海市、江苏省、浙江省、安徽省、福建省、江西省、山东省和南京市、宁波市等华东9个省市联合主办,每年3月1日至7日在上海举行。自1991年以来,华交会已成功举办了14届。展出范围主要包括纺织服装、工艺品和轻工三大类,华交会立足华东,服务全国,展现出专业化交易会的特色。2004年第14届华交会在浦东上海新国际博览中心举办,展览面积超过8万平方米。7个展馆共设置展位4 158个,比上届增加1 192个,增长了40%。其中,纺织服装类1 300多个,占44.50%;轻工类1 186个,占39.99%;工艺类460个,占15.51%。

2. 世博会

世界博览会是一项由主办国政府组织或政府委托有关部门举办的有较大影响、历史悠久的国际性博览活动。世博会至今已有百余年的历史,最初以美术品和传统工艺品的展示为主,后来逐渐变为科学技术与产业的展览会,成为对一般市民进行启蒙教育不可多得的场所。世博会的会场不单是展示技术和商品,而且伴以异彩纷呈的表演和富有魅力的壮观景象,成为一般市民娱乐消费的理想场所。

世界博览会有综合性博览会和专业性博览会两类。按国际展览组织的规定，专业性博览会分为 A1、A2、B1、B2 四个级别。A1 级是专业性博览会的最高级别。世界园艺博览会属于世界博览会中的专业性的国际博览会，也叫世界园艺节，1999 年昆明世博会即属于此类。

3. 奥运会

奥运会的全称是"奥林匹克运动会"，它是由法国教育家皮埃尔·德·顾拜旦于 1883 年提出，他建议举办类似古奥运会赛会，并把它扩大到世界范围。1892 年，他遍访欧洲，宣传奥林匹克思想，呼吁复兴奥林匹克运动。同年，在巴黎运动联合会成立 10 周年会议上，他倡议恢复"奥林匹克运动会"。1894 年 1 月，他建议同年在巴黎召开国际体育会议。这一年的 6 月 16—24 日，15 国代表在国际体育大会上决定每 4 年举行一次奥林匹克运动会，并于 6 月 23 日成立了国际奥林匹克委员会。

如今，奥运会已成为全球人民的共同盛会和节日，具有全球性的影响力，奥运产业也颇具规模，它所产生的经济、文化、社会、政治效应波及几乎所有的国家和地区。

4. 世界杯

FIFA 世界杯作为单项体育运动会，是世界上规模最大的体育盛会。FIFA 世界杯起源于 20 世纪初的奥林匹克运动会，尤其植根于 1920 年的奥林匹克运动会。当时，南美洲、亚洲及非洲的 14 个国家参加了此次安特卫普奥运会的足球项目的比赛，1928 年又有 46 个国家参加阿姆斯特丹奥运会，但直到那时尚没有举办过由 FIFA 主管的足球比赛。

直到 1926 年 5 月 26 日，FIFA 公布了独自举办足球比赛的计划，从此诞生了 FIFA 世界杯。在 1926 年的国际足联总会上，雷米特会长通过了"举办凡 FIFA 成员国国家队均可参加的第一届 FIFA 世界杯赛"的提案。

1930 年，第一届 FIFA 世界杯在乌拉圭举办。在欧洲的战后恢复和经济萧条时期举办的此次比赛，距开幕仅有 2 个月时，还没有一个欧洲国家申请参加比赛，在雷米特会长进行积极交涉之后，包括欧洲 4 个国家在内的 13 个国家参赛。1930 年 7 月 13—30 日，首届 FIFA 世界杯比赛分别在乌拉圭的 3 个赛场进行。

　　FIFA 选择在奥运会的中间年度进行比赛，决定每隔 4 年举办一次 FIFA 世界杯。在法国举办第三届世界杯（1938 年）之后，由于战争的原因中断了 12 年，于战争结束后的 1950 年在巴西举办了第四届世界杯赛。

第 2 章
展览主题策划

展览主题是贯穿于整个展览所反映的社会生活内容的中心思想，是鼓励企业参展的主要原因，是展览的宗旨。展览主题策划是展览策划的开始，主题选择的好坏和准确与否，将直接影响展览会的质量，并对展览会的举办及今后发展产生巨大影响。

2.1 影响展览主题策划的因素

展览主题策划是办好一个展览会的关键所在。没有主题就不可能举办展览会，主题是举办展览会的先决条件。有一个好的主题，展览会就会越办越大，越办越好，取得成功；主题选择不当，尽管花费了很大力气，投入也很大，但展览会却一届比一届小，还有可能前功尽弃，根本办不成。尽管展览会主题是展览会成功的关键所在，但展览会主题绝不能信手拈来。

展览主题策划有两个基本要求：一是选择展览会主题要有创新，不要跟着人家跑，别人举办一个什么主题的展览会，自己就跟着办一个。二是选择合适类型的展览会。

影响展览主题策划的因素主要有三类：市场条件、地域特点和合作伙伴。

1. 市场条件

展览会的内容符合市场的需要，选择的展览会主题就具有生命，展览会就具备了基本的可行性。所以在选择展览会主题之前必须了解市场条件对展览会的影响情况，具体可从以下几个方面着手：

（1）了解国内该行业发展的现状及技术设备的需求情况。因为展览会的主题要由市场来决定，所以必须全面了解在国内该行业目前发展的情况如何，主要是指专业技术和制作工艺方面，发展较快还是落后，基础是好还是差，这个行业今后是要关、停、并、转，还是大力发展。此外，还要了解该行业今后几年甚至十几年的发展方向。有了这些了解才能确定这个主题是否能办得下去，是否具有生命力，在以后办展的过程中能否逐步发展。

在我们对展览项目涉及产业、行业和产品进行调研时，要特别注意展览业发展的几个趋势：一是展览的行业兴衰与其行业自身的发展和地域转移密切相关，如随着近年IT产业向亚太地区的国际转移，欧美的IT产业展览会规模逐步缩减，并呈现逐步向亚太地区转移的态势。二是涉及第三产业的展览会日益增多，如教育、文化方面的展览会逐年增多，近年来的书展就十分红火。三是品牌展览的国际移植方兴未艾。目前，发展中国家特别是亚太地区的很多制造业类品牌展览会很多是由欧美移植而来。对于一些热门展览会，可以先参加亚太地区的展览会，待条件成熟后再逐渐参加欧美地区的展览会。

（2）了解政府的产业政策。我国一般在5年计划或10年计划中确定国民经济在十几年内发展的重点，优先发展的领域和要投资的一些大项目，是展览主题选择要考虑的因素。因为国家重点发展的行业一般来说也是展览会的热门主题。依靠政策导向选择主题，展览会肯定有生命力、有发展前途。例如，在"九五"之前提出要发展能源、交通、通信这些基础设施，后来又提出要发展房地产拉动内需，以后又从政策上引导汽车进入家庭等。这些产业政策为确定展览主题提供了依据，这就是后来的通信展、能源展、汽车展、房地产展等展览会越办越大、久办不衰的大前提。

（3）对消费类的展览会，要调查了解消费者的消费观念、流行趋势、购买力、市场的容量大小等情况。随着我国改革开放不断深入，消费品的展览会逐渐放宽，电子、珠宝、手表、化妆品等方面的展览会相继出现。举办这些方面的展览会也有一个了解市场需求的问题，对整个市场的了解不够全面，在主题上仍会有失败的危险。

（4）了解国外厂商的参展兴趣。举办国际展览会的目的是吸引更多的国外厂商来参展，如果国外厂商对参展没兴趣，主题再好也不行。所以进行市场调查时，除了要有针对国内市场的调查，还要通过发信发函征求意见，了解这个行业领头的一些国外重点厂商对参展的兴趣如何。首先，直接了解国外厂商对主题的看法；其次，通过代理，了解国外厂商的反应；最后，可以通过国外一些主管展览会的机构了解国外情况，委托其帮助组织国家展团参展。

2. 地域特点

在确定一个展览会主题时，还要考虑举办展览会的地区条件，所选择的这个地区要有一定的经济特色，并适合这个展会的主题。考虑地域因素，首先要综合了解这个地区以下几方面的有关情况：

（1）考虑当地市场。展览项目在这个地区办，首先要考虑这个地区的开放程度、产业结构、整体经济发展水平。同时还要了解场馆情况、交通通信条件、运输能力、旅游饭店设施等综合市场情况，以此权衡在该地区办展有没有接待条件，展会能否举办成功。

（2）考察当地经济。主要考虑当地的经济结构与特色。因为我国幅员辽阔，有的是旅游城市，有的是工业基地，有的是纺织基地，有的是消费城市，所以我们在选择地点时一定要考虑当地经济结构和经济条件。

（3）考虑当地市场辐射范围。一个中心城市一般能辐射到周边一些地区。如上海能辐射到江苏、浙江、安徽、江西，北京能辐射到河北、天津、内蒙古、山西。因此，选择办展地点时还要考虑这个城市所能辐射到的周边地区的经济特色。

例如，广东省的品牌展览会主题主要集中在轻工业类题材。这是因为：

从产业优势看，广东是经济强省，其国内生产总值占全国的1/10，稳居第一位。外贸出口总额、工业总产值和社会消费品零售总额三项指标，广东分别占全国2/5、1/7和1/90。在广东的工业行业中，电子信息制造业、机电业等53个行业的产值均居全国首位；在国家所列的30种主要产品中，有7种广东产量第一；全国范围内市场占有率超过20%的行业广东有9个，工业销售收入占全国的12%，"广货"享誉全国。

优势的产业造就了优势的展览：广东电子及信息制造业产值连续9年居全国第一位，广州同时也有华南地区最大的计算机、网络及通信设备展；广东化妆品产量和销售均占全国1/3，同时广州有规模达到3万平方米、全国最大的美容美发化妆品展；广东家具业产值占全国1/3，出口占2/3，遥遥领先于各地，因此广州的家具展春季达到5万平方米，秋季3.5万平方米，同时广州、东莞、深圳又各有4万平方米以上的家具展。广东工业以轻工业、加工工业见长，广东出名的大型展览，如家具展、室内装饰展、美容化妆品展、计算机展、广告展、皮革鞋类展等，都是轻工业类的展览。

和产业优势比，市场优势对展览业的促进作用更大。对广东来说，消费（此处所指的消费乃广义的消费，不仅包括生活资料的消费，而且包括生产资料的消费）和投资、出口一样是拉动广东经济持续增长的三驾"马车"之一。这意味着广东有一个巨大的消费市场，来自全国乃至世界各地的参展厂商，容易在这里找到需求殷切的买家。

一个有趣的现象是：部分创办多年、全国性的巡回展如日用百货展、文化用品展、洗涤用品展等，尽管不定点在各地轮流举办，但选择广州的次数比较多，而且据从承办机构和参展商处了解到的情况，得知这些展览搬到广州举办时，不仅规模比其他地方大，而且来的客商也特别多，展会期间签单成交十分踊跃。显然，本地旺盛的消费能力对此影响颇深。

广州展览的开放程度在全国来说都很高。广州有着悠久的商业文化传统,民间经商办实业风气甚浓。广州在我国改革开放事业中先行一步,政策束缚少,市场机制在经济中发挥着主要作用,市场开放度很高。在广州既有国家级的广交会,也有纯粹的国外来华专业展,还有民营展览机构所办的各类专业展。每一类展览都有相当成功之作,即使是民营展览,如建筑装饰展和美容化妆品展,不仅组展者是民营机构,甚至参展商也以民营单位为主。如南海经营铝型材的民营企业,其产品占据国内同类产品的2/3;顺德有近300家民营化学涂料企业;佛山民营资本投入30多亿元建成了180多条陶瓷生产线;云浮的4 000多家石材企业中,98%都是民营或股份合作企业,这类企业构成了建筑装饰参展商的主体。

民营展览机构的成功并非侥幸,实际上有的经营管理水平非常高。有一家民营展览公司,一年在广交会展馆举办4—5个展览,其中广告展、机床工具展规模都在1万平方米以上。这家公司招聘员工全都要大专以上学历;为了开拓国际展,最近还要求新进员工必须达到英语六级以上水平。在民营展览公司中,它是最早进行正规的观众登记和展览各项数据统计分析的,市场调研和展会组织的规范化、现代化程度比较高。

3. 合作伙伴

有了良好的主题,没有一个很好的合作伙伴,也难以使展览会取得成功。会展企业往往对专业技术的了解比较少,因此要想办一个专业展览会,必须要依靠在专业技术方面有特长的合作伙伴。从国外的办展经验来看,美国、德国公司要办一个展览会,都有一些专业协会的支持。因为这些专业协会组织对行业的现状、市场的需求情况比较了解。另外,他们对国外的同行比较熟悉,同时他们跟国内该行业的政府主管部门也有直接的联系。正是因为这些原因,会展企业在选择主题时应考虑合作伙伴的因素,以下为我国的一些主要专业协会:

中国国际贸易促进委员会　　　　　中国模具工业协会各行业分会
中国轴承工业协会各地方分会　　　中国机电一体化技术应用协会
中国电子商会　　　　　　　　　　中国食品和包装机械工业协会
中国对外贸易经济合作企业协会　　中国制冷空调工业协会
中国机床工具工业协会　　　　　　中国仪器仪表行业协会
中国汽车工业协会　　　　　　　　中国液压气动密封件工业协会
中国环保机械行业协会　　　　　　中国文化办公设备制造行业协会
中国锻造协会　　　　　　　　　　中国电器工业协会
中国印刷及设备器材工业协会　　　中国民用航空协会
中国铸造协会　　　　　　　　　　中国林业机械协会
中国交通运输协会　　　　　　　　中国进出口商品检验协会
中国矿业协会　　　　　　　　　　中国国际经贸展览协会
中国服装协会　　　　　　　　　　中国机械工程学会
中国仪器仪表学会　　　　　　　　中国电工技术学会
中国汽车工程学会

2.2　选择展览行业

　　展览主题策划要根据会展企业本身的优劣势，并结合举办地及其周边区域的经济结构、产业结构、地理位置、交通状况和展览设施等条件来考虑展览主题。会展企业首先应从本区域的优势产业和主导产业中寻找主题，其次从国家或本地区重点发展的产业中寻找主题，最后从政府扶持的产业中寻找主题。

　　选择制造业作为展览主题，一般会选择新颖、有特色的产品，并且将这些产品作为推销的对象。这类展览的主题十分明确，是某一类或几类产品的展览会。选择服务业的一些新行业作为展览对象，其主题一般是推介这个行业或其特殊的服务。这类展览的主题除了看不见的服务类产品外，还包括先进的理念、对时尚的追求和向往等思想性、娱乐性的内容。

对于专业性的展览会而言，一个展览会一般只包括一个展览主题，会展企业可以通过市场细分的办法来找到适合自己举办展会的行业和客户。所谓市场细分，是指办展机构按照一种或者几种变量，把整个市场细分成若干个子市场，这些子市场由需求和欲望相似的消费者群体形成。经过市场细分，每个子市场内部消费者的需求都基本相似，不同的子市场的需求差别则比较大。结合会展企业自身的优势，通过市场细分，会展企业可以分析和把握市场机会，找到自己的目标市场。

恰当地选择市场细分的变量是进行有效市场细分的重要前提。一般地，会展企业可以就以下四个方面对细分市场进行评估，以便选择展览行业。

1. 规模和发展潜力

潜在的细分市场要有一定的规模和发展潜力，换句话说，被评估的细分行业要有一定的产业基础和较大的产品使用范围，这是会展企业考虑是否进入某一行业办展首先需要考虑的问题。如果行业规模小，可能参展的企业就少；如果产品使用范围小，展会的观众肯定就不多；如果行业发展前景渺茫，展会的发展空间肯定也不大。当然，这里所说的市场规模和发展潜力是相对的：对于一个实力雄厚的会展企业来说，其主要目标可能是办大展，其要求的市场规模当然会相对大一些；对于一个小的办展机构来说，办大展是它力所不能及的，而办一个小展却是一个不错的选择，因为办一个小展所要求的市场规模可以相应小一些。又例如，如果会展企业注重长远收益，其举办展会就很在乎展会是否有长期发展潜力；如果会展企业注重眼前利益，那么即使展会没有发展潜力，只要眼下展会能赚钱，它就可以举办该展会。不过，不管是哪类办展机构，在评估细分市场时，都必须考虑该行业的目前规模和增长率，这是进入某一行业举办展会的基础。

2. 盈利能力

细分市场不仅要有一定的规模和预期增长率，还必须有一定的盈利能力，对于举办商业性专业展会的会展企业来说尤其如此。当然，不同会展企业的利润目标不一样。有些会展企业着眼于长远，他们能够忍受暂时的亏损；有些只管当前，他们对眼前的亏损就无法容忍。但不管怎样，对大多数会展企业来说，举办展会都必须保证在预订的时间内有一定的盈利水平，否则，会展企业就无法生存。

3. 吸引力

有盈利能力的细分市场对大家都有吸引力，但具有市场结构差异的细分市场，其对会展企业的吸引力是不同的。

（1）细分市场的竞争状态影响办展机构进入该市场的难易程度。例如，如果该市场已经存在实力强大或者竞争意识强烈的竞争对手，会展企业进入该行业就应该慎重。

（2）新进入该市场的竞争对手的状况。如果该市场盈利能力过高就会吸引大量的会展企业进入该行业办展，如果这些会展企业众多，或者他们进入的决心很大，那么，进入该行业办展就应该慎重。

（3）行业的特性。如果该行业是一个相对垄断的行业，除非会展企业与那些垄断企业有很好的联系和沟通渠道，否则，吸引他们参加展会将是一件很困难的事；如果该行业的企业议价能力很强，展会吸引他们参展将会付出很大的代价；如果该行业产品的用户议价能力很强，则展会邀请观众将困难重重。

4. 办展目标和资源

会展企业必须清楚认识自己的优劣势：如果自己在某一行业内毫无优势可言，那么，即使该行业多么适合办展，该会展企业进入该行业也需要慎重。同时，在进入某一行业办展之前，会展企业首先必须明确自己的办展目标，比如，举办该展会是着眼于利润目标还是社会效益目标？是为自己的长远利益打算还是为眼前利益着想？如此等等。只有目标明确了，行动才更有说服力，才更有成功的保障。

通过对细分市场的评估，会展企业可能会发现一个或几个值得进入办展的行业；会展企业可以根据自身的实力选择进入一个或几个行业举办一个或几个专业展会。

例如，2004年10月举办的首届犬业展就是选定了犬业这样一个新兴行业，取得了巨大的成功。这次展览是我国犬业史上规模最大的展会，由中国畜牧业协会犬业分会（CNKC）主办。这是国家犬业行业主管部门首次批准举办集国际标准犬赛、宠物及宠物用品展销、大众化趣味性犬业文化活动、纯种犬鉴定为一体的全国综合性犬业盛会。本次展会一方面为犬食品或用品生产企业、销售企业、犬舍、宠物医院、美容院、各种媒体提供展示、交易的舞台，另一方面为优秀名犬提供展览、交易机会。同时还策划了大众化趣味性犬业文化活动，如敏捷性训练比赛、绝对大胃王、CNKC吉尼斯、爱心行动、宠物文化的时尚元素活动等。

2.3 选择展览题材

会展企业确定了展览行业后，就应进一步选择展览题材，确定展出展品的范围。展览题材可以分为新立题材、细分题材、延伸题材与合并题材。

1. 新立题材

新立题材就是通过对收集到的各种信息进行整理和分析，选定一个会展企业从来没有涉及的产业作为举办新展览的展览题材。进入一个从来没有涉足的新产业对会展企业来说具有一定的挑战性，如果题材选择不当，不但很难举办成功的展览会，而且会展企业的业务和形象也会受到严重的影响。所以，是否进入一个新产业策划举办全新的展览会，会展企业要结合自己的优劣势进行综合分析，然后再慎重地做出决策。

一般地，在决定收集信息之前，要从备选产业中选择一个或几个产业作为候选对象，会展企业基本上都会有一个大致的规划。如果会展企业还不能确定在哪个产业里举办展览会更有利，就要展开信息收集工作和市场调查工作。通常，会展企业为确定新立题材进行市场调查的产业不止一个，而是有好几个，也就是说，同时对几个题材展开调查，以便经过分析后确定一个或几个可以进入办展的题材。

会展企业可以从收集到的信息中甄选新立题材。当把几个候选题材的信息收集起来并经过仔细分析以后，会展企业可以结合自己的实际情况，从这几个题材中选择一个或几个题材，作为策划举办新展览会的候选题材。之所以说是作为候选题材，是因为尽管目前选定了这一题材，但是，最终是否决定举办该题材的展览会，还要看项目可行性分析的结论如何。但不管怎样，这时候是可以根据信息分析初步确定展览题材的。

会展企业可以从国外已经举办的展览会的有关题材中选择新立题材。有时候，在有些产业里，尽管目前国内还没有展览会，但在国外却已有展览会办得热火朝天。可以通过大量收集国内外现有展览会的资料，并将两者作对比，从中发现目前国内没有举办展览会的题材，然后通过广泛的信息收集，确定一个或几个题材作为候选题材。

新立展览题材往往是将一个新的产业作为举办展览会的展览题材，它有以下好处：第一，会展企业可以进入一个新的产业并开发一个新的市场；第二，新题材往往是暂时被市场忽视、别的会展企业进入得少或者根本就没有进入的题材，这样会展企业就可以避开别的会展企业的竞争；第三，新题材很多时候是市场的新兴产业，只要抢先一步，成功的可能性就较大。

但是，作为一个全新的展览题材，新立展览题材也会有一定的风险：第一，对于会展企业来说，新题材是一个崭新的领域，进入一个陌生的领域有一定的风险；第二，会展企业可能会缺乏对该题材有所了解的专业人员，对该产业的企业、行业协会等的数量和分布情况等缺乏基本了解，不利于以后展会筹备工作的展开；第三，由于缺乏对该产业的了解，会展企业可能对抓住该产业的行业发展重点和行业热点有困难，展会可能因此而缺乏市场号召力。

2. 细分题材

所谓细分题材，就是将会展企业已有的展览会的展览题材再作进一步的细分，从原有的大题材中分列出更小的题材，并将这些小题材办成独立的展览会的一种选择展览题材的方式。

细分展览题材不是随意的，想怎么分就怎么分，它要满足一定的条件，在符合会展企业的发展战略并得到收集的各种信息的支持的基础上才可以细分。细分展览题材的目的不是仅仅为了多办几个展览会，而是为了使经过细分的题材能更好地独立发展壮大。

细分展览题材要满足以下几个条件才可以细分：第一，原有的展览会已经发展到一定的规模，某一细分题材在原有的展览会中已经占有一定的展览面积；第二，由于场地限制等原因，某一细分题材在原有的展览会中的面积已经很难再进一步扩大，但是，如果将这一细分题材独立分列出来单独发展，其发展的空间将更大；第三，尽管某一细分题材在原有的展览会中已经占有一定的展出面积，但是，如果将这一细分题材分裂出来，原有的展会不会受到太大的影响，或是，这一细分题材分列出来后，原有的展览会还可以得到更好的发展；第四，某一细分题材与原有展览会其他题材之间有相对的独立性，这一细分题材的企业和客户可以从原有展览会中分离出来；第五，收集到的各种信息表明，这一细分题材适合单独举办展会。如果达不到上述条件，细分题材就可能会失败。

通过细分题材的方式来选择新展览题材有以下几个好处：第一，由于细分题材是从原有展览会大题材中细分出来的，会展企业对该题材有一定的了解，并有一定的客户基础，新展会容易举办成功；第二，该细分题材分列出来以后，不仅为原有展会其他题材让出了更大的发展空间，而且依据细分题材所办的新展览会也可以发展壮大；第三，原有展览会和依据细分题材所办的新展览会都将更加专业化。

采用细分题材的办法选择新展览题材也有一定的风险：第一，分列的时机很难把握，很难确定什么时候才是将某一细分题材从原有的展览会中分列出来的最佳时机，如果时机把握不好，题材细分就很难成功；第二，将某一细分题材从原有的展览会中细分出来，会给原有展览会造成多大的冲击，往往较难把握；第三，会展企业是否已经具备将某一细分题材从原有的展览会中分列出来独立办展的实力，要经过慎重考虑才能决定。

将某一细分题材从原有的展览会中分列出来独立办展以后，如果这一细分题材的展览会的规模刚开始还较小，就可以将它和原有的展览会同时同地举办，以便培育其发展壮大，等其发展壮大到一定规模时，再将其彻底和原有展览会分离；如果这一细分题材的展览会刚开始就具有一定的规模，则可以将它和原有展览彻底分开，另外确定时间和地点来举办。

3. 延伸题材

所谓延伸题材，就是将现有展览会没有包含但与现有展览会的展览题材有密切关联的题材，或者是将现有展览会展览大题材中暂时还未包含的某一细分题材列入现有展览会展览题材的一种方法。

延伸展览题材不是随意的，它也要满足一定的条件才可延伸：第一，计划延伸的题材与现有展览会的展览题材要有一定的关联性，如果没有一定的关联性，延伸展览题材的必要性就不大；第二，现有展览会能容纳计划延伸的题材的加入，换句话说，计划延伸的题材的加入不会给现有展览会造成任何操作上的不便；第三，现有展览会的专业性不会因计划延伸的题材的加入而受到影响。总之，一句话，计划延伸的题材加入现有的展览会不能是"画蛇添足"，而应是"锦上添花"。

延伸展览题材是扩大展览会规模的一种常用的办法。一方面，延伸展览题材可以扩大展览会的招展范围，为扩大展会规模做出贡献；另一方面，延伸展览题材也可以扩大参展企业数量和观众来源，为拓展展会发展空间服务。

通过延伸展览题材来发展展会还可以使展览会的内容更加完整、范围更加广泛，并使展览会更加专业化。延伸展览题材实际上就是要将现有展览会原来没有包含的题材再包含进去，将一些与现有展览会的展览题材密切相关的题材补充进去。这会使现有展览会的展出题材更完整，展会更专业、更具有行业代表性。

当然，如果延伸展览题材处理不当，也会带来一定的风险：第一，如果延伸的展览题材与现有展览会的展览题材的关联性不大，可能会出现"拉郎配"的现象，使现有展览会变成"大杂烩"而失去其专业性；第二，新题材的加入可能会影响到现有展览会的展区划分，影响到现有展览会的现场布置和管理。所以，在执行延伸展览题材策略时，满足上述三个条件是其重要前提。

4. 合并题材

所谓合并题材，就是将两个或两个以上彼此相同或有一定关联的展览题材的现有展览会合并为一个展览会，或者是将两个或两个以上的展览会中彼此相同或有一定关联的展览题材剔除出来，放在另一个展览会里统一展出。

合并题材是一些小的展览会常用的办展策略。这种策略可以带来以下好处：第一，合并题材将彼此相同或有一定关联的展览题材合并到一起，有利于集中精力，做大做强该题材的展览会；第二，如果合并题材是在两个不同的办展机构之间进行，那么，合并题材就可以消除市场竞争，独占该题材的展览市场；第三，合并题材可以更好地安排展览日期和划分专业展区，从而方便企业参展和观众参观；第四，合并题材可以得到行业内知名企业的大力支持，提高他们参展的积极性；第五，合并题材可以使展览会更具有行业代表性，有利于提高展览会的档次。

不过，合并题材也有一定的风险：第一，合并题材往往涉及多个展览会，如果处理不当，可能会对这些展览会带来不利的影响；第二，合并题材可能会涉及多个办展机构之间的业务合作，办展机构之间的业务合作不当和利益分配不均可能会导致题材合并的失败；第三，如果合并题材选择不当，不仅会给现有的展览会造成伤害，还可能会使新展览会成为一个"大杂烩"。

为了避免合并题材失败和合并题材带来的风险，在合并题材时要遵循以下做法：第一，计划合并的题材如果不是同一题材，那么，计划合并的题材之间一定要有很强的关联性；第二，如果计划合并的题材涉及两个或两个以上的展览会，在题材合并前要充分估计合并可能给各展览会带来的影响，并采取相应的对策将不利影响降至最低；第三，如果在两个或两个以上的办展机构的展览会之间进行题材合并，那么，在题材合并前要谈妥办展机构之间的业务合作和利益分配办法，不要仓促进行合并；第四，要选择好合并的时机，使合并能为行业内企业所了解和接受，并使他们有充足的时间对此做出反应。

2.4 确定展览主题

会展企业在选择了展览行业及题材后，就应确定展览的主题。展览的主题可以是一个或几个，但绝不能没有主题，也不能有太多的主题，太多的主题则意味着没有主题。

1. 展览主题的特点

主题又称为主题思想，它是会展的灵魂，是具体解释会展目标的执行者。它既是某个会展明确和创造期望的工具，决定了会展的特点，同时也是保持会展魅力的源泉。

（1）解释会展目标。会展主题是对会展目标的进一步阐述，也是会展目标的具体化。主题可以是一个或几个，但绝不能没有，也不能过多。如上海国际工业博览会的目标是：努力将信息化和工业化、国际化和工业化结合起来，其主题是"以信息化带动工业化"，并且分电子信息与网络展区、电气装备与工业自动化展区、新材料展区以及科技创新展区等9个展区，以8个部分的内容，对展览会的主题作了具体说明，这就具体解释了原来设计的展览会目标。

（2）展开会展情节。无论是一次会议还是展览，围绕会展主题是举办会展应遵循的原则，从这个意义上说，会展主题的确定是会展情节展开的最有利的主线。要开好一次会议，必须贯穿一个中心思想，围绕一项主要内容，紧扣主题，有条不紊。如"99财富论坛年会"的主题选择为"中国：未来五十年"。要办好一个展览，特别是专业性的展览，主题是关键，也是展览会存在和创新发展的源泉。如"2004年中国国际啤酒、饮料制造技术及设备展览会"将以"先进的设备、尖端的技术、新型的材料和现代的包装"为主题，向人们展示"专业性最强的亚洲贸易盛会"，同期还举办"国际啤酒、饮料制造技术高层论坛"以及"中国国际啤酒、饮料制造技术交流会"，探讨啤酒、饮料行业最新的技术发展趋势、有效的营销策略以及整体解决方案。这个主题的选择，有力地增强了展览对参展商和参观者的吸引力，为展览的顺利举办奠定了良好的基础。

（3）突出会展特色。会展的特色，一般都是通过会展的主题来表现的。如"99昆明世博会"就是围绕"人与自然——迈向21世纪"的主题，利用先进的科技手段、丰富的园区景观、上乘的精品，辅之以优质的服务，办出了时代特色、中国特色和云南特色，达到了国际同类世界博览会的一流水平。其中的人与自然馆，总建筑面积近5 000平方米，展馆建设结合山形地貌，利用高差2.4米的两个台地和水面，充分表现了山、林、水、建筑融为一体的意境。展馆主入口处的集散休息广场上，大片草地缓缓伸向水面，前后水域之间以瀑布相连，给人以亲近自然的感受。通过以上的设计，清晰地展示了昆明世博会的主题，更体现了其特色——园艺类的博览会。

再比如，"2005年日本爱知世博会"中国馆活动中，中国贸促会以

"自然、城市、和谐——生活的艺术"为主题，选取全国有代表性的12个省市组成中国馆，分别代表东北老工业基地、中西部地区、珠江三角洲、环渤海经济圈等板块，比较全面地体现了中国的特色。还以2010年上海世博会为例，为了以全球化的视角深化其主题——"城市，让生活更美好"，设计师以多种文化交融的形式阐明了举办一届成功、精彩、难忘的世博会的理念。

2. 展览主题确定的原则

□ 前瞻性

选择会展主题，必须首先了解参加者的兴趣所在，前瞻性地列举出为什么人们要参与这一活动。如2000年德国汉诺威世博会的主题是"人类—自然—科技—发展"，属于综合类博览会，每5年举行一次。

2000年汉诺威世博会表现人类利用科技力量挑战未来，与大自然和谐相处，提示出人类、自然、科技协调发展的新关系。

□ 独特性

选择会展主题，必须清晰地表明这次会展活动的与众不同之处。

例如，1999年5月1日中国昆明举办了第22次世界园艺博览会——中国"99昆明园艺博览会"，其主题是"人与自然——迈向21世纪"，又称为"尊重自然，保护生态"，属于专业类博览会。

当今世界已经进入以市场经济为主导的信息爆炸时代，各种各样的信息资料，通过各种信息渠道传递而来，任何一种想要引起社会公众关注的城市形象，都必须借助各种广告宣传手段。然而要想使这种手段奏效，除了要加大力度以外，还必须符合唯一性、垄断性、不可模仿或替代性，中国昆明园艺博览会就符合这些条件，因此，昆明园艺博览会的知名度大为提高。

□ 综合性

会展的目标尽量不要太单一，否则会影响其效果。

例如，北京国际图书博览会（BIBF）每两年举办一届。1986年第一届北京国际图书博览会简单地以图书的展览、展示、国内订货为主，到第三、四、五届扩大了图书的印刷、装帧方面的交流比例，再到第七、八届版权贸易的概念和交易量则异军突起。

2002年5月，第九届北京国际图书博览会于2002年5月24日至28日举行，其主题为"版权贸易"。本届博览会共设展位959个，展位销售异常火暴，其原因有以下几个：

（1）中国加入WTO后，全球同行普遍看好中国图书和版权贸易市场，这是对中国本土市场需求增强的一种良性反应。

（2）目前国内出版行业呈现很好的上升趋势，国内出版图书质量有很大提高，提供版权的实力增强；出版社效益有不同程度的提高，出版机构的版权购买力也相应增强，版权贸易市场随之扩大，形成了版权贸易在BIBF中的成交额逐年大幅度增长的良好局面。

3. 展览主题确定的要点

会展应有鲜明的主题，没有主题的会展是不能够吸引观众的，招展也就无法开展。根据会展内容的不同，可以将会展市场分为：①以某种高科技产业或优势产业为依托举办的专业性科技博览会、交易会；②将某些产业与内外贸易相结合而开展的产品交易会、展销会；③以宣传本地人文资源如文化、艺术、体育等为宗旨举办的博览会、展示会；④以重要的城市为中心举办的综合性的国际会议及大型的博览会、展销会。会展公司在确定会展主题时，应充分发挥本地的资源优势，使会展呈现出鲜明的主题，提高会展的竞争力。

明确的主题是会展明确细分市场，也就是确立会展的受众目标——参展商和观众的关键，是会展突出个性特点的标志。要确定成功的主题，会展公司应该从以下几个方面入手：

（1）选择优势领域。所谓优势领域，就是选择在中国较为发达或颇具发展前景的领域或行业。展会的主题定位于这些优势领域，才能充分显示展会对于相关行业发展的带动作用和展会显著的营销效应。目前，我国在机床、信息、汽车和环保技术等领域具有特定的优势和广阔的市场发展前景。例如，北京地区举办的大型国际展览会中，机床、通信、纺机、印刷、冶金、汽车等专业性展览会已经进入世界先进会展的行列，其中被全球会展权威机构——国际博览联盟（UIF）认可的品牌展览会就有6个。同时，根据欧洲信息技术监理会发布的全球信息通信技术市场报告，"早在1998年，中国的IT市场就已经超过韩国，到2003年可能要超过日本成为亚太地区最大的市场。中国电信业也已成为世界最具发展潜力的市场，并且至少在21世纪的第一个10年里，这种地位将不会被动摇。"因此，当德国汉诺威会展公司准备进军中国市场时，就将展会的主题定位于这些领域。

（2）突出区域特色。一个地区会展品牌与其本身的经济与产业发展特点是密切相关的。会展公司要创建名牌展会，就应结合自身条件，利用区域优势，塑造有区域特色的展会。例如，以时尚产品著称于世的法国巴黎，正是因时装、化妆品等成功展会而使其享有"会展之都"的美称；而被誉为"购物天堂"的香港也是以珠宝、皮草、玩具等会展著称。深圳近几年高新技术产业异军突起，目前高新技术产业产值已占到国民生产总值的60%。深圳会展主题的选择就紧紧围绕深圳市今后的产业发展方向，突出高新技术城市和新兴城市的鲜明特点，打造独具特色的城市会展品牌，增强了区域特色和吸引力，带动了相关产业的发展。深圳高交会的成功走的正是这条道路。

（3）体现专业性质。众所周知，专业性已成为世界范围内会展发展的一大趋势，从1992年开始，世界综合性的大型博览会已由专业化的博览会代替。例如，汉诺威工博会虽是综合展，但却是由若干个专业展组成的，如机器人展、自动化立体仓库展、铸件展、低压电器展、灯具展、仪器仪表展、液压气动元件展等。这些专业展一般两年办一次，这样尽管工博会年年办，但下面的各个专业展主题却不重复，而且每个专业展的规模和水平均居世界一流，成为各个行业的名牌展会。专业展会与博览会相比，针对性更强，展览项目不易重复，能够更加深入地促进行业贸易的发展，充分体现展会专业合作与交流的渠道作用。

（4）拓展发展空间。目前国内大大小小、形形色色的会展主题已不计其数，要在会展主题的选择上实现创新，已经很难找到空白的会展主题。因此，会展公司可以与原有的展会合作，通过展会主题的收购与兼并来拓展市场，增强展会的竞争力。已被国际展览联盟认可，与德国杜塞尔多夫冶金铸造展和美国克里夫兰钢铁展并列为世界三大冶金及热加工展览会之一的中国国际冶金工业展就是一个成功的典范。它的迅速崛起在很大程度上就得益于主办者通过展会主题的收购与兼并，塑造出国际化品牌的会展。德国杜塞尔多夫展览公司进入中国市场，也准备采取与中国同行合作办展的方式来拓展市场。因此，积极拓展原有展会的空间，不仅可以有效扩大展会规模，有利于形成品牌展会，同时也是解决重复办展问题的有效途径。

策划锦囊

2010年上海世博会的主题

2010年上海世博会是首次在一个发展中国家举办的世界博览会。2010年上海世博会的选址位于黄浦江两岸、沪浦大桥与南浦大桥之间的滨水区。世博会的位置距离上海市中心约5公里。

2010年上海世博会的主要展馆都将集中于浦东新区上海路以西、耀华路以北的一大片区域。

2010年上海世博会展览面积达到30万平方米，在馆地的中轴线上布置一个6万平方米的大型广场，周围是中国馆、体育馆和会议中心。其中，中国馆的面积为8.8万平方米，旁边的露天剧场可以容纳近万人。

2010年上海世界博览会的主题是"城市，让生活更美好"，属于综合类博览会。上海世博会同时设立了五个副主题（即城市多元文化融合、城市新经济的繁荣、城市科技的创新、城市社区的重塑、城市与乡村的互动），有力地解释了这届世博会的主题。

这个主题有三个特点：

（1）时代性。城市是人类文明在空间上的结晶，越来越多的人为了追求美好的生活而进入城市，越来越多的创造、沟通和参与发生在城市里。城市化进程正在进一步加快，"城市"已成为全世界政治家、经济学家、社会活动家关注的焦点。

（2）独创性。伴随着城市化的进程，各种"城市病"越来越严重，世界各国面临着许多共同的城市问题需要讨论。但在世博会150年的历史上还没有出现过"城市"这个主题。

（3）普遍性。"城市"这个主题可展示性强，可参与度高。不论大国还是小国，不论发达国家还是欠发达国家，都有城市发展成就可以展示，也都可以从别国的展示中得到启示。

通过这个主题，各国可以就治理城市弊病、创造就业机会、改善生活质量、帮助残疾人等问题展开广泛深入的讨论；可以推广城市发展的先进理念，如生态城市、可持续发展城市、风景城市、数字城市等；可以展示现代城市文明在城市规划与管理、科学、技术、文化和生活方式等方面的成果；可以通过建立友好城市、进行文化技术交流、贸易等形式，增进各国间和城市间的合作；可以创造城市发展的新观念、新知识和新技术。

第3章
展览项目策划

会展企业在确定展览主题之后就应着手进行展览项目策划。展览项目策划主要是在广泛收集信息的基础上，就展览会的举办提出方案。展览项目策划可以说是一个推销策划的过程，应以市场为导向。

3.1 展览项目信息收集

展览项目信息收集是展览项目策划的基础工作，它是通过各种市场调查手段，有目的、系统地收集、记录、整理与展览项目策划有关的信息，从而为展览项目策划提供科学的依据。

1. 展览项目信息收集的内容

展览项目信息收集的内容主要包括产业信息、市场信息、政策信息，以及相关展会信息。

□ 产业信息

产业发展状况和产业的性质是影响一个展览会能否成功举办的重要因素之一。产业不同，举办展览会的策略和办法也不一样。收集相关产业信息主要是为了从产业的角度分析产业对举办展览会可能产生的影响，以及产业给展览会提供的发展空间等，从而为展览项目策划奠定坚实的基础。

展览项目策划需要收集和掌握的产业信息主要有以下几个方面：

（1）产业性质。即产业是新兴行业，还是老旧行业，或者是朝阳行业，还是夕阳产业。如果是新兴行业，由于市场规模在急剧扩大，企业的盈利性较好，在这些行业举办展览是合适的。如果是夕阳行业，由于绝大部分夕阳行业最终会走向消失，少部分可能进入边缘市场勉强存在，会展公司就要缩小展出工作规模，甚至不再做展出工作。由此可见，要策划成功的展览会，会展公司首先要考虑准备举办展会的产业的性质。如果选择不当，即使展览会有一两届侥幸举办成功，展会的发展前景也很难有保证。

（2）产业规模。产业规模主要是指该产业的生产总值、销售总额、进出口总额和从业人员数量等，这些信息是策划举办展览会时需要参考的重要数据。例如，了解产业的生产总值和销售总额可以为预测展会的规模提供依据；了解产业从业人员数量可以为预测展会的到会专业观众数量提供参考。由于产业规模对展会规模会产生直接的影响，产业规模的增减会影响到展会规模的增减，所以，在收集产业规模的相关数据时，会展公司不仅要收集产业规模的现在数据，还要对产业规模做出预测，以便为展会制定长期发展策略提供参考。

（3）产业分布状况。产业分布状况是制定展会招展招商和宣传推广策略的基础。会展公司不仅要了解该产业的产品主要在哪些地方生产、每个生产地在该产业的产品生产中所占的比例大约是多少，也要了解该产业的产品主要是在哪些地方销售、每个销售地在该产业的产品销售中所占的比例大约是多少，还要了解每个地方生产和销售的产品的种类和特色以及档次如何等。只有了解了这些信息，展览项目策划才会有可靠的依据。

（4）厂商数量。展览的举办必须有足够数量的厂商。如果产业拥有的厂商数量太少，则展会的潜在参展商和专业观众也会较少，展会举办成功的可能性也较小；如果产业拥有的厂商数量较多，则展会的潜在参展商和专业观众也会较多，展会举办成功的可能性也较大。

（5）产品销售方式。一般而言，适合举办展览会的产业都是那些主要以"看样成交"为主的行业，以及那些对产品的外观设计和款式比较看重的行业。如果产品主要是看说明或图纸成交，则该产业举办展览会的空间就较小。另外，产业的产品销售渠道及其成熟度对举办展览会的影响也比较大。比如，如果某产业产品的批发渠道比较发达，大型批发市场较多，则在该产业内举办展览会就会遇到很大的困难；又比如，如果某产业的销售渠道比较成熟，各企业的销售渠道已经自成体系，则展览会招展也比较困难。还有，有些产业产品的订货和销售的季节性都很强，在这些产业里举办展览会，最好结合产品订货和销售的季节性来确定展览时间，如果展览会举办的时间忽视了这种季节性，那么展览会就很难成功。

（6）技术含量。产业技术含量主要是指该产业的产品以及生产设备所需要的技术的难易程度以及它们的体积大小和重量等。了解这些信息，对于展览项目策划中的场地选择有着十分重要的参考意义。由于各地的展览场馆在展馆室内高度、场地承重、展馆进出通道等方面的技术数据不一样，其对展品的要求也不相同。例如，对于那些技术含量较高的展品，需要在布置展馆展区时提供较宽的通道和公共空间，以便参展企业进行产品现场演示；对于一些体积较大的展品，则应选择在进出通道较大、室内高度较高的展馆里举办展会；如果展品较沉重，则应选择地面承重量较大的展馆举办展会。

另外，在收集产业信息时，还要密切注意并收集行业的发展趋势、热门话题和行业的亮点等方面的信息，这些信息对今后策划展会相关活动很有帮助。

□ 市场信息

会展公司举办展览要对市场进行全面的了解，要能对各种市场信息进行全面的认识和深入的分析，并能在其基础上做出科学的应对决策。如果市场信息不全，凭此做出的展览决策就会出现偏差，有的甚至会使展会全盘皆输。

会展公司策划展览会需要收集的市场信息主要有市场潜力、市场竞争程度、中间商数量和分布状况、行业协会状况、市场发展趋势、关联产业状况等。

（1）市场潜力。市场潜力主要指市场规模、市场发展水平、市场发展前景、竞争程度等。某一产业的市场规模的大小，对在该产业内举办的展览会的规模会产生直接的影响。如果市场规模过小，举办该产业题材的展会就会失去市场基础，展会就很难举办成功。了解市场规模不仅要了解现在的市场规模，还要预测市场规模的将来增减趋势，因为市场规模的增减直接影响到展会规模的变化。

（2）市场竞争程度。市场竞争程度是指产业内部企业之间的竞争关系以及政府对该产业的控制力和影响力如何。市场竞争程度所要收集的信息包括竞争的各方面情况，主要有竞争对手情况、产品情况、市场占有份额、推销方式、销售渠道、销售条件等。不同的市场竞争程度对展览会的影响是不一样的，例如，对于市场垄断性较强的产业，不管这种垄断性是来自产业本身还是来自政府的政策，产业内企业通过参加展览会这种方式来营销自己产品的积极性就较小，在该产业内举办展览会的成功率就较低。

（3）中间商数量和分布状况。除生产企业外，各种中间商也是展览会重要的潜在客户。中间商既可能是参加展览会的参展商，也可能是参观展览会的专业观众，因此，会展企业应准确掌握某一产业的中间商数量和分布状况。中间商的数量应包括批发商与零售商，中间商的分布状况应包括全国的分布状况和各省市的具体分布状况。此外，策划国际性展览会，会展公司除了要掌握国内的中间商数量和分布状况外，还要尽量多地去掌握该产业在全世界较重要的中间商的数量和分布状况。

（4）行业协会状况。会展公司策划展览会时，对该产业内的行业协会状况进行了解是十分必要和有用的。如果产业内存在行业协会，则意味着该产业内有一些较统一的行业规范和行业管理，产业内的企业行为和市场行为会受到某些条例的约束；否则，市场会陷入无序状态。另外，如果行业协会在产业内有较大的号召力，则行业协会对某一展览会的评价或看法会对企业的参展意愿和参展行为产生较大的影响；反之，这种评价或看法就会微不足道。会展公司了解行业协会后，应该想办法取得该行业协会的支持，并进一步与该行业协会合作，这样将有利于展览会的成功举办。

(5) 市场发展趋势。市场发展趋势直接影响到展览会未来的发展前景。了解某一产业的市场发展趋势，就是要在了解该市场的现状的基础上，对该产业市场的未来发展趋势做出科学的预测，以此了解在该产业里举办展览会的发展前景如何，并为展览会的未来发展做出预测和规划。就会展公司策划展览会而言，需要了解的市场发展趋势主要包括市场容量的增减趋势、市场集中度的发展趋势、产业市场营销方式的变化趋势、市场竞争的发展趋势、市场分布状况的变化趋势等。

(6) 关联产业状况。关联产业状况是指与本产业有产品使用关系的关联产业状况。例如，举办体育用品题材的展览会，除了体育用品产业外，需要了解的相关产业还包括房地产、宾馆酒店、各种会所、学校以及各种健身场所等，因为这些产业都是体育用品产业产品的使用者。了解这些相关产业的状况，主要是为邀请和组织买家、观众作准备。

如果说产业信息所反映的产业状况是举办展览会的决策基础，那么，市场信息所反映的市场状况就是举办展览会的决策依据。因为产业状况提供给会展公司的信息，更多的是让会展公司对举办该展览会做出是否有可能的判断；而市场状况提供给会展公司的信息，更多的是让会展公司对举办该展览会是否可行做出判断。所以，收集信息时，产业信息和市场信息两者都不可偏废。

□ 政策信息

国家的政策法规对举办展览会的影响体现在三个方面：一是通过对国内外企业参展意愿和参展行为的影响来间接影响展览会；二是通过对展览会组织方式等的约束来直接影响展览会；三是通过对会展公司的市场准入限制来影响展览会。

因此，会展公司在策划展览时应了解国家政策信息。一般来说，会展公司需要了解的有关法律法规包括：

（1）产业政策与规划。这里所说的产业政策，是指政府对产业产品的销售、产品的使用和生产等方面的规定。这些规定对展览会的举办、企业的参展意愿和参展行为等都会产生直接或间接的影响。产业发展规划是指国家和地方政府对某一产业的发展所作的长远和宏观规划，这种规划在某种程度上决定着该产业今后较长时期内的发展状况和发展趋势。这些信息可以从各级政府发布的统计年鉴、经济发展宣传书等资料中取得。

（2）海关有关规定。海关有关规定主要针对某一产业的货物进出口政策、货物报关规定和关税等，这些规定详见《海关法》及《中华人民共和国海关对进出口展览品监管办法》，它们对海外企业参加展览会有重大影响。

（3）市场准入规定。包括两个方面：一是对举办展览会的企业或机构的资格的审定，二是国家对外资进入该产业的政策规定。前者对企业能否举办展览会将产生直接的影响，后者不仅影响到海外企业的参展意愿和参展行为，也同样影响到国内企业。

（4）知识产权的保护。很多参展企业会在展会上或在展会前发布新产品、推出新设计，如何保护这些新产品和新设计的知识产权，是会展公司必须要考虑的问题。如果展会上出现大量侵犯知识产权的展品，不仅会引起参展企业之间的纠纷，也会影响展会的声誉，对展会的发展不利。

（5）其他规定。由于举办展会涉及多种产业，因此，政府对交通、消防、安全等其他有关行业的规定，也会对展览会产生影响。会展公司在策划举办展览会之前，对这些规定也要有所了解。

□ 相关展会信息

会展公司在策划展览会时应该收集的相关展览信息如下：

（1）同类展览会的数量和分布情况。会展公司要尽量弄清楚国内和全世界范围内与公司策划的展览会题材相同的展会的数量，并搞清楚这些展览会的地域分布情况。一般来说，同题材展会的数量越多，对该产业策划新展览会越不利；同题材展会的地点离计划举办展会的地点越远，对策划举办新展览会越有利。

（2）同类展览会之间的竞争态势。不管各展会的定位如何，同题材展览会之间总会存在竞争关系。会展公司应弄清楚同类展览会之间的基本竞争关系，这对是否策划举办新展览会和为新展览会制定怎样的竞争策略有着十分重要的意义。

（3）重点展会的基本情况。会展公司除了要了解同题材的所有展览会的数量和分布情况以外，还应对该题材的一些重点展览会的基本情况作进一步的了解。所谓"重点展会"，是指那些规模和影响都较大、行业口碑较好，或者是与公司计划举办的新展会有直接的竞争关系的展会。对于这些展会，会展公司应对其组展机构、办展时间、办展频率、办展地点、展会规模、参展企业数量及分布、观众数量和来源、展品范围、展会定位等情况有比较详细的了解。

2. 展览项目信息收集的来源

在收集展览项目信息时，会展公司主要有二手信息与一手信息。会展公司收集展览项目信息应该从多个渠道入手，单一渠道的数据可能是不充分的。不管所获得信息的数量有多少，会展公司应能感觉到它们用于制定尽可能精确的决策是足够充分的。

□ 二手信息

二手信息是指某种已经存在的，并不是为展览项目策划而是为其他某种目的而收集起来的信息。展览项目信息的收集通常是从收集二手信息开始的，并判断这些信息是否足够，以避免收集昂贵的一手信息。二手信息为收集工作提供了一个起点并具有成本低、得之迅速的优点。

（1）二手信息的优点。二手信息与一手信息相比，具有如下优点：信息收集的成本低；使用公司记录；商业刊物及政府出版物的费用都不高；不需要确定信息收集方法和采访者，也不需要制定调查表。

收集二手信息的速度快。公司记录、图书馆资料和网上信息很快就能查找到，但生成一手信息却要花费数月的时间。

二手信息的来源多种多样。这使会展公司可以获得多角度和大量的信息。而在一手信息收集中，信息量有限而且角度单一。

二手信息来源可能拥有会展公司从其他渠道无法获得的信息。例如，政府出版物通常拥有会展公司无法自行获得的统计资料。而且，政府文件中的信息可能比会展公司收集到的信息更真实、更准确。

如果二手信息是从中国会展协会、A.C. 尼尔森公司、各种会展专刊或中国政府这样的来源获取的，其结果就是可信的。因为这些来源具有很高的可信度和长久的信誉。

通常，会展公司可能对所要策划的项目只有一个粗略的想法。这时候，二手信息的收集可以帮助会展公司将问题界定得更具体一些。另外，在进行一手信息收集之前，可以从二手信息中获得关于给定问题的背景信息。

（2）二手信息的缺点。尽管二手信息具有许多优点，但也存在许多潜在的缺点。

二手信息可能是过时的。因为信息是为了其他目的而收集的，可能已经超过了使用期。5 年前甚至是 2 年前做出的结论今天可能已经无效了。

二手信息的准确性必须经过认真验证。会展公司需要判断所收集的信息是否带有偏见、是否客观公正。原始调研的目标、数据收集的方法和分析方法都应该检验是否带有偏见——如果可能的话。特别是进行调研的公司与调研结果有利害关系时，这一点尤其重要。应该阅读二手信息的支持材料（原始资料），而不仅仅是概要报告。

二手信息的来源可能存在缺点，当然也存在优点。一个游击式的营利性企业一般不愿意向竞争对手提供可能有损于自己利益（或帮助竞争对手）的信息。因此，要注意二手信息的概括或删节。一些信息的收集方法落后是人所共知的，应该避免使用由此生成的信息。如果发现信息之间相互冲突，应以来源最有权威性的信息为主。如果相互冲突的信息来自于准确性相同的来源，就要求会展公司自己收集原始信息（收集自己的信息）。

最后，二手信息的可靠性（重复同一研究得到相同结果的能力）并不总是可知的。在会展业中，许多调研项目是无法重复试验的，二手信息的使用者不得不期望一个专项的研究结果能够适用于他们的企业。

总之，要获得解决问题的信息，会展公司在考虑使用二手信息时有许多方面需要斟酌，特别是会展公司必须权衡低成本、快捷、资料充分与不适用、过时、信息不准确之间的利弊。

无论二手信息能否解决会展公司的问题，其低成本和及时获取的优点决定了在收集一手信息之前一定要收集二手信息。只有当二手信息令人不满意或不完整时才收集一手信息。

（3）二手信息的来源。二手信息的来源和类型多种多样，主要分为内部来源和外部来源两种。内部二手信息保存于会展公司内部，有时保存在会展信息系统的数据库中，外部二手信息则保存在会展公司外部。

①内部二手信息。在花费时间和金钱收集外部二手信息或一手信息之前，会展公司首先应查找自己内部的信息。内部二手信息的主要来源是存在于会展企业中的各种文件档案，如招展情况表、客户信息表、过去的调查报告和业绩的书面报告等。

如果会展公司进行一手信息收集，应该将收集结果保存起来以备将来使用（最好保存在会展信息系统的信息控制中心）。当收集结果第一次使用时，它是一手信息。以后再使用该报告，在性质上就是二手信息（因为该报告不再用于"原来的"目的）。除非条件发生了戏剧性的变化，详细的收集结果在将来一般还会有一些可用之处，但是收集结果的日期必须注明。

②外部二手信息。查找完内部来源之后，如果使用内部信息不足以做出决策，会展公司应该查找外部二手信息来源。外部二手信息来源包括政府来源和非政府来源两类。

为了使用这两种外部二手信息来源，会展公司必须熟悉一些参考指南，即特定时间内的一些书面资料（有时可能是计算机资料）的目录。这些目录通常按主题或标题索引。

政府发布的许多统计资料和书面资料。

政府机构，如中国商务部提供关于会展方面的小册子。政府部门公布的政策、法令和统计数据，各种信息中心和上级主管部门提供的资料。这种小册子要么免费发送，要么价格极低。

非政府的二手信息有不同的来源，许多都收集在了参考指南中。四个主要的非政府来源是期刊、书籍、专题文章和其他不定期出版物，这些资料我们可以在图书馆或网上查阅到。

□ 一手信息

一手信息是为策划展览项目而收集的原始资料。当企业所需要的展览项目资料不存在或现有资料可能过时、不详细、不完全或不可靠时，就必须收集一手信息。如果二手信息够用，就不必收集一手信息。

（1）一手信息的优缺点。一手信息有如下优点：满足会展公司展览项目策划的需求；信息是最新的；计量单位信息分类针对展览策划而设计。另外，会展公司既可以自行收集信息，也可以雇用外部机构收集信息，因此，资料来源可知可控，收集方法针对性强。如果方法正确，不同来源的信息不会产生矛盾，收集的可靠性有保障。在二手信息不能解决问题的时候，一手信息是唯一的选择。

一手信息也可能存在一些缺点：收集一手信息的费用通常比二手信息高；收集时间长；有些类型的信息是会展公司无法获得的；如果仅仅依靠一手信息，判断事物的角度可能受到限制；如果所研究的问题陈述不清，无关的信息可能被收集进来。

会展公司依靠一手信息解决问题时，需要考虑许多评价标准，特别是数据的专门性、及时性和可靠性与高成本、长时间和有限资料来源之间的权衡。总之，考虑一手信息时必须权衡得失。

（2）一手信息的收集程序。

①要决定由谁来完成这项工作。会展公司既可以自行（内部）收集信息，也可以委托调研机构（外部）收集信息。内部信息收集通常更快、更便宜，外部信息收集通常更客观、更正式。从事市场调查的机构一般包括专业市场调查公司、广告公司、咨询服务公司等。在委托这

些公司帮助收集信息时，会展公司要向其明确需要收集的信息的地域范围、时间跨度和产业范围等。

②确定抽样方式。为了收集到精确的信息，会展公司不必调查所有的对象，只需要研究代表对象的样本就行了。两种主要的抽样方法是：概率（随机）抽样，即每个对象拥有相等或已知的抽中概率；非概率抽样，即由调研人员根据判断或便利程度抽取样本。概率抽样精确度更高，但费用昂贵且不易操作。

③决定收集方法。会展公司必须在四种基本的一手信息收集方法中进行选择，即观察法、焦点小组访谈法、询问法和行为数据法。所有这些方法都能够生成信息，供会展公司进行项目策划时使用。

3. 展览项目信息收集的方法

展览项目信息收集的方法主要是针对收集一手信息的。

会展公司收集一手信息的方法大致有四种：观察法、焦点小组访谈法、询问法和行为数据法等。

（1）观察法。收集最新数据资料的一种方法是观察有关的对象和事物。例如，会展公司的展览项目信息收集人员可以待在展览会、行业会议中，听取参展商谈论不同会展公司和代理机构如何评价展览主题。展览项目信息收集人员也可以参加本公司或竞争对手的展览会，观察参展商的态度。这些观察都可能产生关于展览项目策划的信息。

（2）焦点小组访谈法。焦点小组访谈是展览项目信息收集人员有选择地邀请6—10名客户，用上几个小时，由展览项目信息收集人员组织讨论有关展览方面的问题。

例如，展览项目信息收集人员在开始时可以先提出一个范围广泛的问题——"你们需要什么样的展览？"然后把问题转向客户对不同会展公司、不同展览的态度，最后提出会展公司将推出新展览的问题。展览项目信息收集人员要鼓励客户进行自由和轻松的讨论，以期小组的群体激励能带来深刻的感知和思考。

（3）询问法。询问法最适宜于展览项目收集。询问法有口头询问和书面询问等，会展公司一般用书面询问法来了解客户的特征、参展偏好、参展行为等，并衡量其在总客户中的数量比例。例如，某会展公司的信息收集人员可能需要调查有多少客户知道某展览，有多少客户参加过该展览，有多少客户偏爱和喜欢，等等。

（4）行为数据法。通过展馆里的统计数据、参展记录和客户数据库来记录参展商的参展行为，通过分析这些数据可以了解许多情况。客户的参展所反映的喜好常会比客户反映给调查人员的话语更能反映真实情况。人们经常会说出那些常见的品牌展览，而实际参展时，常会是另外的一些展览。例如，调查参展商的数据表明，大型企业并不像其所说的那样热衷于品牌展览，而许多小型企业倒会竭力参加一些品牌展览。

3.2 展览项目市场调研

展览项目市场调研的内容包括以下几个方面：

1. 展览项目涉及的行业和产品调研

展览项目生命力如何，在很大程度上与其所属产业类型和所在行业有关。行业的发展现状和潜力，可能是决定和影响展览会发展的关键因素。处于上升势头的行业，举办展览会的作用一般比较大，也需要展览会来营造声势；反之则不太适宜举办展览会。行业发展的潜力，更是关系到该行业举办展览会的前景。其中，有关行业的发展所处的生命周期、行业的市场拓展可能性、行业的市场分布变化趋势等，都是进行调研必须考虑、分析的内容。

2. 展览项目市场前景调研

市场前景事关展览项目的立项和发展，必须作深入、细致的调研和分析。

（1）市场需求和规模。考察一个展览项目是否合适，首先要对其市场需求情况和市场规模进行调研。以我国某公司所考察的慕尼黑体育用品展为例，第一次组展时只有8个摊位。但经过分析，了解到这个展览对国内企业而言市场需求正逐步扩大。展览会上有不少产品都是在中国内地加工生产的，而且这个生产行业在国内的发展前景看好，市场规模也将逐步扩大，经过努力，如今这个展览会组展已达150个摊位。而慕尼黑轻工手工艺品展览会却不尽如人意，主要原因就在于这个展览主要是针对欧洲为数众多的零售商组织的，在中国的市场需求很小，虽然展览会整体规模很大，但在国内没有市场发展空间，对这类展览会的选择应十分慎重。

（2）市场竞争状况。市场竞争状况对企业参展的可能性有很大的影响，对处于自由竞争时期的产业或行业，企业参加展览的积极性很高，比较适宜选择举办展览会；而对于市场集中度较高、垄断性较强的行业，由于竞争激烈，进入市场的难度增加，举办展览的难度就比较大。

（3）外部经济环境。外部经济环境，包括展览举办地的经济发展水平、相关行业发展状况及行业协会的力量等因素。一个良好的展览会举办地，基本应是某个将要举办展览会所属行业的发展中心，至少要在地理位置上接近这一中心。如香港作为亚太地区的"时装之都"，选择举办时装展览十分合适，但如果举办重型机械类的展览，效果可能就不够好。相关行业的发展水平也对展览会有很大的影响，还以时装展为例，如果展览会举办地及周边地区的纺织业发展、配套条件不理想，在该地举办时装展的条件也不太理想。行业协会的作用更是要考察的内容，行业协会是否存在以及对相关企业的号召力如何，都将对展览会的成功举办产生影响。

3. 展览项目时空适宜性调研

展览项目的时空适宜性调研也是十分重要的。会展公司在进行调研时应注意以下两点：

（1）要了解和判断展览会的举办时间是否适宜，如是国内展，特别要关注展期前后有无同种题材的展览，避免形成撞车现象。

（2）要调查展览会的举办地点是否合适，如是国内展，要注重考察周边地区的行业基础如何，特别是相关厂商数量如何。

3.3 展览项目立项策划

展览项目立项策划是指会展策划人员根据掌握的各种信息，对即将举办的展览会的有关事宜进行初步规划，设计出展览会的基本框架。

1. 立项策划的基本内容

展览项目立项策划的基本内容包括：展会名称、举办地点、办展机构、办展时间、展品范围、展览频率、展会规模、展会定位、展览价格、展会初步预算、人员分工、招展与招商、宣传推广、展会进度计划、现场管理计划、相关活动计划等。

（1）展会名称。展览项目的立项策划首先得为展览会确定一个合理的名称。展览会的名称一般由三部分构成：基本部分、限定部分和附属部分。其中，基本部分和限定部分构成展览会名称的主体。基本部分用于说明展览会的性质和特征，如展览、展览会、博览会、交易会、洽谈会、订货会和展销会等。限定部分主要说明展览会的举办时间、地点、规模以及内容等。附属部分是限定部分的补充，具体说明展览会的时间、地点等细节，可以是具体办展日期、展览地点、组织单位的名称或展览会的缩写等。

（2）举办地点。展会举办地点策划包括三方面的内容：一是确定在哪个国家、哪个地区举办；二是确定使用哪一类场馆，如酒店、展览馆、会议中心等；三是确定在哪一个场馆举办。

(3) 办展机构。办展机构是指负责展会的组织、策划、招展和招商等事宜的有关单位。办展机构可以是企业、行业协会、政府部门或新闻媒体等。根据各单位在举办展览会中的不同作用，展览会的办展机构一般有以下几种：主办单位、承办单位、协办单位、支持单位等。会展公司在策划展览会时，必须事先确定这些办展机构是哪些具体单位。

(4) 办展时间。展览时间的策划不仅指展览开幕的具体时间，还应包括布展和撤展时间，以及展览时对观众开放的时间。

(5) 展品范围。展品范围是指计划在展览会上展出的商品的范围。展览会展示的商品，应与展览会目标相一致，并且能够体现展览会目标。从整体上看，展览会的目标有基本目标、交流目标、价格目标和销售目标等，展示商品必须与这些目标相适应。从专业性看，展品范围的最终确定还需要听取专家的意见。

展品范围还要根据展览会涉及的产业或行业范围进行调整。如果是贸易性的展览会，展出的商品必然囊括很多种类，而针对某一新产品的专业展览会如汽车零部件展，其展品范围只限于与汽车制造有关的商品。

(6) 展览频率。展览频率是指展览会是一年举办一次或几次，还是数年举办一次或不定期举办。从目前展览业的实际情况看，一年举办一次的展会最多，约占全部展会数量的80%，一年举办两次和两年举办一次的展会也不少，不定期举办的展会已经越来越少了。

(7) 展会规模。从定性的角度看，展览会的规模一般分为国际、国内、地区和地方四个种类。从定量的角度看，展览规模涉及展出面积和参展单位，也与展览观众的多少有间接的关系。展出面积是反映展览会规模的最直观的指标。会展公司在策划展览会的过程中，要对展出面积做出预测。

(8) 展览定位。展览定位就是要清晰地告诉参展企业和观众本展会"是什么"和"有什么"，具体地说，展会定位就是办展机构根据自身的资源条件和市场竞争状况，通过建立和发展展会的差异化竞争优势，使自己举办的展会在参展企业和观众的心目中形成一个鲜明而独特的印象的过程。展会定位要明确展会的目标参展商和观众、办展目标、展会的主题等。

（9）展览价格。展览价格就是为展览的展位出租制定一个合适的价格。展览价格往往包括室内展场的价格和室外展场的价格，室内展场的价格又分为空地价格和标准展位的价格。会展公司在制定展览价格时，一般遵循"优地优价"的原则，即那些便于展示和观众流量大的展位价格往往要高一些。有时候，如果展览出售门票，制定展览价格还要包括制定展会门票的价格。另外，制定展会的价格往往还包括企业在与展会有关的各种媒介上做广告的价格。

（10）展会初步预算。展会初步预算是对举办展会所需要的各种费用和举办展会预期可以获得的收入进行的初步预算。展会初步预算可以使会展公司对举办该展会的投入和产出有一个初步的认识，以便及时筹措和准备举办展会所需要的资金。

展会的支出包括如下项目：

综合展会——展厅或场地租金，展会装饰费用，与参展商签订合同时支付的法律顾问费用，参展商会议室、办公室、休息区域的费用，垃圾清理费用，设备费用，储存费用（运输用的板条箱），注册设备和人员所需的费用，新闻室搭建费用，影像录制费用。

人力——展前、展后帮助，保安，旅行，餐饮，住宿。

印刷和促销——日程表和地图、证章、注册单、公共汽车和其他交通时间表、广告印刷、直邮广告、公共关系资料。

设备——推销展会时和展会中使用的展位、标志、展会现场的办公室家具和设备、新闻室设备、常规办公用品。

其他支出项目——保险、税收、运费、邮费、观众班车服务。

展会的收入包括：注册费和门票、展位空间销售、停车费、社团赞助费、特殊事件或宴会。

（11）人员分工。人员分工策划必须对展会工作人员的工作进行统筹安排。下面为一个国际展览会人员分工的实例。

①论坛讲座教员邀请小组。包括演讲人的邀请和确认、演讲各场次主持人的邀请和确认。

②展览议程小组。包括展览日程拟订、筹款小组、接待小组、住宿小组、展览小组、节目小组、翻译服务小组、总务小组、会场布置小组。

③行政组。包括注册小组、文书小组、设计印刷小组、翻译服务小组、总务小组、财务小组、现场管理小组、旅游小组、推广小组、节目小组、住宿小组。

（12）招展与招商。招展与招商策划包括两方面的内容：一是分析整理可能的参展商的名单，建立潜在的客户名单；二是通过宣传、联络、筛选等工作选择合适的参展商。

招商策划则应从国际、国内和网络三个渠道进行招商的拓展。在国际渠道方面，可以加强与境外著名会展公司的联系和资料互换，并注意参加国际著名的相关展览会，利用国际展会进行重点招商，扩大所策划展览会的国际影响。在国内渠道招商方面，可以进一步发挥国家商务部派驻海外商务人员的积极性，扩大所策划展览会的海外知名度，也可以加强与跨国采购集团和国际著名零售商的联系，吸引国际大集团的采购人员成为展览会的有效观众。

（13）宣传推广。宣传推广是一种单向的信息扩散，目的就是扩大会展的影响。会展公司向潜在目标客户传达会展信息。宣传的方式包括媒体广告和户外广告。会展公司应充分利用报纸、杂志、网站、电视、电台等媒体，围绕会展的不同卖点和亮点来进行宣传；按区域、分行业设计制作不同的广告。而且，还可以通过新闻发布会、行业研讨会等形式制造新闻题材，或者对牵头参展的行业组织进行新闻专访，从侧面传播会展信息。在人流量较大的公共场所布置户外广告，比如：在机场、车站、码头、商业街道和广场等地点，以海报、灯箱、广告箱、宣传布幅、彩旗等形式进行广泛的宣传，目的就是要制造会展的声势。

（14）展会进度计划。所谓展会进度计划，就是在时间上对展会的各项工作做出统筹规划。展会进度计划策划在于明确在展会的筹办过程中，到什么阶段就应该完成哪些工作，直到展会成功举办。展会进度计划安排得好，展会筹备的各项准备工作就能有条不紊地进行。立项策划的任务，就是要对这一进度进行初步的计划，并初步考察其可行性。

（15）现场管理计划。展览会的现场管理计划，则是在展览会开幕后的展览会现场进行有效管理的计划，包括布展管理计划、开幕计划、展览会现场工作和撤展管理计划等。这些展览会现场的管理工作，也必须在展览项目立项策划时一并考虑。

（16）相关活动计划。展览会的相关活动计划也是在立项策划时必须先考虑的，如新闻发布会、论坛、研讨会这些配合展览会举办的重要会议，以及其他的相关活动如表演等，都要求在展览会的立项策划时就有所考虑，并做出初步计划。

2. 展会名称策划

展会的名称一般包括三个方面的内容：基本部分策划、限定部分策划和行业标志策划。如"第93届中国出口商品交易会"，如果按上述三个内容对号入座，则基本部分是"交易会"，限定部分是"中国"和"第93届"，行业标志是"出口商品"。展会名称往往确定展会的基本内容和基本取向。展会名称策划要准确，要有创意，要能抓住行业的亮点和市场的特点。

□ 基本部分策划

展会名称的基本部分用来表明展览会的性质和特征，它一般决定展会是专业贸易展还是综合消费展。基本部分常用词有展览会、博览会、展销会、交易会和"节"等。这五个词的基本含义如下：

（1）展览会。指以贸易和展示宣传为主要目的的展会，展览的题材较少，专业性较强，参与展览的产业有限，展览现场一般不准零售。

（2）博览会。指以展示宣传和贸易为主要目的的展会，展览的题材多而广泛，专业性不强，参与展览的产业较多，展览现场一般也不准零售。

（3）展销会。指以现场零售为主要目的的展会，展览题材的多寡视展会的规模而定，没有特别限制。

（4）交易会和"节"。它们的含义较广，同时具有展览会、博览会和展销会三者的含义，但从目前展览业的实际操作看，交易会最主要的目的是贸易成交，展示的功能次之，交易会对展览题材的多寡也没有特别限制，可多可少。

尽管有上述区别，但在实际操作中，人们经常将"展览会"和"博览会"混用，都用来表示展会。为了论述方便，在本书中，我们没有对这些概念进行严格的区分。如果没有特别说明，本书中所说的"展览会"、"展会"或"会展"的意思是一样的，可以互换，其基本含义也包括上述各词的内涵。

□ 限定部分策划

展会名称的限定部分用来说明展会举办的时间、地点和展会的性质。在展会的名称里，展会举办时间的表示办法有三种：①用"届"来表示；②用"年"来表示；③用"季"来表示。

如第四届大连国际服装节、2005年广州博览会、法兰克福春季消费品展览会等。在这三种表达办法里，用"届"来表示最常见，它强调展会举办的连续性。那些刚举办的展会一般用"年"来表示。展会举办的地点在展会的名称里也要有所体现，如第四届大连国际服装节中的"大连"。在展会名称中体现展会性质的词主要有"国际"、"世界"、"全国"、"地区"等。如第三届大连国际服装节中的"国际"表明本展会是一个国际展。

□ 行业标志策划

展会名称的行业标志用来表明展览题材和展品范围。行业标志部分基本决定了展会的展品范围大约是什么。如第97届广州出口商品交易会中的"出口商品"表明本展会是外贸行业的展会。行业标志通常是一个产业的名称，或者是一个产业中的某一个产品大类。有些展会的行业标志也可以是几个产业或一个产业中的几个大类，还有些展会的名称里没有行业标志。没有行业标志的展会通常是一些以"博览会"命名的展会，如"广州博览会"，由于展会包含的题材众多，无法在展会名称中全部体现，所以干脆就不标示。在给展会命名时，要注意选择合适的表示展会行业标志的词。如果该词的含义过宽，会使观众和参展商对展会产生浮夸和虚假的印象；如果该词的含义过窄，会削弱展会的影响和展出效果，两者对展会的长远发展都不利。

3. 展会举办地点选择

展会举办地点选择包括两个方面的内容：一是展会在什么地方举办，二是展会在哪个场馆举办。

□ 展会举办地方的选择

会展公司策划选择展会在什么地方举办，就是要确定展会在哪个国家、哪个省或哪个城市里举办。选择展会在什么地方举办，是与展会的展览题材、展会的性质和展会的定位分不开的。从展览题材上看，展会最好选择在展览题材所在产业的生产或销售比较集中的地方举办，或者是在其邻近地区、交通比较便利的地方举办，这样展会就有充分的产业基础或者是市场基础；从展会性质上看，国际性的展会一般应在对外交通或海关通关比较便利的地方举办，这样可以方便海外企业参展和观众参观，全国性的展会则应在国内比较重要的经济或者是交通中心举办，这样有利于全国的企业参展和观众参观；从展会定位上看，展会举办的地方要能发挥展会的号召力，展会的定位在该地区的区域优势中要能得到体现。

展会可以固定在一个地方举办，也可以在几个地方轮流举办，在几个地方轮流举办的展会通常被称为"巡回展"。在现实中，绝大部分的展会都是固定在某一个地方举办的，巡回展在展会总数中所占的比例很低。

□ 展会举办场馆的选择

会展公司策划选择展会在哪个展馆举办，就是要选择展会举办的具体地点。目前，大部分的展会都是在展览馆内举办的。

会展场馆是指举办会议、展览会等活动的场所的总称。

会展场馆应选择那些交通方便、接近市中心且周围环境较好的地方，如接近交通干线、地铁、机场、车站或码头。但会展场馆又要与这些交通设施保持一定的距离，并离商业区不远，这样能避免噪声的干扰和空气的污染。

可供会展公司选择的展览场馆类型如下：

（1）博物馆。博物馆是指对有关历史、自然、文化、艺术、科学、技术的实物、资料、标本等进行收集、保管、研究，并陈列其中一部分供人们参观、学习的专用建筑。

（2）展览馆。展览专用建筑物。

（3）美术馆。美术馆通常是用来展示绘画、雕塑、工艺美术、建筑艺术等的场所。

（4）纪念馆。纪念馆是为纪念具有历史意义的事迹或人物而建造的建筑物。

（5）陈列馆。陈列馆一般为单纯的陈列展出，或设于建筑的一角，或成为独立的建筑，其中多陈列实物以供人们参观学习。

（6）会议中心。会议中心是指举办会议的场所，会议中心往往占地面积大，能满足不同会议和需求，同时会议中心与公共设施、绿化带、步行道、停车场等构成一个有机的整体。在会议中心的室内，要使温度、湿度、采光、音响、交通等符合以人为本的需要。

（7）展览中心。展览中心是指由固定场馆来展示陈列和举办一些定期、不定期的临时性展览会、博览会的场所。其基本内容是：主办者为了一定的目的，提出一定的主题，按照主题要求选择相应的展品，在展厅或其他场所，运用恰当的艺术手法，在一定的材料和设备上展示出来，以进行宣传、教育或交流、交易，具有认识、教育、审美、娱乐等作用，又有传递信息、沟通交流、指导消费、促进生产等多方面功能。

（8）体育场。体育场是指为开展群众性体育活动而建造的体育活动教学、训练和竞赛的公共体育场所。体育场有单项的，也有综合性的，场内设有专职或兼职的技术指导和管理人员，负责日常工作。

（9）体育馆。体育馆是室内体育运动场所的统称。

（10）文化广场。文化广场是指面积广阔的文化场地和场所。

（11）文化馆。文化馆是国家设立在县（自治县）、旗（自治旗）、市辖区的文化事业机构，隶属于当地政府，是开展宣传教育、组织辅导群众艺术（娱乐）等活动的综合性文化部门和活动场所。文化馆的展览用房占总使用面积的10%，由展室、展廊等展览空间及储藏间组成。

（12）剧院。剧院是指用于戏剧或其他表演艺术的演出场所。以舞台和观众席为主体。

（13）剧场。剧场是供演出戏剧、歌舞、曲艺等用的场所。

□ 选择展览场地应考虑的因素

（1）地区

①费用（成本）与便利性；

②是否邻近机场；

③是否靠近地铁口；

④轿车或出租车是否足够；

⑤是否有充足的停车空间；

⑥如果需要，接送交通工具是否充足、费用情况如何。

（2）环境

①当地有何旅游观光点；

②有无大型购物中心或特色购物点；

③有多少休闲娱乐厅；

④天气状况如何；

⑤环境是否良好；

⑥餐厅、饮食条件如何；

⑦当地治安状况如何；

⑧社区经济状况如何；

⑨外界对当地的评价、过去展览举行情况如何；

⑩当地展览局或旅游局支持与服务情况如何；

⑪展览周边供应厂商的经验、设备是否足够，如视听器材公司、展览公司、服务公司。

（3）设备

①保安人员与服务人员是否友好，做事效率如何；

②展览是否整洁、吸引人；

③报到处是否容易找到；

④是否有足够房间供工作人员使用；

⑤是否有能力处理高峰时段的人流；

⑥接待处的人力是否足够；

⑦当人数众多时是否有足够的电梯；

⑧询问处是否全天候有人值班；

⑨是否能立即回复有关电话询问，快速转送留言；

⑩客人的服务水平如何；

⑪是否有礼品店；

⑫是否有柜台服务；

⑬是否有保险箱。

（4）舒适、整洁的住房

①家具是否完好；

②是否有现代卫浴设备；

③是否有充足光线；

④是否有足够的衣橱空间与衣架；

⑤是否有烟雾警示器；

⑥火灾逃生资料是否清楚；

⑦是否有冰箱和小酒吧；

⑧走道是否整洁，包括清洁人员是否尽快清理通道、烟灰；

⑨每层楼是否有冰块和饮料；

⑩是否有电梯服务；

⑪标准房与豪华房的大小如何；

⑫是否有特别楼层提供专业服务；

⑬豪华套房的数量与形式，客厅、卧室尺寸和睡床类型；

⑭订房的程序和方法；

⑮房间类别，如高楼层和低楼层、海景和山景房间的数量；

⑯有多少房间可以使用，如果需要，对早来晚走的与会者如何处理；

⑰会展房价与一般房价；

⑱何时能提供确定的会展房价；

⑲是否需要保证数量与订金；

⑳进房与退房的时间；

㉑什么时间取消已预订的房间；

㉒付款方式；

㉓接受哪几种信用卡；

㉔万一取消订房，退款方式如何。

（5）展场空间

①展厅尺寸（面积）；

②当展厅作不同安排时，其容量如何；

③隔音设备是否良好；

④电源开关、冷暖气控制是否单独分开；

⑤是否有良好音响系统；

⑥固定设备如黑板、银幕和家具；

⑦障碍物如圆柱；

⑧后座的人是否可以看到银幕，天花板有多高，是否有装饰灯架，装饰的镜子是否会反光，是否有窗帘遮住窗户光线，电源控制位置是否合理；

⑨火灾逃生口；

⑩公共区域是否整洁；

⑪相同性质的会议室是否在同一层楼或分在不同的楼层；

⑫房间和公用电话是否方便；

⑬洗手间数量、位置，是否干净；

⑭衣帽间数量、位置；

⑮其他服务，包括有足够空间放置家具和器材、光线良好、很容易让参展者找到、足够的电源插座、安全性好；

⑯设备，如桌子、椅子舒适，舞台高度相同，有站立式讲台，讲台有灯光，还有黑板和布告栏、指示架、废纸篓和垃圾桶、照明灯与辅助灯设备、灯光控制盘、报到台、麦克风等。

（6）餐饮服务

①公共区。包括：清洁情况与外观；备菜区是否干净；在最忙时段是否有足够人力；工作人员态度；有效、快速的服务；各式菜单；价格范围；预订的方式；是否可能增加食物放置区域作为早餐或简单午餐的场地。

②大型展览。包括：费用（成本）；创意性；质量与服务；多样菜单；税和小费；特制菜单，提供主题宴会，以及独特的茶点、素食和节食者的食物；餐桌布置、舞池、宴会桌的尺寸；酒吧禁止服务时段；调酒师费用和最低计费小时；出纳人员费用；点心价格等。

（7）展览空间

①有多少卸货点，距离展区多远；

②是否有货运接收区；

③空气压缩机、供水、排水系统、电力、煤气、电话插座等设施和设备；

④最大地面承载量；

⑤警卫区；

⑥防火逃生口；

⑦展厅与餐厅、洗手间、电话的距离；

⑧是否有充分时间进出场；

⑨是否需要特别装潢来增加场地外观；

⑩灯光是否需要加强；

⑪场地是否接近中心区；

⑫是否靠近救护站；
⑬存放打包箱的地区和方式。

4. 办展机构的寻求

办展机构一般包括主办单位、承办单位、协办单位、支持（后援）单位等。

主办单位是指国家主管部门批准的有报批会展项目资质的单位。在实际操作中，主办单位有名义主办单位和实际主办单位之分。名义主办单位一般为政府行政部门或行业协会等，主要作用是扩大展览会的影响和号召力。这些单位既不参与展会的实际策划、组织、操作与管理，也不对展会承担法律责任。实际主办单位有两种方式：一是拥有展会，对展会承担法律责任，并负责展会的实际策划、组织、操作与管理；二是拥有展会并对展会承担主要法律责任，但不参与展会的实际策划、组织、操作与管理。

承办单位是指虽没有报批会展项目资质，但同主办单位一样具有招商招展能力和举办会展的民事责任承担能力，设有专门从事办展的部门并有相应的展览专业人员，同时具有完善的办展规章制度的单位。承办单位也就是直接策划、组织展览会的单位，它实际上是展览会有关机构中的核心单位，其中部分单位承担包括招展、招商和宣传等全部展览会的职能，部分单位根据工作分工，可能只承担一部分自身具有优势的职能。

协办单位，顾名思义就是协助主办或承办单位负责展览会的部分策划和组织工作的单位，其任务主要集中于部分的招展、招商和宣传推广工作。

支持单位一般是指对展览会起直接或间接支持作用的单位，有时也会承担一些招展、招商和宣传工作。在有些场合，也将支持单位称为后援单位。

对于一个展会而言，主办单位和承办单位是最为核心和最为重要的办展机构，也是举办一个展会必不可少的办展机构；协办单位和支持单

第3章 展览项目策划

位对一个展会来说并不是必不可少的,它们往往是结合主办单位和承办单位的实际能力,并视展会的实际需要来决定是否需要的。

□ 寻求协办单位

协办单位是展览会招展组团成功的重要环节。寻求对口的协办单位作为展览会的招展组团代理,能提高展览会的影响力,加强信息的有效、快速传递;可利用资源、展览会的影响力;可利用资源优势互补,加快资源整合;可最大限度挖掘新客户,壮大参展队伍;能最大限度地降低招展成本。

会展公司寻求协办单位应考虑如下因素:

(1) 寻求媒体支持单位,主要考虑其专业性、大众性、权威性等;

(2) 寻求的合作招展(组团)单位一般包括当地行业协会、主办单位的分支机构、行业权威机构、办展机构(公司)以及海外的代理机构(国际展)等。

协办单位的条件如图3-1所示。

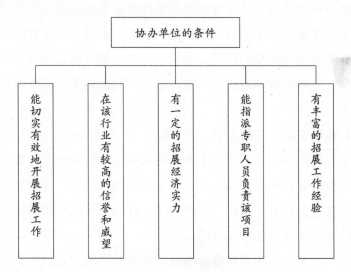

图3-1 协办单位的条件

□ 寻求支持单位

支持单位是展览会成功的关键环节。寻求对口的主管部门和单位作为展览会的主办或支持单位,可以提高展览会的档次、规格和权威性;

可以扩大展览会的影响力，吸引媒体的广泛关注，便于展开新闻宣传和炒作；可以提高行业号召力，利于组织目标客户参展和目标买家参观；能代表行业的发展状况和趋势；能有效地形成项目的品牌效应，最终实现可持续发展。

寻求的目标包括行业的政府主管部门、行业的权威协会、具有广泛影响力的行业媒体等。

5. 办展时间安排

展览会的时间不仅指具体的展览对外开放时间，还指展览会的布展和撤展时间。大部分的专业性展览的对外开放时间一般是3—5天。尽管展览时间不长，但布展和撤展时间一定要予以充分的考虑。一般重要展览会至少准备2天的布展时间，有特装的展位至少要安排3天的布展时间。对于一些特殊的行业（如食品、重型机械等）而言，还要特别注意留出充裕的撤展时间，避免引起混乱和不必要的日夜加班。

会展公司对于展览会举办时间的选择有多方面的考虑，首先是考虑订货季节。大部分产品都有特定的订货季节，也就是订货高峰。在订货季节举办的展览会成交的可能性就大些。其他的考虑包括财政年度、配额年度等。一般的规律是前松后紧，上半年的配额多、经费宽松，订货就可能多。

从目前展览业的实际来看，每年的3—6月和9—10月间气候适宜，且企业正在执行每年上半年和下半年的采购、销售和生产计划，参展意愿强烈，是举办各种展会的旺季；每年的7—8月和12月至次年的1月间气候稍差，且企业的采购、销售和生产计划已经执行或正在编制，参展意愿较弱，是举办各种展会的淡季。

此外，会展公司还要充分考虑相关展会的办展时间。由于相关展会与本展会或多或少地存在竞争关系，所以在策划展会的办展时间时，要根据本展会的定位、办展单位的优劣势和展会的竞争策略，充分考虑相关展会对本展会可能产生的影响，合理地安排本展会的办展时间。原则上要尽量避开国内外有重大影响的同类题材的展览会的举办时间，要避免彼此在时间上产生冲突,特别是要尽量避开国内外该类题材的品牌展会的举办时间,策划的新展会和它们的举办时间原则上要相隔三个月以上。

展会的办展时间可以固定在某一个日期,也可以年年视情况做出调整。一般来说,展会的办展时间一旦确定下来,如果没有特殊情况就不要随便变动,这样有利于目标参展商和观众提前作参加展会的计划、预算和其他准备。

6. 展品范围确定

展品范围是指计划在展会上展出的展览题材的范围。

选择和确定展品范围是策划举办展览会过程中的一项至关重要的工作。展品范围直接决定着展览会将要展出什么商品、设备和技术,间接地决定着展览会的参展企业和观众范围,也影响着展览会的长远发展。

根据展会的定位,展品范围可以包括一个或几个产业,或者是一个产业中的一个或几个产品大类。例如,"博览会"和"交易会"的展品范围就很广,"广交会"的展品范围超过10万种,几乎是无所不包;而德国"法兰克福国际汽车展览会"的展品范围涉及的产业就很少,只有汽车产业一个。

会展公司的优劣势也是选择和确定展品范围时需要考虑的一个重要因素。一般来说,每一个会展公司都有自己熟悉和擅长的产业,在这些产业里,它们游刃有余;但同时也都有自己所不熟悉、不擅长的产业,在这些产业里,它们经营颇为费力。每个企业都希望在自己所擅长的产业里从事经营活动,因为那样成功的可能性更大。选择和确定展品范围也一样,会展企业的优劣势间接地决定着它们能成功举办哪种题材的展会。

7. 办展频率与规模确定

办展频率的确定受展览题材所在产业的特征的制约。由于每个产业的产品都有一个生命周期，产品的生命周期对展会的办展频率有重大影响。如果产品的生命周期较长，那么这个产业的产品的更新换代就慢，产业推出新产品的时间就长，那么在该产业里举办展会的频率就不能过高，如选择两年一届甚至三年一届；反之，如果产品的生命周期较短，展会的办展频率就要高一些，如一年一届或一年两届，如电子信息业的展览频率就比较高。

展会规模包括三个方面的含义：一是展会的展览面积是多少，二是参展单位的数量是多少，三是参观展会的观众有多少。

展会规模的大小受展会展览题材所在产业的产业规模、市场容量和发展程度的制约。对于一个产业规模和市场容量都有限的产业来说，在该产业里举办展会，该展会的规模就不会很大；而一个发展程度还十分有限的产业，要想在其中办一个大规模的展会基本是不可能的。

展会规模的大小受到会观众数量和质量的限制。参展商参加展会的一个最低的期望，是希望有一定数量的观众来观看自己的展品；稍高的期望是希望有人能对自己的展品下订单。前者要求展会的到会观众必须有一定的数量，后者要求展会的到会观众必须有一定的质量。所以，展会的展览面积和参展企业数量的规模的规划必须与可能到会参观的观众的数量和质量相结合，不能盲目行事；展会的展览面积和参展企业数量规模的扩大必须与可能到会参观的观众的数量和质量相适应，不能贪大求全。

展会规模的大小还受会展公司所采用的办展策略的制约。会展公司采用什么样的办展策略，对展会规模也有很大的影响。例如，有的会展公司为了保证展会的档次和质量，采用"卖方市场"的办展策略，始终将展会规模限制在市场实际需求的规模以下，这样，就总有一些企业因拿不到展会的展位而不能参展，使展会的展位始终处于供不应求的状态，这时，展会规模的扩大就受到一定的人为限制；有的会展公司采用"买方市场"的办展策略，对参展企业来者不拒，对任何参展企业都虚位以待，这样，展会规模的扩大就没有人为的限制。

3.4 展览项目可行性分析

展览立项后，会展公司还必须对其可行性进行分析，以便确定展览会的举办与否。展览项目可行性分析是通过对举办展览进行全面、深入的分析来判断的。

1. 外部环境分析

外部环境分析主要是进行 SWOT 分析。所谓 SWOT 分析，即对优势、劣势、机会、威胁的分析，它是一个有效的过程，通过这个过程，会展公司可以对展览内部与外部环境或周围情况有一个详细了解。

SWOT 分析的目的是为了确定机会和威胁，制定能够利用机会而忽略威胁存在的战略，从而达到举办展览的目的。

外部环境包含所有围绕展览并且对展览成功有影响力的因素。会展公司对组成外部环境的因素的彻底分析有助于展览策划的制定、会展的推广，以及在什么时间对什么事物作什么样的处理等方面做出决定。对展览的威胁是与展览相关或新的具有竞争力展览的出现，它可以在这个分析过程中被发现。以下为外部环境分析的一些基本内容：

（1）政治与经济、法律或规章。政治法律由那些具有强制性的和对举办展会产生影响的法律法规所构成。由于举办展会涉及的行业和社会面非常广，因此，会展业会受到比其他行业更加严厉的法律管制，如政府对举办展会在消防、环保、工商管理和产品进出口方面的严格要求，举办展会对《广告法》和《专利法》等法律的严格遵守等。此外，与展会展览题材所在产业有关的法律对举办展会也会产生较大的影响。

（2）社会文化。社会文化有三大类：一是物质文化，二是关系文化，三是观念文化。它们分别代表人们对物质生活、社会关系和意识形态等方面的要求、认识和看法。社会文化环境对企业参展和观众到会参观会产生较大影响，例如，人们的餐饮习惯、国与国之间关系的好坏、世界各国的各种节假日和喜庆日的安排，对举办展会的影响就非常大。

一个国家人口中宗族与宗教组成的变化会影响到人们对展览的要求。这些变化会带来机遇即对多文化展览的需求，但也会造成危机。如欧洲国家历史悠久，文化特殊性高，加上自然景观优美，都构成承办展览的有利因素，这也是到目前为止欧洲国家仍然是国家展览举办最多的地区的重要原因之一。又以我国台湾地区为例，台湾在文化方面相当丰富，除了本土文化外，更是中华文化集大成之地，特别在美食方面，更是吸引与会者参加的重要诱因之一。在台湾可以品尝到各地美食，在美食专家精心研究下，除了保留食物原有风味外，更以精致化著称，使得国外参展者都赞不绝口。这方面值得内地承办展览机构注意和利用。

（3）技术因素。科技发展会给企业的经营活动和经营方式带来重大影响，具体表现在：一方面，它可以给一些企业提供新的有利的发展机会；另一方面，它也会给一些企业的生存与发展带来威胁。

设备与机械方面的变化引起了人们工作方式的变革。反映在展览举办方面的一个例子就是在展览过程中因特网的应用。另一个例子是因特网作为传播媒介应用于展览。网站现在也以提供信息指导与资源的方式给专业展览管理者、学生、教育工作者提供服务与支持。

（4）人口结构。从量的角度看，人口数量是市场规模的重要指标。从人口的分布、结构及变动的趋势可以分析、判断出市场需求的特点和发展趋势，这一点对展销会等注重现场零售的展会有重要意义。

年龄、性别、教育和职业方面的人口结构多年来发生了很大变化。一个明显的例子是生育高峰期出生的这一代人，也就是1955—1965年间出生的人进入了中年期。这一代人给世界带来了新的经济与贸易、消费观念，他们在各行各业有一定的经验与地位，对企业是否参展有举足轻重的作用，他们将是招展公关的对象。

（5）自然环境。许多政府或国际组织都积极地鼓励"绿色"办展。此外，会展公司关注的另一种因素是多变的天气类型。这种变化对展览有潜在的影响，特别是在考虑何时举办展览或是室外还是室内举办的时候。

（6）旅游资源。展览的目的除了获取最新信息和进行人际交往外，旅游也是参展者考虑是否参加的因素之一，绝大多数的参展者也希望借参加国际展览的机会来缓解工作的压力，精心设计的旅游往往会给参展者留下深刻的印象。例如，台北市曾举行过一次展览，对于文化与旅游方面都经过精心的设计与包装，给参展者留下深刻的印象，至少在展览界传为佳话。

（7）吃、住、行便利条件。①饭店方面。重要的国际展览将有来自世界各地的参展商，有些来自富裕国家，也有些来自较贫穷国家，因此饭店要有不同等级的房价，让参展商可以自由选择。在欧美国家，国际展览历史悠久，因此，在兴建展览中心时都会预先考虑到饭店的设置，从展览中心步行或车程不远的范围内都有各种不同等级的饭店。②餐饮安排。大规模的国际展览有上千人甚至上万人参加，餐饮的安排是一项艰巨的任务，是否有适当的餐饮场地和专业人员也成为评估的条件之一。例如，1991年第61届美洲旅游协会世界年会举办时，有1万人需要同时用午餐，在主办单位、主办国经过多次协商后，决定利用世界展览中心的C区作为用餐区，由展览馆的餐饮承包商提供餐饮服务。这家承包商当时接办时也是战战兢兢，还聘请专业餐饮经理人协助规划。由于大家同心协力，所以这次年会办得相当成功。③交通运输。交通运输包括空中交通与地面交通两种。空中交通通过有多少国际航空班机飞往这个国家、从各地飞来需要多少时间、是否有包机的可能性、展览大会指定航空公司配合的程度、是否可以提供参展代表优惠票价等条件来评估。地面交通是指展览举办国本身的地面交通运输系统是否完善。在欧洲国与国之间除了航空外，地面交通连接系统是否便捷也都是需要考虑的因素。

2. 内部环境分析

在分析完外部环境之后，会展公司就应进行内部环境分析。内部环境分析包括对展览组织资金、信息、人力资源等方面进行内部分析。它的主要目的是确定展览的优劣势，包括管理水平、专门知识、人才供应、展览策划中各因素的质量等。内部环境分析可以细分为人力、物力与财务资源。

（1）人力资源。展览会的举行需要各方面专业人才，其中最重要的是专业展览策划人。专业展览策划人需要懂得筹办展览的各项细节，再经由专业展览策划人寻找各种适当的专业人才共同合作，如专业视听人员、同步翻译人员、旅游人员等。专业展览策划人的经验相当重要，因此在争取重要国际展览时，专业展览策划人过去承办大会的经验也成为竞标时的重要参考因素之一。

（2）物力资源。承办展览最重要的物力资源就是展览场地。展览场地的选择必须遵循一定的行业标准。会展公司可以制作一份工作单，上面列出选择场地时需要注意哪些事项，以便正确选择适当的展览场地。展览场地的硬件设备对一个展览来说相当重要，展览中心是否符合国际级的标准，容量是否符合展览会的需要，展览摊位数量、展览能容纳的人数、视听设备、同步翻译室、秘书室等，都是一些非常重要的数据。展览中心水电设施与载重量等是否符合展览需要也是要考虑的因素。

（3）财力资源。如果会展公司没有充足的资金可用，那任何战略都不能付诸实施。资金的可用性或有权使用，是会展公司实力的体现，这涉及会展公司本身的资金，也包括会展公司获得的赞助基金。没有足够的资金，整个展览就会出现一个严重的缺陷，要想达到展览预期目标，就必须更正这一缺陷。

3. 项目发展空间分析

项目发展空间分析，就是从展览项目自身出发，分析其发展状况和成长空间。会展公司应从以下几个方面进行具体分析：

（1）行业成长空间。展览项目的行业成长空间，首先与展览所属行业的发展周期有关。一般处于成长期的行业发展趋势好，市场扩张快，较适合举办展览会；处于成熟期的行业，企业数量较多，开拓市场的意愿比较强烈，也是适合举办展览会的。但处于初始期和衰退期的行业，则不太适宜举办展览会。

其次，展览项目的行业成长空间，与该行业在展出地及周边的分布状况有关。如果某行业在展出地周边比较集中，并形成一定的产业分工和上下游关联关系，这个行业就比较适合于在该展出地举办展览。以中国香港地区为例，由于在香港和珠江三角洲地区已形成了"前店后厂"式的家用电器生产网络，在香港举办家用电器展的条件就比较成熟。

最后，展览项目的行业成长空间，也与展览会举办地区的产业政策导向有关。属于支柱产业和主导产业范畴的行业，不仅在发展环境上得到的支持多，同时也拥有很多踊跃参展的企业。反之，如选择的行业属于某地区将要逐步退出、没有很大优势的产业范畴，则会对展览会的效果产生不利影响。

（2）市场发展空间。展览项目的市场发展空间包括市场竞争状况、市场规模和市场辐射力等因素。如果一个行业的市场处于自由竞争状态，或者至少没有达到高度垄断的程度，选择这个行业举办展览会就是可行的。而市场规模的大小，将影响展览会吸引企业参展的能力，也将对展览会的规模产生直接影响。市场辐射力主要取决于选择展览的行业和地点对企业的吸引力和辐射力如何。以在宁波国际会展中心举办的"中国国际日用消费品博览会"为例，由于浙江省在家用纺织品、家用电器、轻工业品、工艺品和食品等行业的企业多为民营企业，发展环境和市场竞争环境也比较宽松，基本上形成了以宁波为中心的消费品生产和配套中心，因此，市场竞争的自由性、市场规模和市场辐射力等因素都决定了选择宁波举办这个展览会的效果会比较好。2005年举办的第四届"消博会"，设立标准摊位2 200多个，参展企业也达1 400多家。目前，该展览会已成为宁波十分重要的品牌展。

（3）地域辐射空间。主要是指展会举办地的地域优势和辐射力如何。展会的举办地对展会本身的发展有较大影响，很难想象在一个较偏僻的地方能举办大型展会。一般地，展会应选择在那些展会展览题材所在产业比较发达的地方举办，或者选择在该产业产品的主要销售地举办。当然，那些交通比较便利、基础设施较完善、信息较灵通、服务业较发达的城市也是举办展会的首选之地。

（4）政府支持。包括展会举办地对会展业发展的政策、对展览题材所在产业的政策以及对与会展业有关的行业的政策。如果在一个政府鼓励发展会展业的地方举办展会，办展机构肯定能得到比在其他地方举办展会更多的便利；如果计划举办展会的展览题材正是当地政府鼓励和支持发展的产业，那么，该展会的举办定能获取更多的利益；如果当地政府积极扶持与会展业有关的行业的发展，那么，在那里举办展会肯定更加顺利。

4. 项目运行分析

展览项目运行的可行性分析，实际上就是针对整个展览项目的执行全过程进行分析，主要是考察其人员和财务的安排是否合理可行。

（1）展览会人员安排的合理性。根据展览人员在展览会举办过程中的作用，可将其分为两类：筹备人员和展览职能部门人员。筹备人员主要负责展览会筹备期间的工作，如招商、招展、宣传推广、财务和后勤等方面的工作，而展览职能部门的人员则主要负责展览会现场一切职能协调和管理工作，包括展位的分配安排、观众的组织和入场、展览、展位设计施工、展品运输、展台和参观的接待协调等。评判人员安排合理与否的标准是：展前准备工作是否井井有条，展览筹备过程中人员是否各负其责，展览职能部门的人员是否专业并富有经验等。

（2）财务预算的可行性。财务预算的可行性主要是指分析估算展览会的费用支出和收益。在筹备举办展览会时确定的价格或当地类似展览会的平均价格基础上，分析将要举办的展览会是否可行。

会展的收入来源由以下几个部分组成：

（1）展位空间销售。这是会展最大的单一利润点。展位空间以平方米为单位进行销售，展会的面积和展会开始前的现金流决定了展位空间的利润。参展商的数量是观众多少的主要激励因素，因此参展商带来

第3章 展览项目策划

相应的注册登记收入或观众门票收入。

（2）注册或观众门票的收入。这是第二大利润点。这个存在极大变数的利润点依赖于下面这些因素：①举办展会的行业当前的经济发展状况。很显然，如果一个行业处于低谷状态，前来参展的企业将会寥寥无几。然而这并不意味着展会注定不成功，因为那些前来参观的观众通常都是"最优买方"。所以尽管观众不多，参展商可能会签下很多订单。②展前推销和广告的效果。③自然的力量。这是最大的变量，即使是最有经验的会展主办方也无法预测。恶劣的天气不允许观众开车或者乘坐飞机赶来参加展会，甚至可能使参展商的展品不能按时运达。

（3）社团赞助。商品交易会为了降低自己的盈亏平衡点，经常在展会期间寻找一些社团的赞助费。赞助费也能提高展会的可信度，这是一个不是很切实，但是却十分重要的利润增长点，是可以通过节省成本或提高产量和效率来实现的利润增长点。赞助费的支付方式可以是现金，也可以是提供某种服务方式，如免费使用某些设备、免费广告、免费推销、免费提供劳力或者产品使用。

（4）食品和饮料销售。这方面的收入依赖于展会场地拥有方是否允许会展在展会现场出售食品和饮料。如果可以提供酒精饮品，这可能会成为会展的一个主要的收入来源。

（5）停车费。只有在许多观众开车来参加的消费品展会上，会展才会有此项收入。在行业展会或者商品交易会上，停车费的收入仅仅是由一定数量的租车参加展会的观众带来的，而多数观众乘飞机来到举办展会的城市，然后乘出租车或者公共汽车来到会场，所以停车费是会展在消费品展会上的特殊利润点。

会展的第一项支出是花钱雇用工作人员。举办一个展会需要一定数量的不同专业的工作人员。例如，需要雇用负责与参展商签订合同的员工。他们的工作周期是一年左右，其工作分几个阶段：第一阶段是召集参展商，第二阶段是在临近展会举办日期时与参展商联系。大多数情况下，在展会开始的前几个月，为了应付临时增加的辅助工作，通常会留用少数的员工。展会员工可以从2人到16人不等，办公室里的员工平均数量保持在7—9人。

根据展会规模，员工有时也负责展会的促销，行业展会中的员工有时也需要负责登记注册和投递宣传资料等事宜。

▎策划锦囊

展览项目策划书的内容

（1）办展市场环境分析。包括对展会展览题材所在产业和市场的情况分析，对国家有关法律、政策的分析，对相关展会的情况的分析，对展会举办地市场的分析等。

（2）提出展会的基本框架。包括展会的名称和举办地点、办展机构的组成、展品范围、办展时间、办展频率、展会规模和展会定位等。

（3）展会价格及初步预算方案。

（4）展会工作人员分工计划。

（5）展会招展计划。包括展会的展区安排、展位划分和招揽企业参展的计划。

（6）展会招商计划。

（7）展会宣传推广计划。

（8）展会筹备进度计划。

（9）展会服务商安排计划。

（10）展会开幕和现场管理计划。

（11）展会期间举办的相关活动计划。

（12）展会结算计划。

第4章
展览品牌策划

品牌是展览的灵魂。展览会的成功举办有赖于品牌形象的建立,展览只有拥有良好的知名度与美誉度,才能吸引更多的参展商与观众。

▌ 4.1 展览品牌定位

展览品牌策划的第一步是为展览品牌找准定位。展览品牌定位,是指建立或塑造一个与目标市场有关的展览品牌形象的过程,并与这一品牌所对应的目标参展商及观众建立一种内在的联系。

1. 展览品牌定位的流程

展览品牌定位必须围绕发现、寻找与识别展览的竞争优势的思路来进行。

展览品牌定位的流程如下:

(1)明确竞争目标。明确竞争目标,是会展企业进行展览品牌定位的前提。

会展企业在变化万千的市场上,要明确自己的竞争对象,确定自己的经营领域，界定企业的展览范围和地区，制定具体的竞争战略，是发展还是维持，或者是收缩甚至放弃。对有发展前途的展览，应扩大其规模，推动其发展；对市场领先而增长趋势不明显的展览，应维持现有规模；对进入衰退期的展览，则应主动收缩；对没有发展前途且不能盈利的展览，则应坚决放弃。会展企业只有明确竞争目标，采取恰当的竞争战略，才能有利于正确定位。

（2）寻找目标参展商及观众。展览品牌定位一定要抓住参展商及观众的心，唤起他们内心的需要，这是展览品牌定位的市场基础。参展商及观众有不同类型、不同参展层次、不同参展习惯和偏好，展览品牌定位要从主客观条件和因素出发，寻找适合竞争目标要求的目标参展商及观众。要根据市场细分中的特定细分市场，满足特定参展商及观众的特定需要，找准"市场空隙"，细化品牌定位。参展商及观众的需求也是不断变化的，会展企业还可以根据时代的进步和展览发展的趋势，引导目标参展商及观众产生新的需求，形成新的展览品牌定位。

（3）发现潜在的竞争优势。竞争优势使本展会为参展商及观众带来比其他同类展会更多的价值，它可以来源于办展成本优势或展会功能优势。办展成本优势是在同等的条件下，本展会的办展成本要低于其他同类展会，成本优势可以转化为价格优势和其他优势。展会功能优势是本展会能提供更符合目标参展商和观众需要的展会功能。一般来说，展会具有成交、信息、发布和展示四大功能。本展会可以集中精力打造上述四大功能中的某一个功能，使它成为本展会参与市场竞争的"王牌"，也可以全面塑造上述四大功能，使本展会成为他人难以动摇的"巨无霸"。至于本展会品牌究竟具有哪些方面的潜在竞争优势，可以结合本展会的定位，采用前面提到的SWOT分析方法来具体分析。

（4）甄别潜在竞争优势。并不是所有潜在的竞争优势都能转化为现实的竞争优势，因为将不同的潜在竞争优势转化为现实的竞争优势是需要条件和成本的。有些潜在竞争优势可能不具备转化成现实竞争优势的条件，有些可能因为转化的成本太高而不值得转化，还有一些可能不适合展会的定位而必须放弃，所以，并不是所有的潜在优势都有价值，必须对它们有所选择。能够被选择作为品牌形象定位基础的潜在竞争优势必须满足以下四个要求：

第一，差异性。它是其他同题材展会所不具备的，或者即使其他同题材展会具备了，本展会也比其更优越，如果本展会具备了该优势，其他同题材展会将很难模仿。

第二，沟通性。该优势对于参展商和观众来说是可以双向理解和感觉到的，并且对他们来说是有价值的，是他们期望展会提供的。

第三，经济性。参展商和观众通过参加本展会来获取该优势带来的利益比通过其他方式要来得经济，他们愿意为获取该利益而支付参加本展会的有关费用，并且也能支付得起。

第四，盈利性。该潜在优势具有转化为现实优势的可行性，办展机构将该潜在优势转化为现实优势是有利可图的，是值得的。

只有具备了上述条件的潜在优势才可能被列入考虑的范围，否则，即使选择了某项"潜在优势"，但由于它不具备上述条件，在策划和以后的营销执行上也会遭到失败。

（5）明确竞争优势。会展企业必须明确展览的竞争优势并发展这种优势，只有使展览的竞争优势超过竞争对手的优势，才能在市场竞争中立于不败地位。准确的展览品牌定位需要会展企业充分了解竞争对手的情况，进行对比分析，找出自己的优势和劣势，发展优势，消除劣势，使自己的竞争优势更加明显，从而使品牌定位还能开辟出市场发展的新前景。品牌定位要有利于强化会展企业的竞争优势，要在与竞争对手的竞争中树立本企业的品牌形象，发挥品牌定位优势以攻占市场。

2. 展览品牌定位的方法

展览品牌定位是指建立或重新塑造一个与目标市场有关的品牌形象的过程。

展览品牌定位是会展企业根据市场和展览特性确定和维护的品牌及

其形象，它以其自身蕴涵的形象价值使展览获得持久的市场优势。其定位方法大致可归纳为：

（1）目标参展商及观众定位。一个展览品牌走向市场，参与竞争，首先要弄清自己的目标参展商及观众是谁，以此目标参展商及观众为对象，通过展览品牌名称将这一目标参展商及观众形象化，并将其形象内涵转化为一种形象价值，从而使这一品牌名称既可以清晰地告诉市场展览的目标参展商及观众是谁，同时又因该品牌名称所转化出来的形象价值而具备一种特殊的营销力。

（2）参展感受定位。每一个展览都有其特殊的功能特性，参展商及观众在参加这一展览时总能产生和期待产生某种切身的心理、生理感受，许多展览就是以这种展览能带给参展商及观众的感觉来进行市场定位的。展览品牌的命名也可以此目标为基础来进行。例如，许多企业参加知名会展就在于赢得参展时的荣誉，对成交多少并不在意。

（3）展览形式定位。展览的形式、状态是展览品牌定位的一种重要手段。在展览越来越同质化的今天，展览的形式本身就可能成为一种产品优势。

3. 展览品牌定位的策略

展览品牌定位的策略主要有以下几种：

（1）特色定位。根据展览所具有的某一项或几项鲜明的特色来定位。用来定位的展览的特色应是参展商和观众所重视的，并且是他们能感觉得到的，是能给他们带来某些利益的。

（2）利益定位。直接将展览能带给参展商和观众的主要利益作为展览定位的主要内容。和特色定位一样，用来定位的"利益"可以是一项或者多项。

（3）功能定位。根据展览的主要功能来定位。前面说过，展览具有成交、信息、发布和展示四大功能，如果本展览在这四大功能中的一项或几项上特别突出，又符合展览题材所在产业的需要，就可以用它们来定位。

（4）竞争定位。参考本题材展览中某一与本展览具有竞争关系的展览的品牌形象来定位本展览的品牌形象。在这里，"与本展览具有竞争关系的展览"主要是指那些在该行业里具有领先地位的展览。

（5）品质价格定位。很多时候，价格是品质好坏的反映，会展企业可以根据展览的"性价比"来定位。比如，将展览品牌形象定位为"高品质、高价格"，或者定位为"高品质、普通价格"等。

（6）类别定位。将本展览与某特定类别的展览联系起来。可以将会展市场细分成若干细分市场，如出口型展会、国内成交型展会、地区型展会等，然后将本展会归入其中的某一类。

4.2 展览品牌形象设计

展览品牌形象是指参展商及观众对展览的看法。展览品牌策划必须设计出代表展览品牌形象的符号、名称与图案。展览品牌形象设计是一个复杂的系统工程，会展企业可以通过导入企业形象识别系统（CIS）来设计展览的品牌形象。

1. 展览品牌形象设计的内容

展览品牌形象设计的主要内容包括：展会视觉识别（VI）、展会行为识别（BI）与展会理念识别（MI）。

□ 展会视觉识别

展会视觉识别是通过一种视觉符号、图案、色彩和文字等来展示展会特征的一种方式。它主要包括展会的现场布置、展会宣传册、展会标准色、展会标准字、展会标准信封和信笺、展会吉祥物、展会广告设计等。它们能给参展商和观众最直接的视觉刺激，使展会在他们脑海里留下深刻的印象。

展会的现场布置能让参展商和观众身临其境地体验展会的好坏；展

会宣传册则能给人以丰富的联想；展会的标准色、标准字、标准信封和信笺体现了展会的档次和办展的规范性；展会吉祥物给人以很强的亲和力；展会广告设计则直接关系到展会形象的本身。

展会的 VI 策划重视以视觉传播的方式将展会的品牌形象传递到展会的目标参展商和观众那里，因此，它在设计上特别强调目标性、视辨性、美观性和合法性。目标性是指展会的 VI 不能脱离展会的定位和展会的品牌形象定位，要以准确传播展会品牌形象为目标；视辨性是指展会的 VI 要能被大众所理解，要符合办展当地的风俗习惯，不犯禁忌；美观性是指展会的 VI 不仅在工程上要具有可行性和经济性，还要美观、简洁、大方；合法性是指展会 VI 的有关符号、图案等要符合办展当地的法律，不能违反有关法律规定。

□ 展会行为识别

展会行为识别是展会办展行为的对外展示，主要包括展会服务活动、展会营销、展会礼仪、展会工作人员行为、展会现场相关活动等。

展会对参展商和观众提供各种专业的展会、信息、商务等服务，让参展商和观众真真切切地感受到展会的价值和顾客利益；展会的营销活动将展会的品牌形象传播给参展商和观众；展会礼仪、展会工作人员的行为和展会现场相关活动等都有助于参展商和观众更好地认识展会。

展会的 BI 策划是一些对展会行为富有指导意义的规则、目标和策略，并不是展会营销、展会相关活动等的具体执行方案。

展会的 BI 策划是对展会 MI 策划的具体执行，是将展会 MI 策划的部分内容有形化，从而使展会的目标参展商和观众对该内容看得见、摸得着。展会 BI 策划作为 MI 的外化，必须秉承 MI 的统一性和个性化特征，必须与 MI 的口径统一、步调一致。

□ 展会理念识别

展会理念识别是展会办展理念的对外展示，它是进行展会 CI 策划的核心内容。所谓展会办展理念，是指包括展会定位、展会品牌形象定位、办展方式、展会价值、顾客利益、展会规范、展会发展策略等在内的有关展会办展的指导思想。展会理念识别对展会 CI 策划具有全局性的指导意义，对展会本身的发展也有极大的影响。

展会定位能告诉目标参展商和观众展会"是什么"和"有什么"；展会品牌形象定位除了强化展会定位外，还使目标参展商和观众认识到展会附加的价值、意义和想象空间；办展方式揭示了展会的办展原则；展会价值表明了展会的价值取向和价值大小；顾客利益告诉参展商和观众展会能给他们带来哪些好处；展会规范则规定了办展机构、参展商和观众需要共同遵守的规章制度；展会发展策略则揭示了展会的发展办法和发展前景。可见，MI 的各个组成要素为展会的目标参展商和观众从不同的角度认识展会提供了极大的便利和帮助。

展会的 MI 策划主要是确定展会办展理念的基本原则，它不同于展会定位、展会规范等具体执行方案，它是原则性的东西。因此，展会的 MI 常常被总结为一段或几段精辟的文字。

展会的 MI 策划是关系到展会发展和展会品牌形象的活动，它不是由办展机构的某一策划部门或其外部的某一策划公司来单独完成的，它是在办展机构高层管理者的参与下进行的。由于展会 MI 策划的重要性，在展会的实际操作中，展会 MI 策划的有关理念必须得到办展机构高层管理者的认同。一旦展会 MI 策划完成，办展机构也必须从物质和观念上保障展会 MI 的贯彻执行。

2. 展览品牌形象设计的原则

展览品牌形象设计是对展览理念与形象的总体策划与设计，是会展企业进行会展策划不可缺少的组成部分。为了设计良好的展览品牌形象，会展企业必须把握下列基本的设计原则，以期达到预期的目标。

□ 全方位推进原则

会展企业进行展览品牌形象设计，是涉及企业里里外外、方方面面的一件大事。因此，展览品形象设计必须从展览的内外环境、内容结构、组织实施、传播媒介等方面综合考虑，以利于全面贯彻落实，这就

是全方位推进原则。会展企业遵循全方位推进原则,在具体设计时要做到:

(1) 适应企业内外环境。一方面,展览品牌形象设计将在一定程度上影响到会展企业的各个方面;另一方面,展览品牌形象设计能否达到塑造和提升展览的目的,在很大程度上并不完全取决于会展企业自身,而是取决于社会公众。因此,会展企业在重视内部环境因素的同时,必须高度重视外部环境因素。如果脱离了社会环境,甚至背离了社会发展的大方向,展览品牌形象设计不但不能改善展览形象,甚至还会有损和破坏展览形象。成功的展览品牌形象设计,从展览理念、行为到视觉设计,都是能够充分体现时代精神和潮流的,能够对社会的观念、公众行为方式起到带动的作用。

(2) 符合展览发展战略。展览发展战略是对展览未来的发展目标、展品范围、展览经营管理等重大问题的规划和思考,是展览当前和今后一段时期一切工作必须遵循的指导方针。作为展览品牌策划的一个重要组成部分,展览品牌形象从设计到实施的所有内容都必须符合展览发展战略的需要,体现展览发展战略的要求,有助于展览发展战略的实现。

(3) MI、BI、VI 并重。展览品牌形象设计是由 MI、BI、VI 三个部分组成的。在这三个部分中,MI 处于核心位置。会展企业在开展展览品牌形象设计时必须以 MI 为龙头,三部分并重。MI、BI、VI 并重并不是平均用力,而是在不同阶段有所侧重。在调研阶段和制定方案阶段,MI 都是需要投入最多的部分,有时为了确定展览的 MI,需要几上几下、反复讨论修改,耗时数周、数月;在内部实施阶段,BI 常常是关键,需要采取大量的方法和措施,投入相当的费用;而在对外发表和实施阶段,VI 则变得非常重要,从广告到各种公共关系活动都需要会展企业从人力、财力、物力方面给予充分保证。

(4) 具体措施合理搭配。展览品牌形象设计是为了实施,实施的时机如何把握、具体方案是否周到细致、人财物力的安排调度是否合理、各个环节和步骤是否衔接搭配、整个过程的进度控制是否严密,这些问题都是展览品牌形象设计中必须认真考虑的内容，而不是可有可无的。

☐ 与民族文化相结合原则

展览品牌形象设计越具有本民族的文化特色，就越能为公众所接受，从而越有生命力。同时，展览品牌形象越是具有民族化色彩，就越容易在众多的展览中找到自己的位置，以自己的民族特色走向世界。

☐ 实事求是原则

展览品牌形象设计的实事求是原则，主要从以下四个方面体现：

（1）敢于正视展览的劣势和不足。展览品牌形象设计是展览品牌策划的重要组成部分，是提升展览形象和提高企业竞争实力的举措。因而对这些劣势和不足，不但不能回避和轻视，还要认真对待、分析原因、找出对策。只有这样，才能使得展览品牌形象设计更加具有针对性。

（2）立足于展览的现实基础。展览品牌形象来自现实的企业文化和当前的展览实际形象。割裂企业文化现实和展览实际形象不仅在理论上是不可取的，而且在实践中也很难行得通。展览品牌形象设计只有立足于现实基础，在对现实进行充分了解的基础上进行设计，才能顺利实施，取得成功。

（3）从员工实际出发。展览品牌形象设计首先要考虑人的因素，特别是从员工的实际情况出发。展览理念、行为、视觉识别等要素，首先要让全体员工（至少是大多数员工）能够看懂、正确理解，才有具体实施的可能性。从展览实施的角度来看，员工是展览的主体，展览品牌形象设计的实施必须调动他们积极性。同样，制定内部实施措施时，也要充分考虑本企业员工的实际，因为没有内部形象作为支撑的外部形象是空洞无力的，展览品牌形象设计的内部实施是对外实施的前提与基础。

（4）对外展示展览实情。展览品牌形象设计不仅是一种内向型战略，更是一种外向型战略。在展览品牌形象设计对外发布和实施的时候，也要坚持实事求是，在介绍优势的同时，不隐瞒问题，不回避矛盾，不篡改事实，努力把一个真实的展览形象展示在公众面前。但是，实事求是也并不是说把不足暴露在那里就了事，而是要同时表明改进不足的诚意，拿出解决问题的措施。这样，不但不会降低展览声誉，反而能够树立起一个真实可信的展览形象来。

□ 标准化原则

标准化是展览品牌形象设计应遵循的技术性原则。无论是大型展览还是中小型展览，都需要做到信息统一和标准化，以防止出现信息误导的现象。在展览品牌形象设计的标准化操作过程中，会展企业应满足如下要求：

（1）简洁明了。展览标志越简洁明了，所包含的信息量越大，传播的效果就越好。为此，需要对展览品牌形象设计及其内容进行精练和浓缩，使之用最少的语言表达出最丰富的信息内容，从而使参展商和观众能够在瞬间形成对展览形象的深刻印象。

（2）统一。即把反映展览标志的多种形式统一到一个层面上或限制在一定的范围内。展览使用统一的名称和标志，也有利于企业员工产生对展览的共识感和归属感，增强展览本身的品牌凝聚力。

（3）通用。即一个展览的标志可以在各种场合互相换用，而不影响展览形象的效果。

□ 求异创新原则

展览品牌形象设计中的求异创新原则，即要求塑造独特的和个性鲜明的展览形象。在竞争日益激烈的当今时代，个性化是展览品牌形象的生命力，是一个展览品牌区别于其他展览的根本标志，也是展览品牌形象存在的价值。因此，建设独具个性的展览品牌形象，进而塑造与众不同、特色鲜明的展览品牌形象，也是展览品牌形象设计的基本要求。展览品牌形象设计的求异创新主要体现在以下几个方面：

（1）要有独特的展览观念。比如，2010年上海世博会的展览观念就十分独特，它确定了以城市为主题的展览观念，通过城市表达当今社会存在的问题。

（2）要有创新。比如，2004年的犬业展就是一种具有创新意义的展览，它突出了宠物在人们生活中的地位，顺应了宠物产业迅猛发展的潮流。

（3）视觉要素与众不同。展览标志、展览标准字、标准色等基本视觉要素是最常用的，必须与其他展览有明显的区别，才能方便公众辨认；而要在公众接触到的大量展览的视觉要素中，给其留下深刻印象，则必须是独具匠心的设计。

（4）实施手段新颖别致。有了独特的展览品牌形象设计方案，还必须要有新颖的形象广告、公共关系活动等实施手段，才能吸引公众，扩大影响。例如，许多展览会看中网络宣传的巨大作用，转而利用网络来传播其品牌形象。

3. 展览品牌形象设计的程序

展览品牌形象设计通常会因各展览的特性和所面临问题的不同而有所不同，但具体的程序则大致相同。一般必须经历以下几个步骤：

□ 设计前的准备

以会展企业最高负责人为中心设立展览品牌形象设计筹备委员会，先研究展览品牌形象设计计划，慎重研讨公司必须实施展览品牌形象设计的理由，了解展览品牌形象设计实施意义和目的，然后再决定展览品牌形象设计的大概范围：是改良展览标志、塑造形象，还是重新研讨展览理念？

筹备委员会的主任最好由董事长兼任。因为展览品牌形象设计是决定展览未来的战略问题，董事长兼任才最具有权威性。筹备委员会的成员，一般而言都是从会展企业内各部门的中级以上主管选出，以5—10人为宜，过多或过少都不太便于具体运作。

一旦决定要实施展览品牌形象设计，就要组织展览品牌形象设计委员会，以设计预订时间表。在此阶段，必须决定委托哪一家展览品牌形象设计专业机构、专业公司，并听取计划的设计意见。依照展览品牌形象设计基本程序，一般展览品牌形象设计计划的导入时间为一年半左右，最短也要一年时间。

□ 分析展览现状

展览现状分析包括对展览内部环境和外部环境的分析。

展览内部环境分析，必须先进行企业员工意识调查，最重要的是和企业最高负责人沟通，以便对展览现状、内部组织、营运方向等问题进行深入探讨，为展览品牌形象设计制定正确导向。同时，还要和企业各阶层人员面谈，进行展览形象调查、视觉识别审查等，并找出展览目前所存在的问题，以使展览品牌形象设计问题明朗化。

展览外部环境分析，是对展览所处的社会背景和企业环境的分析。具体内容包括：当前经济政策、经济形势分析；社会、时代发展趋势分析；科技发展现状与趋势分析；企业管理现状与趋势分析；当前展览市场状况分析；其他企业展览形象、地位分析等相关分析活动，以确实掌握本展览在国内外同行业中的地位，并探索和研讨展览今后的发展方向。

□ 确定展览理念

根据上一阶段对展览内外现状、环境的分析，重新研讨、审视展览理念和展品范围。

展览理念是展览之魂。如果展览理念存在盲目性或展览理念已不能适应展览发展和时代变化，那么就难以正确树立展览形象，同时会给展览的发展带来障碍和负面影响。因此，在推行展览品牌形象设计时，一定要重新审视展览理念，制定出适合展览发展的新理念，赋予展览理念时代性的内涵，以便于塑造展览的新形象，指导展览的发展。

□ 调整展览结构

根据展览理念、展品范围和展览现状分析，探讨展览现状，调整展览结构，改善展览管理体制。在展览品牌形象设计专业公司、外部专业智囊人员或本企业专业人员的协助支持下，重新设定展览管理的组织结构、体制以及信息传达系统，形成新的展览管理体制。

□ 整合 BI 和 VI

行为识别是指在展览结构的整合过程中必然会表现出新的企业活动。员工行动方面，企业可积极地促进内部行为改善，使企业整体行动统一化，以体现公司的展览理念和精神风貌。

视觉识别是指通过视觉感官来识别事物。心理学成果表明，在人获得外界信息的五个感觉中，通过视觉获取的信息约占83%，所以应特别注意视觉标志系统的统一。通过统一的视觉识别体系，把展览理念有效地传递给公众。

这一阶段的工作可细分为基本设计要素的开发、应用设计系统的开发、实施设计系统的开发和实施几个阶段。

□ 制作品牌形象手册

展览品牌形象设计的最后一步是制作展览品牌形象手册。

企业通过制作展览品牌形象手册，可以简洁、正确的图表来说明展览品牌形象的企图与概念，统一整体展览形象，贯彻设计表现精神，以作为所有设计的最后准则。通常情况下，展览品牌形象手册包括以下几方面的内容：

（1）展览品牌形象导入介绍。企业负责人、董事长、总经理的致辞；企业经营理念、企业文化和未来发展情况；展览品牌形象引进、导入的背景、动机和目的；展览品牌形象手册使用方法的解说。

（2）基本要素。标志、标准字、标准色；标志、标准字、标准色的变体应用设计；标志、标准字的制图法和标准色的使用法；附属基本要素（包括字体、象征图案、版面编排的方式等）。

（3）基本要素组合。基本要素的组合规定；基本要素组合系统的变体设计；禁止组合的情形。

（4）应用要素。事务用品；标志、标牌、招牌；广告媒体；交通运输工具外观设计；企业建筑物；办公环境与办公辅助用品；商品包装设计；员工制服设计；展示设计。

（5）标志、标准字印刷的样本与标准色。展览品牌形象手册并非一成不变，而是在相对稳定的同时，随时间的发展，不断吸收和改进，手册内容可能会删除或修改。所以，在制作手册时必须考虑到内容变动的处理方法。只有这样，方能适应时间的变化，从而发挥展览品牌形象手册的最大效用。

4.3 展览品牌传播

开发展览品牌传播有八个主要步骤。会展企业必须：①确定目标受众；②确定传播目标；③设计传播信息；④选择传播渠道；⑤编制总传播预算；⑥决定传播媒体组合；⑦衡量传播效果；⑧管理和协调传播。

1. 确定目标受众

展览品牌的传播过程必须一开始就有明确的目标受众——参展商与观众。受众可能是个人、团体、特殊公众或一般公众。目标受众将会极大地影响信息传播者的下列决策：准备说什么，打算如何说，什么时候说，在什么地方说，向谁说。

展会品牌传播有两类目标受众：目标参展商和观众、办展机构的内部员工。

办展机构的内部员工是展会品牌传播不能忽视的一个重要目标受众。由于展览业的服务业特性，展会工作人员的服务态度直接影响到参展商和观众对展会的主观评价，展会工作人员在服务中的任何不周、疏忽、不到位和脱节，都会对展会的声誉产生负面的影响。因此，展会品牌传播必须要让会展企业的内部员工了解展会的品牌追求，只有这样，才能使他们自觉地支持和配合会展企业建立展会品牌形象并做出努力。

2. 确定传播目标

当确认了目标受众及其特点后，会展企业必须确定所期望的受众反应。会展企业可能要寻求目标受众的认知（cognitive）、情感（affective）和行为（behavioral）反应。换言之，会展企业要向参展商和观众灌输某些东西来改变其态度，使其认同企业的展览品牌。图4-1给出了四种最著名的反应层次模式。

第4章 展览品牌策划

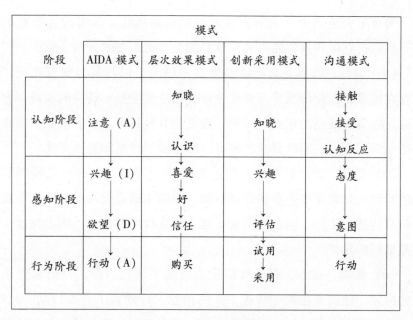

图4-1 反应层次模式

所有这些反应模式假设受众都依次经过认知、情感和行为这样三个阶段。这个连续的过程是学习—感觉—动作的过程，它适用于目标受众对该展览低度参与并在认识上很少有差异的情况。

（1）知晓。如果大多数的受众不知晓展览，那么会展企业的传播目标就是促使人们知晓。知晓的对象多半就是认知展览会的名称，通过重复这一名称的简单信息可以达到这一目的。尽管如此，促使人们知晓还是要花一定时间的。

（2）认识。目标受众可能对展览有所知晓，但知道得并不多。这时，会展企业就应让目标受众了解该展览，如了解展览的举办地点、时间、规模等。要使受众认识展览，需要知道目标受众中有多少人对本展览一无所知、知道不多或是知之甚多，这样，会展企业就可以决定将建立展览认识作为当前的信息传播目标。

（3）喜爱。如果目标受众知道了展览，他们对展览的感觉如何？如果他们中的多数人对该展览不感兴趣，会展企业就得找出原因，然后投入一次信息传播的战役，以让人产生喜爱的感觉。如果不喜欢是因为展览确有不完善之处，就不需投入信息传播战役，仅需改进展览的工作，然后把它的质量传递出去，良好的公共关系要求言行一致。

（4）偏好。目标受众可能喜爱这一展览，但与其他展览相比，并不存在偏爱，在此情况下，会展企业要设法建立目标受众的偏好。会展企业可以宣传展览的规模、价值、性能和其他特征，会展企业在实施这些活动后，可以再测试受众的偏好，以检验上述活动是否成功。

（5）信任。某一目标受众可能喜爱某一展览，但尚未发展到要参展的阶段。如果某些企业喜爱该展览，但尚未确定要参展，那么会展企业信息传播的工作，就是帮助企业建立起这样一种信念，即参加这个展览是最好的选择。

（6）参展。最后，有些目标受众已处于信任阶段，但尚未做出参展的决定，他们可能在等待进一步的信息，计划着下一步行动。此时，会展企业必须引导他们迈出最终一步，当中包括给予较低定价、给予补贴、提供服务等。

3. 设计传播信息

明确了目标受众及传播目标以后，会展企业就应该决定设计传播信息。在理想状态下，信息应能引起注意，激发兴趣，导致行动。

设计传播信息需要解决四个问题：说什么（信息内容）、如何合乎逻辑地叙述（信息结构）、以什么符号进行叙述（信息形式），以及谁来说（信息源）。

（1）信息内容。在决定信息内容时，会展企业应寻找诉求、主题、构思或独特推销计划。诉求可区别为三类：理性、情感和道义。

理性诉求是受众自身利益的要求。例如，展览能满足企业推销产品的需求。

情感诉求是试图激发起某种否定或肯定的感情以促使其购买。会展企业应寻找合适的感情销售建议。

会展企业也可使用肯定性的情感要求，诸如幽默、热爱、骄傲和高兴。

道义诉求用来指导受众有意识地分辨什么是正确的、什么是适宜的。

（2）信息结构。信息的有效性，像它的内容一样也依靠它的结构。结构包括提出结论、单面与双面论证以及表达次序等。把结论阐述给受众比让受众自己寻求结论更有效，但有时，最好的广告是提出问题，让读者和观众自己去形成结论。单面展示展览的优点比暴露展览弱点的双面分析更有效。但双面信息在某种情况下可能会更适合，一开始就提出强有力的论点，有助于引起注意和兴趣，这对其受众会不会注意到承载信息的报纸和其他媒体来说尤为重要。然而，这意味着采取一种渐降的表达方式，对已受其影响的受众而言，渐升的表达法可能更有效。在双面信息的情况下，问题在于首先提出还是最后提出正面论点，如果受众原来是反对的，信息传播者从另一方面的论点来开始是较聪明的做法，让他们提出其最有力的论点作为终结。

（3）信息形式。会展企业必须为信息设计具有吸引力的形式。在印刷广告中，会展企业还将决定标题、文稿、插图和颜色；如果信息在电台播出，会展企业还得仔细选择字眼、音质、音调；如果信息是通过电视或人员传播的，那么所有这些因素再加上体态语言（非言语表达），都得加以设计。会展企业还必须注意传播人员的脸部表情、举止、服装、姿势等。

（4）信息源。有吸引力的信息源发出的信息往往可获得更多的注意与回忆，这就是广告人常用名人作为代言人的原因。当名人把产品的某一主要属性拟人化时，名人的广告效果大都较好，但代言人的可信程度同样重要，信息由具有较高信誉的信息源进行传播时，就更有说服力。

4. 选择传播渠道

会展企业必须选择有效的信息传播渠道来传递信息。

信息传播渠道有两大类，即人员传播渠道和非人员传播渠道。这两者中也可以有许多子渠道。

□ 人员传播渠道

人员传播渠道包括两个或更多的人相互之间直接进行信息传播。他们可能通过面对面、工作人员对听众、在电话里或通过电子信箱等进行信息传播。

进一步的区分是在提倡者、专家和社会渠道之间。提倡者渠道由会展企业的招展人员在目标市场上与购买者接触所构成；专家渠道由具有专门知识的独立的个人对目标购买者进行评述所构成；社会渠道由非会展企业与目标购买者的交谈所构成。

口碑传播对展会形象有巨大的影响，众人口碑是会展企业无法控制的传播渠道，但会展企业可以通过努力，尽量建立展会良好的口碑。例如，尽量让已经对展会感到满意的客户告诉其他人他们对展会是多么的满意；制作一些资料让展会现在的客户传播给潜在的客户；重视对那些"意见领袖"的宣传推广工作等。

许多客户敏锐地认识到口碑的力量，他们在寻找刺激这些社会渠道的方法，以便介绍他们的展览。例如，一个会展企业推出新的贸易展览时，最初推广给贸易出版社、舆论名人、财务咨询者等能提供较强口碑的人，然后向批发商，最后向消费者推广。

人员影响在下述两种情况中起到了很大作用。一种情况是展览价格昂贵、有风险或办展不频繁。购买者可能是信息的急切寻找者，他们可能并不满足于一般媒体所提供的信息，而再去寻找专家或熟人的介绍。另一种情况是展览的主要对象是消费者，在这种情况下，购买者会向其他人咨询，以免陷入窘境。

□ 非人员传播渠道

非人员传播渠道包括媒体、气氛和事件。

媒体由印刷媒体（报纸、杂志、直接邮寄）、广播媒体（收音机、电视）、电子媒体（录音磁带、录像带、光盘、网页）和展示媒体（广告牌、指示牌、海报）组成。大多数非人员的信息都是通过购买媒体传播的。

气氛是"被包装的环境"，这些环境有产生或增强企业参展的倾向的作用。因此,展览接待处往往装饰得富丽堂皇,以体现会展企业的实力。

有时候,也用事件来对目标受众传递特别的信息。会展企业的公关部门安排新闻发布会、开业庆典和赞助体育活动,以在每一位目标受众身上获得特殊的信息传播效果。

5. 编制总传播预算

会展企业面临的最困难的品牌传播决策之一,是在传播上应投入多少费用。常用的决定总预算或分项预算如广告预算的普通方法有量入为出法、销售百分比法、竞争对等法、目标任务法。

(1) 量入为出法。许多会展企业在估量了本公司所能承担的能力后安排传播预算。一位会展企业的策划经理用下面的话解释了这一方法:"为什么这是很简单的呢?首先,我上楼去找财务经理,询问他今年能提供多少经费来进行宣传,他说50万元。随后,总经理来问我,你们要用多少,我就说:'大约50万元'。"

这种安排传播预算的方法完全忽视传播对营销效果的影响。它将导致传播预算的不确定性,给制定传播计划带来困难。

(2) 销售百分比法。许多会展企业以一个特定的销售量或销售价(现行的或预测的)百分比来安排其传播费用。例如,会展企业的总经理会以某一展览招展收入或展位价格的5%作为传播该展览的预算。

支持销售百分比法的人认为这种方法有以下好处:首先,销售百分比法意味着传播费用可以因会展企业的承担能力差异而变动。这使财务经理感到满意,他感到费用应与整个商业周期中的全部销售活动紧密联系。其次,这一方法鼓励管理层以传播成本、销售价格和单位利润的关系为先决条件进行思考。最后,这种方法鼓励竞争的稳定性,往往使竞争的企业在传播方面花费大致相当的费用。

尽管具有这些优点,销售百分比法还是缺少评判的依据。它使用循环的推理,把销售看成是传播的原因,而没有看成是传播的结果。这种方法导致根据可用的资金,而不是根据市场机会安排传播预算。它不鼓励试用反循环性的传播试验或进取性的广告开支。依据历年销售波动制定的传播预算经常与长期计划相抵触，除非过去已这样做，或者竞争者正在这样做，否则按这一方法去选定一个具体的百分比是缺乏逻辑基础的。最后，它不鼓励设立确定每个展览和地区值得投入多少的传播预算。

（3）竞争对等法。有些会展企业按竞争对手的大致费用来决定自己的传播预算。这种想法可用一位经理对商情机构的询问来说明："你有没有其他会展企业的传播预算数字，能指明其总销售额中多少比例应用于传播？"这个主管认为只要在传播方面花上与竞争者同样的销售额百分比的费用，他便可维持其市场份额。

支持这种方法的人有两点理由：一是竞争者的费用开支代表了这一行业的集体智慧，二是维持竞争对等有助于阻止促销战。

这些论点没有一个站得住脚。因为公司的声誉、资源、机会和目标各不相同，竞争对手的传播预算很难作为一个标准。更进一步，没有证据证明建立在竞争对等基础上的预算能消除传播战。

（4）目标任务法。目标任务法要求策划人员靠明确自己的特定的目标，确定达到这一目标必须完成的任务以及估算完成这些任务所需要的费用，来决定传播预算。这些费用的总数就是所提出的传播预算。

6. 决定传播媒体组合

展会品牌要借助于一定的媒体才能传播出去。可供展会品牌传播选择的媒体主要有四种：印刷媒体、广播电视、人员沟通和网络。

印刷媒体主要有报纸、杂志、户外广告和会展企业用于直接邮寄的印刷宣传品等。这些传播媒介的特点是以平面设计为主要表现形式，它们各有各的优点，也各有各的缺点。通过报纸传播的主要优点是具有一定的时效性、灵活性和及时性，并具有新闻性，可针对某一区域市场；缺点是寿命短，费用较高，表现力较弱。通过杂志传播的主要优点是针对性强，寿命长，可以很好地复制，保存期长；缺点是不够灵活，时效性较差，受众面较窄等。

广播电视是以视觉和听觉刺激为传播手段的媒介。广播主要借助于听觉手段来传播，其优点是受众面广，速度快；缺点是不易保存，只有听众才能得到信息。电视的表现力很强，普及面广，富有感染力，但展示的时间短，对目标受众的选择性小，且比较昂贵。

人员沟通可以通过有关人员的直接拜访、电话联系、营业推广、公关活动等形式来进行。它具有极强的针对性和灵活性，但费用昂贵。

网络是一种新兴的传播媒介，主要通过因特网的形式，以专门网站展示和电子邮件传播的方式进行。网络有极强的表现力，它可以综合印刷媒体、广播电视等传统媒体的优势，利用平面设计技巧、文字功能、听觉和视觉效果来达到传播的目标。但是，网络也有很大的局限性，它受因特网普及程度的制约，只有上网的人才可能看到它。

进行展会品牌传播不是仅利用上述某一媒体，也不是对上述媒体的简单重复利用，而是要选择几种媒体，充分考虑各种媒体的优缺点，取长补短，将它们组成一个合理的传播媒体组合来具体执行。在进行传播媒体组合决策时，会展企业要综合考虑的主要因素有单位接触成本、信息接触、接触频率和目标受众。

单位接触成本是信息接触到目标市场每个目标受众的费用。会展企业可以通过对各种媒体的单位接触成本进行比较，选择成本较低的媒体作为传播工具，使投入的资金发挥最大的作用。

信息接触是指在特定的时间内（通常是一个月）至少接触到一次传播信息的目标受众的数量。信息接触直接揭示了传播的有效覆盖面的大小，它对决定传播重复的次数有较大参考价值。

接触频率是指在特定的时间内一个目标受众接触到特定信息的次数。通常用平均接触频率来评估某一特定媒体的覆盖强度。

目标受众。要考虑两个方面的目标受众：一个是展会信息传播的目标受众，另一个是特定媒体本身的目标受众。然后，将两方面综合考虑，看是否符合传播的需要。

7. 衡量传播效果

展览品牌传播计划贯彻执行后，会展企业必须衡量它对目标受众的影响。对此，可以询问目标受众：看到多少次，记住了哪几点，对信息的感觉如何，对展览过去和现在的态度。会展企业还应该收集受众反应的行为数据，如多少企业参展、多少企业喜爱它并与别人谈论过它。

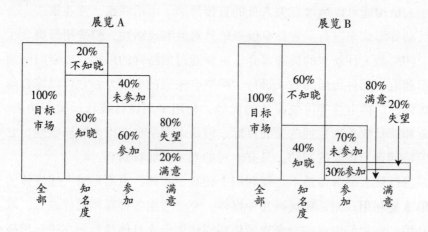

图4-2　两个展览客户的现状

图4-2提供了一个良好的信息反馈衡量的实例。观察展览A，我们发现整个目标市场80%的受众是知道展览A的，其中60%的客户已经参加过该展览，参加过的人中仅有20%对它满意。这表明展览传播方案在创造知名度方面是有效的，但未能满足客户的期望。观察展览B，整个目标市场中仅有40%的受众知道展览B，其中仅30%的客户参加过它，但参加过的客户中有80%对它是满意的。在这种情况下，展览品牌传播方案需要加强发挥对展览知名度的传播。

4.4　品牌展览的塑造

展览品牌策划的最终目的是使展览成为品牌展览，使展览能代表这个行业内的发展动态，能反映这个行业的发展趋势，能对该行业有指导意义并具有较强影响力。

1. 品牌展览的特征

品牌展览是指有着较高品牌知名度和美誉度的专业展览。能够称之为品牌展览，至少包含以下几方面因素：

（1）规模——应该是本行业、本区域规模最大的展览之一。品牌展览能在短短几天的时间内将整个行业浓缩、聚集在一个屋檐下。

（2）国际化程度——能够吸引世界各国的参展商和买家参展，国际参展商和海外观众的比例要保持在一定水准。

（3）知名度和美誉度——能够有明显区别于同类展会的品牌和口碑。

（4）行业代表性——能够覆盖本行业主要企业和产品，代表本行业形象和水平。

（5）行业推动力——应该能够沟通本行业的供给和需求，引领和指导本行业的发展方向。

2. 品牌展览塑造的难点

□ 同主题会展多，时间近

区域性同主题的会展太多，且时间相隔较近，使厂商产生信息错觉或很难决定参加哪个展会，最终因主要负责人临时有事，只好放弃参加某个展会，这将给会展企业造成巨大的损失。

（1）激烈的市场竞争是一个行业发展到一定阶段时的必然产物，会展企业首先要正视它，并以先进的理念和独特的竞争技巧去迎接市场的挑战。

（2）信息错觉产生的主要原因可归纳为以下几个方面：①展会主题不够明确，邀请函及其他宣传品的视觉效果不佳，内容过于冗长，容易跟竞争对手的宣传品产生混淆；②招展人员在跟厂商沟通时未作足够的陈述和说服准备；③招展人员的跟踪技巧和力度不够；④中层管理人员的学习及招展人员的培训不够。

(3) 厂家之所以犹豫不决既有以上原因，有时也有其他的主客观原因，如企业实力不济、时间问题、经营观念等，但主要原因是招展人员未能把展会的卖点宣传出去。总之，良好的沟通是决定展会成败的主要因素，但并不会因为多印宣传品就能达到组织展会的目的。

□ 价格竞争激烈，利润下降

(1) 恶性竞争必将使整个行业进入微利时代，就像我国的彩电行业一样，从恶性竞争时代的上百家生产企业经洗牌后，目前仅剩下十几个品牌，随着品牌集中化的趋势加剧，在不远的将来，还会有不少的彩电品牌被淘汰出局。我国其他行业都将面临这一天，会展行业也不会例外。因此，只有努力塑造品牌和企业形象，并抱以推动行业发展为己任的经营理念的公司，在将来的竞争中才能取得长足的发展，而发展多元化以求规模效应也将是会展企业寻求长远发展的大势所趋。

(2) 就展位费而言，一个展位的费用就那么几千元，尚不及参展商的其他费用，如举办的展会不能给参展商带来一点希望，就是不收一分钱，人家也不一定会来参加展会，参展商看重的是参加展会后能否得到以下的效果：①传播信息，展示企业和产品的形象；②交流技术并掌握行业发展趋势；③增进与经销商的沟通，扩大销售网络与促进销售；④借参展机会加强与行业主管部门及行业协会的关系。

假如会展企业能以以上四点作为指导思想来包装和组织展会，再加上招展人员的踏实工作，那么价格并非决定展会成败的主要因素（广交会每个展位曾炒到20多万元的天价），因为参展商看重的只是参展后能否为其带来商业机会。

(3) 良好的沟通及热忱的服务也是赢得客户信任的法宝。

由于厂商在以往参展时收效不明显，对展会已产生不信任感。

①若厂商参加同行同类展会后产生此想法，会展企业可胸有成竹地阐述自己展会的优势，客观地向厂商分析此次展会能成功的一些主要原因，并着重介绍一下展会组织专业观念的方法（最好以书面材料的形式）和优势，使其深信参展必有所获，从而坚定其参展的决心。

②若厂商因参加上届同类展会未有收获而产生怨气并失去再次参加

的兴趣，会展企业就必须正视自己以往的缺点，并诚恳地向其分析以往展会不足的原因，使厂商感受到会展企业的坦诚和办好此次展会的决心。必要时可引导其对上届的不满作一次心理上的发泄，然后再以委婉的语言介绍此次展会的优势和服务及组织水平的提升，尽量使其产生再试一次的想法。只要继续努力，也许他还是你的客户。

③注重会期的服务，使参展商都有"乘兴而来，高兴而归"的感受。就算其未能在本届展会上获得收益（也许是其自身原因），但能感到会展企业对本届展会已做出最大的努力、服务也很好，这对下次招展将会有很大的帮助。

□ 报名易，收费难

（1）因招展人员为争夺信息或客户，表现得急功近利，只求报名数量，不重付款质量，导致客户产生能拖则拖的想法。

（2）招展人员总觉得平时招展工作已做得够多，认为厂商下订单后，一般迟早会付款，也不会再成为他人的客户，现在则尽量多拉单，结果有时客户因临时有事或其他原因未能参展。

（3）因价格执行不力，在招展后期为多售展位，出现价格跳水、低价出售好展位的现象，从而使先报名的客户产生抱怨情绪，到下次展会，即使再参加，也会采取先报名后付款或临近展会开幕再报名的方式，以免再有上当的感觉。这种现象既增加了招展难度，又影响了公司整体效益。

综上所述，只有对内实行严格的任务薪酬和走单处罚机制，对外执行统一售价，先付款、优安排的原则，才能为培育品牌展会打下良好的基础。

□ 交通运输的限制

远程或国外客户及观众往往因交通运输方面的限制而不能参展或参展不便。为此，会展企业应该注意以下几点：

（1）招展时重点吸引展地周边地区的潜在客户；

（2）参会客商的交通、食宿可由组织单位的外联部门提供预订服务；

（3）参展商确因运输不便的，可采用先把产品托运至展地组织方指定的仓库，由组展单位代管；

（4）如确实不能参展，可考虑在展会会刊上作一些宣传，这种目的性较强的宣传方法客户有时也能接受。

□ 广告投放效果不明显

（1）宣传媒体组合不科学，平面广告策划欠佳，宣传主题及内容不够明确，广告语号召力不强都会影响广告投放的效果。

（2）行业内专业的刊物、杂志可作为协办单位，必要时出点小钱，大家相得益彰；大众媒体以软性广告（新闻报道）为主，其炒作性强，可信度高，且费用不到硬性广告的10%，但需多结识一些大众传媒要闻、专栏部门的记者。

（3）举行有目的性的新闻发布会。

（4）增强信函的到达率和留存率，必要时可给成功率较高的客户的主要负责人寄特快专递（一般会亲收）。

（5）充分利用行业相关的网站。网络的功能和便利性已被越来越多的人重视，且专业网站的针对性很强。

（6）多找一些行业内的权威知名人物作为展会的品牌代言人，并通过传媒作大量宣传，以提高展会的知名度。

（7）在塑造品牌的过程中需重视 CI 的运用，在视觉、理念和行动方面都要给与会者留下很深的印象，以此加强展会的号召力。

（8）加强整个展会在运作过程中的公关技巧，尽量使协作单位和参会者都能感到满意。

□ 很难组织专业观众

（1）首先必须纠正以往只重招展、忽视组织专业观众的观点，把组织观众作为展会运作过程中最为关键的工作来认真对待，因为展览的成功是建立在客户的信任基础上的，而客户的信任取决于其参加展会后有多大的收获。只有这样，展会才能成为有号召力的品牌展览。如我国每年两届的广交会和国外的一些知名会展公司举办的展会，都成立了专门的部门对外招商，或者和国外的商会、协会及驻外使馆或外国驻展地国家使馆的商务参展处一起合作组织招展、招商。

（2）在组织专业观众的过程中，需认真了解参展商产品的用途和销售渠道，以便有目的地开展观众组织工作。一般可通过参展商提供的产品说明书、行业报纸和杂志以及在与参展商的沟通过程中了解到。

（3）利用行政职能部门和行业协会的影响力来招展或组织观众，并力邀主协办单位的领导出席开幕仪式，以增强展会的权威性。

（4）以宴会、酒会、免费旅游、报销往返费用、赠送礼品、参与演讲等方式力邀一些参展商认为能成为其大宗买主或在其买方市场具有影响力的企业与会观展，并以此增强对参展单位的吸引力。

（5）会展企业在条件许可的情况下，可参与到厂商的经贸活动中，成为其中间商或代理商，借此可加强与厂商之间的关系。这既能增加佣金收入，又能为下次招展带来方便。

3. 品牌展览塑造的障碍

（1）因国家目前尚无完善的法规来引导和管控，整个行业的门槛不高，造成许多小公司和从业道德较差的公司采用不正当的短期经营行为，在会展市场圈钱并造成恶性竞争。这给整个行业带来相当大的负面影响，尤其使招展工作变得比以往更为困难。

（2）全国各地同题材展会太多，客户资源分流现象严重，全国性展会甚至比国际性展会还要难做，这给培育品牌展会带来一定的难度。

（3）会展公司的品牌观念普遍较差，现代营销理念未能在会展界得到很好的应用，很多公司缺乏长远的战略眼光。

（4）很多公司在选用员工时只重从业经验，忽视学习、培训和创新能力。

（5）大多数公司与参展商之间的协调和会后跟踪服务不够，未能给自己积累良好的客户关系。

（6）会展公司普遍缺乏展会经营垄断权的概念，而国外许多公司在我国已开始和行业协会签订独家办展权的合作意向。

（7）会展公司普遍缺乏先进的管理方法和科学的激励机制。

（8）会展业本身就是一个服务行业，操作技巧并非很强，所以，往往是谁提供的服务最完善，谁就能获取更大的成功。

4. 品牌展览塑造的要素

（1）权威协会和代表企业的支持。在国际上，政府一般不干预企业办展，展会的成功与否，多取决于整个行业和企业对其的认可。会展若能得到权威行业协会和该行业内主要代表企业的支持和合作，无疑就增加了该展会的商誉和可信度，使之规模不断扩大，并带来巨大的宣传效果和影响力。同时由于权威行业协会的参与，可以和会展企业优势互补，以保证展会的高质量。例如，慕尼黑的品牌展会大都得到德国贸易展览业协会（AUMA）的强力支持。AUMA 成立于 1907 年，其总部设在科隆，是德国展览业的最高协会。AUMA 是由参展商、购买者和展览组织者三方面力量组合而成的联合体，以伙伴的身份塑造展览市场。AUMA 具有统一性和权威性，其地位在德国是不可动摇的。世界五大汽车展之一的法兰克福车展就有大众、奔驰等著名汽车企业的强力支持。

（2）提供专业的展会服务。专业的展会服务要求会展企业的整个运作过程迅速高效、服务周到。从市场调研、主题选择、寻求合作、广告宣传、招展手段到组织观众、安排活动、营造现场气氛、展会服务，甚至包括会展企业对外文件、信函的格式化、标准化，都应具备较高的专业水平和严谨的处事态度。慕尼黑展览公司在展览服务方面做得非常到位。例如，每年在那里举办的手工业展览会，作为一个非常专业的展览会，其服务非常周到，在展会宣传资料中，仅酒店介绍就有五六页，上百家不同档次的酒店可供挑选，并详细注明优惠幅度、期限等情况。

（3）配合强势的媒体宣传。新闻媒体宣传是塑造品牌的一个重要环节。一个好的展会虽在行业内有一定的知名度，但频繁的新闻报道和适当的"炒作"更能促进展会宣传，以此形成良性互动，使展会更具吸引力。世界上几家著名的贸易展览公司如 Miller Freeman 和 Reed 集团，都经营着世界上著名的商业出版社。这些得天独厚的条件为其展会的品牌提供了竞争优势和条件。为了树立自身品牌，展览会的组织者不断在世界各地进行宣传，吸引参展商和专业观众。对于参展潜力比较大的国家，专门派代表前去作宣传，介绍相关展览，并向感兴趣者提供相关咨询。即使有些展览会很火暴，甚至展位已满，也会继续作宣传，以强化品牌。慕尼黑很多大型展览会的宣传资料，都是一本小册子或一本书，内容不仅包括历年展会的情况回顾，而且会介绍整个欧洲，甚至整个世界某一行业的发展趋势和动态，同时还涉及参展费用、装修费用等信息。

（4）获得国际博览会联盟（UFI）的资格认可。UFI 对申请加入其协会的展览项目和其主办单位有着严格的要求及详细的审查程序。由于有了这套较为成熟的资质评估制度，UFI 资格认可和 UFI 使用标记就成了名牌展览会的重要标志。目前全球得到 UFI 资格认可的展览会近 600 个，而中国只有 6 个。

（5）坚持长期的品牌战略。培养一个品牌展会并不容易，会展企业必须要有长远眼光，要敢于投资，敢于承担风险，并且耐心培育。会展企业必须确立长远的品牌发展战略，从短期的价格竞争转向谋取附加值、无形资产的长期竞争，用先进的品牌营销策略与品牌管理技术抢占会展市场的制高点。慕尼黑每个展会的举办计划都是组织者与参展商、参观者和各个联合会、协会密切协商后制定出来的，而且会根据各行业不断变化的市场条件进行调整。

5. 品牌展览塑造的要点

要塑造品牌展览，会展企业必须树立牢固的品牌观念，认识到走品牌化的发展道路才是会展业持续健康发展的唯一途径，并从场馆设计、主题的选择、展会的规划、展会的组织与管理等具体方面来实施展览品牌化的发展战略。

（1）制定品牌战略。要培育品牌展会，首要的一点就是经营者与管理者要树立牢固的品牌观念,制定品牌展览战略方针。

(2) 提升品牌质量。主要从展会的硬件和软件两个方面入手。会展的硬件设施是影响品牌质量的一个重要因素,国际上著名的品牌展览会中所使用的设备往往是最先进的。因此,要实现展会品牌质的飞跃,会展企业必须加大投入,不失时机地更新展会的硬件设备。在会展的软件服务中,会展企业一方面要加大专业人才的引进力度,另一方面应积极加入国际性的会展组织,通过这些途径实现展会服务与国际接轨。

(3) 拓展品牌空间。会展品牌的拓展空间具有三维性,即时间、空间和价值。时间是指品牌的影响力随着时间的延续而不断发散和扩张。一般来说,展会延续时间越长,则参展商和参观商之间的交流就越充分,展会的效果就越显著。国外的展会延续时间大约有十多天,而我国的展会往往只有三五天时间,这对于会展品牌的拓展是远远不够的。空间指品牌在地域上的扩张。德国汉诺威展览公司就通过在上海举办的汉诺威办公自动化展(CEBLL),成功地迈出了世界性扩张的第一步。价值则指品牌作为会展企业的无形资产,其经济价值的含量是可以增加的,品牌价值的提升实际上也会为会展品牌在时间上和空间上的拓展创造条件。

(4) 打造网络品牌。如今,网络已日益成为人们生活中的第二空间,我国会展业应该充分利用网络的信息资源优势,在现实世界之外打造出知名的中国会展网络品牌。而网络品牌的建立主要从企业网络形象塑造、网络展会的建设以及开展网络营销等方面进行。借助网络优势,开发出形象、生动、交互性能良好、功能强大的网络展会平台。

网络品牌的缔造同样离不开对品牌的宣传和推广。在网络世界,品牌的推广可以通过三种渠道实现。其一,将网络资源信息搭载到国内外知名的搜索引擎上,便于人们建立相关的链接。其二,在专业媒体上刊登推广广告。对专业性比较强的行业来说,该方式可能较为有效。其三,与网民展开互动的公关活动同样可以达到网络品牌推广的目的。

（5）经营服务品牌。会展企业在经营服务品牌时应把握如下要求：

①借鉴产品品牌经营原则。因为在品牌经营原理上，两者是相同的，不能因服务与产品的区别而否认它们之间的内在联系。成功的产品品牌经营可以成为服务品牌经营的参照，减少服务品牌经营的失误。

②将无形变为有形。由于服务无形的特性，会展企业很难在客户中建立普遍和持续的认知。与此同时，客户为了降低因服务无形的不确定性，往往会努力寻找服务质量的标志，他们得到的结论来自于他们所能看到的场所、人员、设备等。因此，会展企业的任务便是使服务在一个或几个方面有形化。

③使服务有形化的一个有效方法是，尽可能地使用与服务有关的实物因素，比如员工的制服、营销办公场地的布置、接待区的设备、服务的标志、包装设计、周围环境的美化等。当然，将服务有形化所采用的方法必须与服务一致，不应承诺超出服务所能提供的内容。如果服务的实物证据是无计划的、不一致的，或与服务品牌想要表达的价值信息不和谐，客户就会感觉到差距并拒绝品牌。

6. 品牌展览塑造的途径

在会展行业里，无论是国内还是国外，无论是会展产品还是会展服务，竞争关系都是由五种力量决定的，即新竞争者进入、替代品的威胁、买方的讨价还价能力、服务方的讨价还价能力及现有竞争者之间的竞争。在传统意义上，五种力量决定了会展的盈利能力，其原因是它们影响了行业内的价格、成本和会展所需要的投资，进而影响投资收益率。五种力量的影响更多地表现为物质性和地域性，即在某一地区范围内呈现的服务成本与价格优势或缺陷。显然，随着经济的发展和消费意识的改变，五种力量的影响强度在慢慢削弱，会展转向以品牌获利的机会在迅速增大。

品牌是会展经营的核心，也是会展参与市场竞争的核心能力。会展品牌的吸引力在于其个性魅力，品牌的个性价值是品牌价值的核心，这种个性表现为品牌的价值认同。因为在会展市场中，参展商形形色色，而且具有不同的背景，拥有不同的资源，因而其参展心理、参展态度千差万别。一个品牌不可能拥有所有的参展群体，只能是某一类，而这一类参展群可能具有相同或相似的个性。不管会展是采取迎合策略，还是诱导策略，会展品牌都必须具有与目标市场群体类似的个性。

品牌个性是参展信息的重要内容，它反映了会展的市场态度与形象，也决定了目标市场的特点。品牌个性优势是适应市场发展趋势的企业核心竞争力，尤其在市场经济时代及网络营销时代，品牌个性在众多的信息传递过程中，成为可以不随时间推移的识别标志。品牌个性作为核心竞争力不仅表现在独一无二的特征、极强的市场渗透力等方面，而且还可以通过改变商品的价值构成，使一种表现为物质价值的共性价值转变为物质与精神并存的个性价值，从而提升商品整体价值。由于品牌个性价值是长期积累的结果，竞争对手无法在短期内获得，即便按照行业平均成本去组织会展，会展仍然可以通过品牌人为地提高其附加价值，从而在竞争过程中占据成本优势与价格优势。

□ 品牌个性是市场定位的基础

品牌个性作为会展核心竞争力，表现为一种能为会展进入市场提供潜在机会，并能借助会展为所认定的参展商利益做出重大贡献且不易为竞争对手所模仿的能力。品牌个性为会展提供机会及为参展商利益做出贡献，需要通过市场定位来实现。相应地，在品牌会展的时代，对于市场定位来说，则必须依据品牌个性来确立会展在参展商心目中的位置。因而，可以说品牌个性必须通过市场定位来表现，同时又是市场定位的基础。

（1）可以使会展形象个性化。会展品牌认同应充分分析企业、会展、人、符号四个概念，应依据不同层面的影响来使品牌认同显得更清晰、更丰富。在市场上，会展将浓缩为品牌，品牌也将成为会展征战市场的旗帜。会展的属性，包括举办单位的员工、文化、价值观等各要素，也将集中表现为品牌的个性内容。品牌就是会展，品牌个性使会展的形象个性化，而且在市场中，易于被参展商感知、认识、理解和接受。

（2）使会展易于实现市场细分。当会展的差异由于技术水平的接近而越来越小时，参展商的需要与欲望、购买行为和购买习惯等方面的差异性就日趋明显。"别人参加我也参加"的从众参展已转向"别人参加我不参加"的个性参展，这种个性参展使得会展的差异无法适应需求，参展商更趋向寻求品牌个性的差异。品牌个性差异满足的是参展心理的需求，而且有相同背景的参展商具有相同的心理需求，表现出相同的购买意向。比如，品牌会展在组织、服务与运作等方面并无太大区别，唯一的差异是这个品牌会展代表的是一种企业的规模、实力与档次，参展商参展意向往往根据自身社会地位的定位与品牌定位的融合程度来确定。会展也必须以品牌个性取代展会个性来实现市场细分与市场定位，满足目标市场的需求。

□ 开发品牌个性，创造营销沟通优势

在感性参展时代，沟通将取代促销，营销沟通将成为营销是否取得成效的关键。而参展商是否认同会展，在很大程度上取决于其对品牌个性的认识与理解。品牌是一种营销沟通的科学工具，塑造品牌将使营销更加有效。品牌所传达的信息是主体的、全方位的，它包括三个层次：第一层是品牌识别，它将一种会展与另一种会展区分开来；第二层是品牌形象，它是指品牌形象所暗示的象征意义；第三层是品牌个性，它是更深层次的沟通方式。品牌个性是品牌形象的核心与灵魂。凡成功的品牌都有一个特征，就是以始终如一的形式将品牌传递给参展商，即这个品牌意味着什么。

开发品牌个性是实现营销沟通的有效途径，与此同时，对于会展品牌个性开发过程也应根据是否能实现营销沟通这个目标来开展。

（1）正确认识会展个性并不能取代品牌个性。如果一个会展品牌领先其他对手的原因是会展属性，那么这个品牌迟早会被别的品牌超出，最终失去其所享有的优势。

品牌个性的塑造是一个长期的过程，它不能像会展个性那样一蹴而就，因此，会展个性绝不能取代品牌个性。

（2）品牌个性开发的方法。尽管会展品牌的内容包罗万象，但品牌个性仍然可以借助几个甚至单一的因素建立起来，当然这些因素不能孤立存在，它必须置于品牌系统与参展商系统以及营销沟通的环境下，才有可能实现品牌个性的建立与深化。换句话说，品牌个性是一种深层次的、本质的而非表象的因素。同时，这种体现本质的个性将大大有利于促进营销沟通。开发品牌个性的方法如下：

①依靠会展优势，开发品牌个性。在会展品牌导入市场的初期，会展优势是影响品牌个性形成的主要因素。会展的质量、规模、档次、服务都将影响参展商对于会展的看法与态度，当然这种看法与态度只是暂时的、低层次的，将随会展生命周期的结束而终止。而对于会展企业来说，他们希望参展商对于品牌的看法与态度是长期的，并且不断提高。因而，依靠会展优势来开发品牌个性应有相应的应变措施与长远打算。

②依靠营销理念开发品牌个性。营销理念往往在参展意识阶段提出，理念对于参展具有一定的指导意义。当会展企业提出一个适应时代与参展意识变化趋势的理念时，这个会展的品牌便打上了独具个性的烙印。

③依靠企业文化开发品牌个性。企业文化对于会展品牌个性的形成来说是一个历史过程。在市场中，没有经过沉淀与积累的企业文化对会展品牌个性是产生不了影响的。当企业文化经过长期发展，形成统一的价值文化之后，才可以凝聚为无可替代的会展品牌个性。

④依靠科技进步来开发品牌个性。当科技进步体现为品牌个性时，其不仅表现在会展上，还表现为会展企业科技进步的一种精神，这种精神往往适应了社会的普遍共识。依靠科技进步所开发的会展品牌个性具有对社会的激励作用及表率作用，如新经济下的一些网上展会。

⑤通过参展商群体个性开发品牌个性。从参展商群体出发，调查、分析其个性需求，使自身品牌迎合参展者的个性，从而创造出一种个性化的品牌会展。依靠这种方法来开发品牌个性，最简单也最直接，能迅速与目标群体沟通，并较快地获得市场回应。然而，随着参展商意识及个性的变化，很难使参展商对会展品牌形成忠诚，从而使得品牌个性在

市场中的生命力不强。

策划锦囊

如何使参展商连续参展

参展商的参展，可以是一次性参展，也可以是连续性参展。一次性参展与连续性参展，其意义不完全一样。对一个定期举办、连续举办的商业展览而言，参展商的连续性参展显得十分重要。

首先，参展商是否连续参展，常常是一个展览成功与否的重要指标。这是因为，展览中的成交统计因为某些人为因素，常常不能准确地反映展览的实际成效。展览的参加者，有些过于沉稳，签了合同不愿上报；有些则好大喜功，人为地多报成交量。这使一些展览的成交统计存在一些虚假成分，这种情况现在还难以改变。但是，参展商对展览实际上有自己的客观评价，展览办得好，参展商自然愿意继续参展；效益不好，参展商自然不愿继续参展。所以，参展商是否连续参展，在很大程度上是对上届展览成效的一个客观评价的反映。这是展览公司进行招商招展宣传的一个重要资源，对降低招展费用具有重大作用。

其次，对展览公司而言，参展商连续参展所带来的利益，还表现在拓展新老客户所需费用方面的不同。一般而言，新客户的开拓需要较多的广告投入，需要更多的通讯联系费用。而保持一个老客户所需费用则要低得多。一般来讲，开发一个新客户是维持一个老客户成本的5倍。实际情况可能会因为各单位具体情况不同而有所不同，但保持老客户所需费用较低则是无疑的。因此，保证展览企业最大利润的一个方式是保持现有的参展商。

为了使参展商连续参展，展览公司应始终把参展商的效益放在重要位置，在筹办展览的全过程中顾及并加以体现。具体如下：

□ 树立参展商在展览公司客户群中的核心地位

展览公司虽然有各种各样的客户，但参展商是最重要的客户，在整个客户群中，它处于核心地位。对展览的主办者来说，树立以客户为中心的思想，在很大程度上是树立以参展商为中心、为参展商服务的思想。展览的主办者必须从众多的客户群中，确定这一关键客户，并加大服务的力度，以此带动其他有关工作的展开。

以招商工作而言，展览公司不是为招商而招商，而是直接为参展商服务的一个重要方面。因为它是提高参展商效益的基本前提，没有客商的积极参与，参展商的参展效益必然会受到严重影响。再如展览期间的接待，尤其是对客商的接待工作，表面上与参展商没有任何关系，但实际上依然是为参展商服务的。很明显，如果展览的组织部门接待不好，客商下次可能就不会再光顾这个展览，到时候受到损失的仍然是参展商。此类事情积累多了，也会最终殃及展览公司自身，甚至会殃及展览举办地——展览所在城市自身。

展览公司仅仅树立以参展商为服务中心的思想是不够的，还应该树立长期为参展商服务的思想，对参展商提供的服务，不仅贯穿于展览会的始终，而且应该延伸到展览会结束以后。对参展商的服务大致可以分为展前、展中、展后三方面。展后服务既是展中服务的延伸，又属于新的展前服务——相对于下一届展览而言。一般公司比较重视对展商提供展览期间的服务；对展前服务，有些方面的工作一直在做，但做得不够自觉，还有一些工作则没有开展；对展后服务则大多不太重视。应该改变这一情况，使展会对参展商的服务工作得到同样的重视。

□ 协助参展商提高参展效益

如前所述，参展商的参展效益，取决于诸多因素。参展商的产品与性能价格比、维修服务等基本因素与展览本身没有关系，这里只从与展览有关的方面作些分析。

（1）加强与参展商的沟通，选派好参展员工，做好客商的接待工作。参展人员的选择至关重要。不熟悉技术及商品性能的员工不能作为展位工作人员，更不能聘请不熟悉情况的临时工充当展位工作人员；参加出口商品交易会，必须选派懂得外语的人员参加。此外，工作人员必须有责任心。有条件的参展单位要统一着装，这有利于树立企业良好的形象。参展商应对参展人员开展培训,对客商的接待要热情、周到、有耐心,有礼貌;解答要详尽,对客商提出的要求,只要是合理的并且能做到,要尽可能满足。对展览公司组织的各种研讨会、报告会等配套活动,要事先安排参展员工参加,如有可能,则应专门选派懂技术的科技、管理人员参加,以提高参展的综合效益。

(2) 要求参展商重视客商邀请工作。展览会的客商邀请工作主要是展览主办者的任务。但是,参展商如能参与客商邀请工作,对提高企业的参展效益也是十分有利的。因为参展商所邀请的客商,是自己的中长期客户,具有很强的针对性,因而更有成效。对此参展商可能有顾虑,怕自己的客户跑到别人那里去。应该说,这种可能性是有的,但不是必然的。参展商如果对自己的参展商品有信心,在性能价格比方面有优势,则不必担心。客户经过比较后,会更坚定信心,不仅不会丢失客户,反而有利于巩固客户。另外,参展商邀请客商应具普遍性,不能局限于个别参展商。如果每个参展商都参与客商的邀请工作,则有效客商增加了,所有参展商都能从中受益。

(3) 说服参展商转变观念,加大广告投入。提高参展商参展效益,是展览公司与参展商的共同职责。不仅展览公司应该做广告,参展商也应做广告,参展商的广告与展览公司的广告一起进行,彼此呼应,相互配合,可以形成更好的广告效应,对提高参展商的参展效果,具有很好的作用。我国企业习惯于日常广告,不注意参展前的广告,这是一种偏见。实际上,展览前企业的广告效果比平时的广告效果更好。

(4) 敦促企业重视展位设计与布置。虽然有些展览兼有销售任务,但就总体而言,展览与销售是不同的。展览是在一个较短的时间里,集中向观众展示企业的形象与产品,展览公司可能会组织很多客商来参观,但客商是否到你的展位参观,则取决于参展商员工热情、展位布置及展位位置。企业布展,就是通过平面、立体艺术造型,以及图表、统计等各种信息,借助于光电声色的作用,引起观众的注意,激发客商前来参观与洽谈的兴趣,从而达到双向交流目的,并促使其做出购买的决心。展位布置尤其是设计,涉及美学和心理学,极为复杂。一个好的设计，可以令人赏心悦目；而一个糟糕的设计，不仅引不起人的兴趣，而且还会令人生厌，无法达到应有的目的。因此，应说服企业重视展位布置，并鼓励企业聘请专业展览公司进行设计，以获得理想的效果。

□ 关心参展商，提高彼此的忠诚度

由于参展商是展览公司的"衣食父母"，因而展览公司应关心参展商，提高彼此的忠诚度，共同建立一种平等对待、彼此尊重、诚信守法、互惠互利的新型关系。

第 5 章
展览运作策划

展览运作策划是一个推销策划的过程,所有的策划行为都应以客户为导向。展览运作策划一般包括两个方面的内容:展览实施策划与展后工作策划。展览运作策划应从营造声势与赢得企业及观众的支持着手。

5.1 展览实施策划

会展企业举办展览主要包括两方面的内容,即展览宣传与招展组团。

1. 展览宣传

展览宣传是一种单向的信息传递,即会展企业单方向地向潜在目标客户传达展览信息。展览宣传的主要方式包括媒体广告和户外广告。

(1)媒体广告。媒体广告包括专业媒体,如报纸、杂志、网站等;大众媒体,如电视、电台、主导性报纸等。会展企业应围绕展览不同的卖点和亮点来进行宣传,按区域、分行业地设计制作不同的软广告和硬广告。除此之外，会展企业还可以通过新闻发布会、行业研讨会等形式制造新闻题材，或对牵头参展的行业代表（企业）进行新闻专访，从侧面传播展览会信息，以此来进行新闻宣传。

（2）户外广告。会展企业利用人流量较大的公共场所，如机场、车站、码头、商业街道和广场等地点，以海报、灯箱、广告牌、宣传布幅、彩旗等形式进行展览宣传，其目的是打造展览会的声势，形成广告宣传攻势。

会展操作越来越重视宣传广告的投入力度和宣传质量，而广告宣传的效果是展览会成功与否的关键因素，也是打造品牌的有效方法。

2. 招展和组团

招展和组团主要是依靠联络手段——一种双向的信息交流方式，即会展企业与潜在客户和目标客户之间双向地交流信息。它的优势是信息可以交流得很深入，能清楚地了解情况，掌握第一手资料。招展和组团必须要坚持一个中心、两个基本点的原则。一个中心即以优秀的专业服务得到应有的经济效益；两个基本点，一是着眼于买家（参观商/专业观众），二是着眼于卖家（参展商）。会展企业所有的工作都要围绕以上原则来开展。

具体工作项目包括以下内容：

（1）认真做好项目预算；

（2）收集可能参展的企业名录，或称展商目标名录，建立信息库；

（3）宣传资料的CI设计、制作，以及发送调查表、征询表；

（4）主办单位打印文件下发；

（5）利用新闻发布会、酒会，介绍宣传文章（软广告）；

（6）利用各种媒体做宣传广告（硬广告）；

（7）电话联系或发送传真件，并通过因特网发布信息；

（8）印刷宣传资料一般包括招展邀请函、征询函、调查表等，以及展商须知（或参展手册）、招商邀请函、门票、会刊、纸袋、展览会进展报告；

（9）对展商目标名录进行分析、研究、筛选和甄别，发送招展邀请函、征询函、调查表等；

（10）上门拜访一些主要的牵头参展企业；

（11）联合可能合作的同行，采取让利的办法，合作招展；

（12）展位的销售安排及布置；

（13）尽可能多地收集参观商名录，或称买家目标名录，有计划地发送登记表和门票；

（14）与展览会有关的各项广告征集工作；

（15）展览工程业务和展具租赁的预订工作；

（16）展览现场的气氛营造（现场的布置、开幕式安排、开幕广告等）；

（17）展览现场的优质服务（工程、广告、会务、清洁、保安、交通等协调工作）；

（18）主办、协办单位及开幕嘉宾人员的会务及礼品安排；

（19）展览会有关数据、信息的统计和收集；

（20）着眼于下一届展览会的预告宣传工作。

组织实施过程的阶段可按以下标准来划分：

从展商的角度，可分为：①初步认识展览会阶段；②进一步了解展览会阶段；③被展览会吸引阶段；④拍板决定参展阶段；⑤展览实施阶段。从会展企业工作角度，可分为：①信息发布阶段。包括发送调查表、发送征询表、发送邀请函。②营造气氛阶段。包括媒体广告、文章宣传；新闻发布会、酒会及研讨会；主办单位下发文件给对口企业；电话、传真、网络等渠道广泛宣传；第二次发邀请函；合作单位发邀请函。③与参展商直接联系阶段。包括电话、传真、电子邮件；拜访重点客户；合作单位同时开始招展工作。④与参展商洽谈阶段。包括电话、约见、拜访、传真、发送筹备进度报告、发送门票。⑤展览服务阶段。

包括广告征集、工程预订展具工作、招商广告安排、招商邀请函、招商门票发放、现场营造气氛、发送各种类型的调查表、着眼于下一届的宣传、现场的专业服务。

5.2 展后工作策划

展后工作是展览运作的重要内容之一,会展企业应做好展后工作策划,以赢得更多的参展商持续参展。展后工作策划包括三个方面的内容:展后跟踪、展后总结和展后评估。

1. 展后跟踪

展后跟踪主要是针对参展商和重要的参观商而进行的,其目的有三个:①加深目标客户的印象;②树立展览会品牌形象;③为下一届展览会作预告宣传。

展览结束不久,参展商和观众对展览的印象仍在记忆中,如果此时会展企业抓住机会,深入与客户发展关系就容易多了。记忆是印象的延续,印象是在展览会上留下的,记忆是在跟踪服务工作中加强的。跟踪服务做得越早,效果就越明显。如果在展览会闭幕后不迅速联系,目标客户就会失去在展览会上产生的热情,这也就意味着将失去这些客户。据美国专门研究参展商和观众记忆率变化的机构研究表明:参展商和观众在展览会闭幕后5周对展览情况的记忆从100%迅速下降到约60%,之后记忆有所反弹,反弹的原因可能是会展企业的跟踪服务开始起作用。

展后跟踪主要的工作是:

(1)感谢工作——对象是所有的参展企业、重要的观众和支持单位、合作单位以及曾给予展览会大力支持的媒体,都应该给予感谢。对于重要的客户，会展企业可以采取登门致谢，甚至通过宴请方式表示谢意。举办展览会的目的就是给参展商提供一个情感交流的场所，让他们从心里边喜欢这个地方，喜欢这个活动，也喜欢这种服务，都愿意来这里见面谈生意。

（2）媒体跟踪报道——主要是对展览会进行一个回顾性的报道，将有关情况、有关的统计资料数据提供给新闻界炒作，进一步扩大展览会的影响。展览会的各类统计数据包括：①展览环境，如参观人数、专业观众人数、平均参观时间等；②展览效果，如展位布局、成交额、参展商和观众的反馈意见等；③发布下届展览会信息；④给展商发放展后意见调查表、征询表。

2. 展后总结

展后总结工作不是独立的业务工作，而是管理工作的组成部分，总结的作用是统计整理资料，分析已做过的工作，为未来工作提供数据资料、经验和建议，因此，展后总结对经营和管理展会有着重要意义和作用。一般展后总结分为以下三部分：

（1）从筹备到开展中的各项工作总结；

（2）效益分析和成本核算；

（3）项目市场调查——本展览会在市场同类项目中所占的市场份额、优劣势比较、竞争情况等。

3. 展后评估

展后评估工作的作用和意义在于为判断已做过的所有工作的效率和效果提供标准和结论，并为提高以后的工作效率提供依据和经验。

目前在国外，特别是德国、意大利、法国等一些展览业发达的国家，该行业早已实行专业化和产业化经营，业务分工十分明确、专业，而且还派生出许多专业展览服务公司，如展览广告公司、布展公司、策划公司、顾问公司、评估公司等，专门为展览主办单位提供策划、预测、统计和评估等专业的展览服务。事实上，目前在国内，许多展览会的主办单位，在展后几乎都没有任何评估工作，致使办展水平一直原地踏步或日渐下降。评估工作应该是在展览会开展前一个月进行，主办单位要成立专门的评估小组，并指定专人负责操作，收集展览会各种资料，然后做出预测和统计，收集和统计的项目要有一致性，并坚持使用一种标准方式，而不要经常变换方式和标准，这样将有助于提高评估工作的准确度、实用性和连续性。

5.3 展览资料的编制

展览会的运作将涉及许多展览资料，其中最主要的有参展手册、展览手册以及展览宣传册等。为此，会展企业应做好编制展览资料的工作。一份好的展览资料，不仅要内容编写完整、准确，而且还要版式美观大方、印刷精美漂亮。

1. 参展手册的编制

参展手册是会展企业将展会筹备、开幕以及参展商参加展会时应注意的问题汇编成册，以方便参展商进行参展准备的一种小册子。参展手册既是帮助参展商筹展的指导性文件，也是会展企业筹办展览的主要文件之一。参展手册的提纲及内容如下：

（1）前言。前言一般都很简短，言简意赅。前言主要是对参展商参加本展会表示欢迎，说明本手册编制的原则和目的，提醒参展商在筹展、布展、展览和撤展等环节要自觉遵守本手册的相关规定等。

（2）展览场地描述。包括展馆及展区平面图、至展馆的交通图、展览场地的基本技术数据等。

（3）展览情况介绍。包括展览会的名称、举办地点、展览时间、办展机构、展会指定承建商、指定运输代理、指定旅游代理、指定接待酒店等。

（4）展会规则。就是展会要求参展商和观众等参加展会时所必须遵守的一些规章制度，包括展会有关证件使用和管理的规定、展会现场保安和保险的规定、展位清洁的规定等。

（5）展品运输指南。是对参展商将展品等运到展览现场所作的一些指引和说明，主要包括海外运输指南和国内运输指南等。

（6）展位搭装指南。是对展会展位搭装的一些基本要求和说明，主要包括标准展位说明和空地展位搭装说明等。

（7）会展旅游信息。是对解决参展商及观众等参加展会期间的交通、吃、住、行等需要和展会前后的旅游需要等做出的一些说明。

（8）相关表格。是有关参展商在筹展和布展过程中需要使用的各种表格，主要包括展览表格和展位搭装表格两种。展览表格主要有贵宾买家服务表、聘请临时服务人员申请表、额外工作证和邀请卡申请表、研讨会和技术交流会申请表、刊登会刊广告申请表等。

参展商手册的编制要点如下：

（1）内容实用。参展商手册所包含的内容必须对参展商进行筹展、布展、展览和撤展等有较大的指引作用，或者对会展企业筹展、布展、展览和撤展等各环节进行管理有较大帮助，或者对参展商邀请其老客户来展会参观有辅助作用。否则，该内容就不能进入参展商手册。

（2）文字简洁。参展商手册的文字应该简洁，字数不要太多，篇幅不要太长，能说明问题就行。

（3）表达准确。参展商手册的表达必须准确、具体，让人看得明明白白，不能让人看不懂，更不能让人产生歧义。否则，在展会筹展、布展、展览和撤展等环节的具体执行中就会引起争议，既不利于参展商展出，也不利于会展企业对展会现场进行管理。

（4）事项详细全面。对于参展商手册提到的各项内容要尽量详细、全面而没有遗漏，否则，现场操作就会出现问题，比如，如果没有提到展馆入口的高度和宽度，就有可能使一些较大较长的物品进不了展馆。

（5）制作美观。参展商手册的排版和制作要美观大方，印刷讲究，尽量不要出现错别字和其他印刷错误；参展商手册的制作和用纸与展会的档次和办展机构的品牌与声誉相符，不能让人产生不好的联想。

（6）用词专业。参展商手册的遣词造句要符合行业习惯和规范，要使用行业熟悉的语言，所涉及的术语要规范，不能想当然地使用一些行业比较陌生的词语；内容编排要符合参展商筹展的筹备程序，不能让他们翻来覆去地寻找自己需要了解的东西。

（7）符合国际惯例。如果展会是国际性的展会，或者展会有向国际化方向发展的打算，那么参展商手册的内容编排和制作也要尽量做到符合国际参展商的需要，如除要有中文的文本外，还要有外文的文本。外文文本的参展商手册，其翻译一定要准确，因为海外参展商就是根据该手册来筹备各项参展事宜的，如果翻译不准确，将会给他们带来极大的不便。

2. 展览手册的编制

展览手册是指与会者抵达会场报到时所领取到的由会展公司制作的关于本次展览所有议程、展览及相关信息的一本手册。对参展者来说，这本册子提供所有有关本次展览他需要知道及想知道的资料与信息，因此制作这本册子需要足够的时间及详细正确的资料，方能满足参展商及所有相关工作人员所需。其格式如下：

□ 封面

（1）展览单位及名称；

（2）手册名称；

（3）日期、时间及地点；

（4）主办单位；

(5) 展览标语或主题。

☐ 内容

(1) 时间、日期和地点；

(2) 展览名称；

(3) 主办单位及协办单位或指导单位；

(4) 展览筹备委员会名单及秘书处；

(5) 展览主题；

(6) 展览主席致欢迎词；

(7) 贵宾贺词；

(8) 开幕典礼程序表；

(9) 展览日程表；

(10) 演讲人名字、职称、演讲题目、演讲地点、发言人名字；

(11) 展览相关资讯，如报到时间/地点、茶点供应时间、秘书处开放时间等；

(12) 社交节目介绍；

(13) 旅游/眷属节目介绍；

(14) 会场平面图；

(15) 展览摊位平面图；

(16) 展览厂商及展品介绍；

(17) 停车场及收费情形。

3. 宣传手册的编制

宣传手册的编制内容主要包括：

☐ 封面要素

包括展览名称、日期和地点、主办单位、摘要（简单介绍内容或主题）和展览标语。

☐ 内容文案

详述展览内容，特别强调重要的展览论坛，并对报告人详细介绍，以鼓励大家参加；主题要醒目，要让参展者相信这个展览是有价值的，从而引起反响。大致内容包括：

(1) 日期、时间、地点；

(2) 名称；

(3) 主办单位及协办单位或指导单位；

(4) 展览筹备委员会名单及秘书处；

(5) 主题；

(6) 展览主人邀请函；

(7) 谁应该参加和为什么；

(8) 暂定展览日程表；

(9) 演讲人名字、名称；

(10) 会场简介；

(11) 报名费用（包括内容）；

(12) 报名表；

(13) 住宿资料；

(14) 相关旅游资料；

(15) 特别展览。

□ 排版设计

设计一份实用又精美的宣传手册，除了可以吸引人们注意，还可以让参展商留存，不仅用来宣传，还可在将来让人们津津乐道。

(1) 内容。

①将重要信息放在封面；

②宣传（广告）时要有一致性，主题明确；

③封面利用单一图样；

④在展览宣传手册中选择照片以体现目的性；

⑤在照片下要有说明；

⑥避免陈词滥调；

⑦突出重点；

⑧尽可能以照片来代替图案；

⑨不要耍花招；

⑩使展览宣传手册看起来有价值感；

⑪在质量上要好；

⑫诚实以告；

⑬用信封邮寄展览宣传手册；

⑭提供报名方法；

⑮确定参展企业对象及目标；

⑯利用封面引起参展者兴趣并着手行动；

⑰让有意愿与会的人参与；

⑱通过人性化引发兴趣；

⑲利用别人推荐来增加可信度。

（2）列出优点。

①将展览名称写正确，如果可能，让主题一看就清楚。

②利用副标题加强效果。这个建议很重要，特别是当每年展会名称都相同时。

③列举参加展览的好处。

④建议参加展览的人简述工作范围和个人经验，让别人知道哪些人参加展览获益最大。

⑤在展览宣传手册中，20%—30%描述展览内容，如果展览在最近举行，不要害怕重复使用字句。

⑥包括演讲资料，尽可能让阅读的人了解演讲者。

⑦利用过去参展商的推荐，让人感觉可从展览中获益。

⑧利用现在式第二人称，用肯定句与哲理，不要用不确定的字眼。

4. 展览资料的印刷

展览资料的印刷要求如下：

（1）确定资料种类、内容、数量。

（2）规定统一的风格、色调、标志等，这样更容易树立形象，给人留下深刻印象。

（3）制定工作日程，包括收集材料、编写、修改、审核、文字定稿、图片定稿、翻译、照排、制版、校对、印刷、装订、运输等时间和截止日期。

（4）策划时间可以留有一定余地，以备应急。策划日程要严格执行。资料编印预算也要确定，如果有新闻媒体宣传可能，将纸张质量、印刷数量、色调、格调、尺寸等细节也确定好。

（5）针对不同的参展商可以编印不同的资料。资料内容要实用准确、简短，如信函用词不要超过300个，多了没人读。

（6）重视资料文字的质量，好的文字对会展企业形象很重要。文字要准确，要反复推敲、核对，做到措辞准确、语句通顺，避免语法错误和词法错误，特别不能有低级的错误，比如使用错别字。为此，应由专业人员撰写、校对。

（7）如果是国际展览，宣传资料要使用展出地语言编印。翻译质量很重要，翻译得好，观众读得明白；翻译得不好，读起来令人觉得愚蠢、滑稽，甚至会留下低能、低档次等不良印象。因此，最好请有相应技术知识和社会背景的母语人士校对。

（8）数据使用要符合国际标准。

（9）资料字体要能体现公司特性，最好使用一种字体。避免使用多种字体，以免显得花里胡哨。版面设计要专业，纸张要好，不一定使用最好的纸张，但是一定不能使用最次的纸张。

（10）小册子尺寸以 9×21 厘米为好。这个尺寸的资料便于装入信封，便于装入口袋。

（11）印刷数量要充分。

（12）资料必须印刷精美，版面设计简洁，图片清晰明快，以便给参展商留下良好的印象，发挥资料应有的作用。

策划锦囊

参展手册的格式

某展会的参展手册格式如下:

(1) 展览主旨

①主办单位名称;

②大会名称或展览名称;

③展览地点、日期;

④会议或展览形式;

⑤联络处电话、名称、地址。

(2) 市场定位

①主办单位简介;

②会员有哪些,其市场目标是什么;

③会员总数;

④上一次展览地点、出席者;

⑤什么产品与服务会引起参观者的兴趣或满足参展资格,注明哪些产品或服务会被接受。

(3) 展览说明

①展览位置(展览场地名称);

②进场布展时间和完成时间;

③开幕时间、展览时间;

④撤展时间;

⑤展览特色;

⑥何时接受展位预订。

(4) 展位分配方式

①先报名先选,以及指派、抽签或者在现场销售的方式;

②何时分配展位;

③何时参展商寄回确认函。

(5) 参展商报名

①通知参展商报名日期；

②提前报名的截止日期；

③现场报名日期、时间；

④参展商免费报名程序；

⑤每个展位限定服务人员。

(6) 参展商住宿安排

①何日寄出住宿申请表；

②住宿分配。

(7) 展位规格说明

①展位设计方式；

②展位尺寸；

③场地高度；

④地面载重；

⑤展位基本设备；

⑥展位隔板颜色；

⑦展位地毯和通道地毯颜色；

⑧有关岛屿型、半岛型、双层型等不规则展位的限制。

(8) 水电煤气

①水电煤气收费情形说明；

②展览区的灯光。

(9) 规定与条款

①主办单位对于现场拉客、现场销售、接订单、分送宣传品及小纪念品、音响、电视、利用人或动物现场展示或转租展位等制定一些展览规定；

②其他方面规定，如展场防火和损坏规定、使用钉子和胶带规定等。

(10) 展览商指定承包商

①承包商名字、地址、电话、传真；

②承包商服务范围；

③参展手册寄发。

(11) 参展商指定承包厂商

①如果参展商不使用展览指定承包商而用自己指定的承包商，应在哪一天前提供名字、地址、电话、传真给展览商；

②保险；

③提供承包商作业时间表。

(12) 运送

①承运商名字、电话、传真、地址；

②有关运输资料和收到通知；

③最早和最晚运送到仓库日期；

④运送收集和木箱收费；

⑤有关参展商自行携带物品的说明；

⑥涉及国际活动时，有关运送及海关资料及费用。

(13) 保安

①主办单位提供保安范围和时间，包括从进场到出场时间；

②当天展览结束后，参展商对展位区的一些规定；

③有关包装运送的规定；

④参展商物品丢失或损坏的规定。

(14) 其他可提供的服务

①可提供服务厂商的名字、地址、传真，如清洁公司、视听设备、花艺、模特等；

②航空机票和租车折扣、停车设备、车辆接送；

③主办单位刊物的广告。

(15) 展场说明、展位平面图和成本

①平面图上显示所有展位比例、水电煤气等；

②柱子的位置及大小或其他障碍物；

③天花板高度；

④货运入口的尺寸及楼梯大小；

⑤收费标准。

（16）付款方式

①支付订金；

②收费截止日期；

③取消和退款规则。

（17）责任和保险

①拒绝责任；

②保险。

（18）合约承包商和参展商指定承包商

第6章 展览活动策划

展览活动是指为营造现场气氛或丰富展览功能而在展会期间举办的各种活动,这些展览活动使展览会的贸易、展示、信息与发布功能更为完善,成为整个会展的有机组成部分。展览会与各种活动的相互配合,成为展览会新的亮点。为此,会展企业应多策划展览活动,从各个方面、各个层次丰富展览会的内容,使展览会真正成为参展商及观众营销、交流、推广、展示的场所。

6.1 展览活动的种类

展览活动大体上可以分为会议活动、公关活动、招待活动、促销活动和评奖表演活动。具体如下:

1. 会议活动

会议活动是一个统称,包括报告会、研讨会、交流会、说明会、讲座等。在展览会期间举办会议是很普遍的做法,并有普及的趋势。会议和展览是相互配合的活动,可以以会议为主,也可以以展览为主,根据组织者的要求和目的不同而定。

由于组织会议的目的和参加会议的人员不同，在展会期间举办的会议可以分为很多种类，如以学术交流为主要目的的专业研讨会，以技术交流和技术合作为主要目的的技术交流会，以发布新产品为主要目的的产品发布会，以推介新产品为主要目的的产品推介会等。

国际会议协会（ICCA）根据会议组织者的不同，将会议分为协会会议和公司会议两种。协会会议是指由各种协会组织的会议，包括科技会议、商贸会议和会员会议三种。公司会议是指由各个公司自己组织的会议，包括以下三种类型：公司内部会议，即由公司内部员工参加的会议；公司外部会议，是公司针对外部市场而举办的会议；内外部兼顾的会议，即参加会议的人员既有公司内部员工也有公司客户。由于成功展会的强大影响力和行业号召力，目前，协会会议和公司外部会议对展览会的需求在日益扩大。

会议是参展商在展出地市场为扩大其产品和服务影响而采取的直接而有效的方法。会议可以吸引来自展出地市场中相应行业的许多行家、决策人物和有影响的人士。会议内容可以是介绍产品的性能、用途、使用方法，也可以探讨生产、供应、销售等各个环节。会议具有补充展览的作用，比如在境外进行单独国家展览会，展出公司携带的产品可能有限，另外国家经济状况、贸易体系、投资法规等也是展览所不易表达的，而举办会议则可以较全面地介绍产品和有关情况。有些复杂的产品需要比较详细地介绍以及问答交流方能清楚，因此介绍、讨论性质的会议对展览会有相当大的补充作用。

会议的直接目的是丰富和补充展出内容。由于会议通常能吸引真正感兴趣的目标观众，而且很多是决策人物、智囊人物或咨询人物，他们大多有相当大的影响力，因此，参展商可以通过这些人士间接地扩大展出影响。展览会议最好邀请当地行业协会、工商会、研讨会、政府部门等机构参加，以便更具号召力，吸引行业中更多的有影响的人士出席，从而增强会议的影响力和宣传力。

如果参展商觉得有必要举办会议而展览会未举办，参展商可以自己举办会议，会展企业应提供支持，这对展览会也有好处。自己组织会议比较复杂，除了上述工作外，还需要预订场地、安排时间、安排设备、印发请柬、现场管理等。

2. 公关活动

公关活动是指会展企业为了扩大展览会的影响、吸引更多的参展商及观众而针对目标观众、媒体等受众的沟通活动。公关活动是一项系统的人际交流工作，需要周密的安排。如果组织公关活动，要牢记公关活动的宗旨必须与展出目标一致，与展览主题相关。展览的公关活动主要有开幕式、闭幕式、记者招待会、新闻发布会等。会展企业的公关活动主要有以下三类：

（1）宣传性公关活动。所谓宣传性公关活动，运用大众传播媒介和内部沟通方法开展宣传工作，以树立会展企业良好形象的公共关系活动。这种公关活动的主要做法是：利用各种传播媒介和交流方式进行内外传播，让各类公众充分了解会展、支持会展，从而形成有利于会展发展的社会舆论，使会展获得更多的支持与合作者，达到促进会展发展的目的。

宣传性公关活动可以运用的方法很多，可以综合运用各种传播方式，如发新闻稿、广告、板报、演讲、记者招待会、新产品展览会、经验或技术交流会、印发公共关系刊物、制作视听资料等；也可以根据需要选用不同的传播媒介，如报纸、杂志、电台、电视等；还可以组织一些活动，利用一些事件来进行宣传。

（2）交际性公关活动。交际性公关活动是在无媒介参与的人际交往中开展的公关活动，目的是通过人与人的直接接触，进行感情上的联络，为会展企业广结良缘，建立广泛的社会关系网络，形成有利于会展企业发展的人际环境，其方式是开展团体交际和个人交往。团体交际包括各式各样的招待会、座谈会、工作午餐会、宴会、茶话会、慰问舞会等，个人交往方式有交谈、拜访、祝贺、个人署名信件来往等多种。

交际性公关活动称得上是公关活动中应用最多的一种方式。它的许多手段和方法，直接融入到日常生活之中。在现实生活中，善于进行人际交往者，易于构建良好的社会关系网络，生活及事业上较为顺利，个人是这样，组织亦是如此。在当今社会中，重视人际交往和人际关系的作用，应该说是社会发展的必然。人们通常所讲的"感情投资"，实际上就是搞好人际关系的十分形象的一个代名词。在交际性公共关系活动中，会展企业正是以这种感情投资的方式，逐渐地与公众发生关系，在建立一定情感基础的前提下，达到互助、互利、互惠的目的。

（3）服务性公关活动。服务性公关活动是一种以提供优质服务为主要手段的公关活动，目的是以实际行动来获取社会公众的了解和好评，树立自己的良好形象。对于会展企业来说，要想获得良好的社会形象，宣传固然重要，但更重要的还在于自己的工作，在于自己为公众服务的程度和水平，离开了这些，即使最能干的宣传家也必将一事无成。

3. 招待活动

招待活动是公关活动的一种重要形式。举办招待会的主要目的是扩大交际范围，加深与客户的关系。不要将招待会仅仅理解为礼节性质的例行活动。

招待活动主要包括招待会、宴会、酒会、茶话会、舞会等。

（1）招待会。招待会是一种规模可大可小、经济实惠的宴请形式。规模比较大的有开幕式招待会、答谢宴会等，规模小的实际就是宴请，不论规模大小，都是公关实际工作。招待会可以根据需要多次举办，至少举办一次。第一次招待会可以在展览会开幕当晚，规模可以大一些。之后可以为展出期间结识的重要客户举办一些规模小的招待会或宴请。招待会可以闭馆后在展台上举办，也可以在附近或展台人员住宿的饭店举办。

（2）宴会。宴会是请人赴宴的聚会，是会展企业重要的招待活动。宴会的具体形式有宴会和筵席两大类。人们通常把由政府机关、社会团体举办的，具有一定目的和比较讲究礼节、礼仪的酒席称为宴会；把私人举办的、规模较小的酒席称为筵席。宴会和筵席的基本含义相同,都是请人聚餐,但宴会比筵席更讲究礼节、礼仪。

(3)酒会。酒会亦称鸡尾酒会,以酒水为主,略备小吃。一般不设座椅,仅置小桌或茶几,以便客人随意走动。请柬上往往注明整个活动的延续时间,客人可以在此间任何时候到达或退席,来去自由,不受约束。

(4)茶话会。茶话会,顾名思义,是请客人品茶。它是一种简单的招待形式,通常在客厅举行,设茶几、座椅,不排座位。茶话会一般安排在下午2点或上午9点举行。

(5)舞会。交际舞会是一种社交活动,也是会展企业经常举办的联谊活动的一种形式。有计划地举办交际舞会,通过企业内部管理人员和员工之间的联谊、企业员工与社会大众间的联谊,不但可以使员工从中获得娱乐,同时也加深了员工与管理人员之间的感情和企业与社会各界的友好关系。

4. 促销活动

促销活动是指会展企业使用各种短期性的刺激工具,用以刺激观众或参展商参加展览会。另外,参展商也可运用促销活动聚集人气或售卖商品。

促销活动有以下特点:

(1)非连续性。促销活动一般是为了某种即期的促销目标专门开展的一次性促销活动,它往往着眼于解决一些更为具体的促销问题,因而往往是非规则、非周期性地使用和出现的。

(2)形式多样。促销活动的方式多种多样,如优惠券、竞赛与抽奖、包装促销、回邮赠送、付费赠送、退费优待、零售补贴、免费样品、POP广告等。这些方式各有其长处和特点,企业应根据不同的产品特点、不同的市场营销环境、不同的顾客心理等条件灵活地加以选择和运用。

(3)即期效应。促销活动往往是在一个特定的时间里,针对某方面的消费者和中间商提供一种特殊优惠的购买条件,从而给买方以强烈的刺激作用。只要方式运用得当,其效果能很快地在其经营活动中显示出来。

5. 评奖表演活动

会展企业在展会期间,除了举办各种会议、公关活动、招待活动及促销活动外,还会举办一些评奖表演类活动,以活跃现场气氛,吸引企业及观众参加会展。

(1) 评奖。评奖是一种具有宣传功能的展览活动。评奖活动一般由会展企业组织,参展企业参加,评奖团多由专家组成,评奖结果对外公布,而中奖的参展企业也可以借机进行宣传。评奖内容多种多样,包括展品、设计等。展品评奖比较多,而且细分为多种展品评比更能吸引行业的注意。

(2) 表演。表演可以分为两类:一类是与展品有关的表演,包括操作、示范等,复杂的和简单的展品都可以表演;一类是与展品无关的表演,包括娱乐、抽奖等。

一件精美的刺绣品放在展台内,参观者可能熟视无睹。但是,安排一个女工或女艺人现场表演刺绣,可能就会吸引很多人,展出效果自然也就会提高。工业品也是这样,放在展台里,参观者可能视而不见。但是让它转动起来,发出声响,就可能引起参观者的注意。如果机器能生产出商品并提供给观众,就更可能引起兴趣。比如,操作注塑机,压出茶杯分发给参观者。在展览会上,通过操作表演展品来吸引观众注意力是一种普遍的做法。

与展品无直接关系的表演也能吸引观众注意。娱乐、抽奖、发礼品等都是可供选择的方式,能吸引观众。在美国,参展企业认为只要能吸引观众,使用什么手段都可以。因此,参观者能够不时发现意想不到的奇怪情形,比如,展示精密仪器的展台使用小丑表演吸引观众。在德国,参展企业认为表演必须与展出内容有关,如果展示钢铁,就不应该跳肚皮舞,否则与严肃的贸易气氛不协调,会破坏参展企业形象。参展企业可以根据自己公司的文化、社会环境、展出需要决定取舍。大部分人认为，表演活动可以与展品无直接关系，但是应当与展出内容有关。另外在安排抽奖、发礼品等活动时，展台人员必须表现出热情，不能有厌烦或施舍的神态，认真的客户看不得冷脸，一旦失去就得不偿失了。

6.2 展览会议活动策划

展览会议活动策划的详细内容参见第 12 章，这里仅介绍一些主要会议活动的策划要点。

1. 研讨会的策划

研讨会是以研讨行业发展动态为主要内容的会议。研讨会的策划流程如下：收集市场信息、确定会议主题、准备会议方案、邀请主讲人员、会议召开、会后总结、会议危机管理方案、会议预算和赞助办法等。

（1）收集市场信息。为了使研讨会研讨的内容有的放矢，在准备举办研讨会之前，会展企业要多方收集市场信息，对该行业作深入的研究，努力抓住行业热点问题，为确定会议主题及方案提供翔实的资料。

（2）确定会议主题。会议主题一定要能紧紧把握时代脉搏，能切实反映该行业某一领域发展动态。会议主题是会议的灵魂，一个好的主题能对会议潜在的听众产生强大的号召力；相反，如果会议主题不能被会议潜在的听众所接受，会议将会名存实亡。

（3）准备会议方案。会议方案是有关会议召开的具体实施计划。会展企业要组织一个高水平的会议，会议实施计划一定要做到详尽周密、高效协作。

（4）邀请主讲人员。会议主讲人员对于会议的作用是非常重要的。因此，会展企业必须花费一定的精力来邀请自己所期望的主讲人员到会。对于某主讲人员负责演讲的议题，会展企业至少应在会议开幕前的一个半月或更早的时间通知他们，以便其早作准备；要妥善安排主讲人员的吃、住、行，对于一些重要的主讲人员，要安排专人陪同；如果演讲者或者听众中有持不同语言者，还要注意配备翻译人员，如有可能，可以事先让翻译人员了解一些演讲的内容，以便其在现场更好地翻译。

（5）会议召开。当会议召开日期临近时，会展企业要妥善安排和布置会场以迎接会议的召开。会展企业要落实会议召开的场地以及场地中电源、音响、投影仪、录音录像等相关设备，并备有后备的电源、音响等；要安排好会议现场的工作人员和技术设备维护人员，落实服务人员以及茶水的供应；保障会议现场的光电、温度和通风处于正常状态；制定会场纪律；组织专业人员对会议现场进行安全检查，疏通通道，开启安全门。以上各项准备工作就绪以后，就可以按照会议议程举行会议了。

（6）会后总结。会议召开以后，会展企业要及时对会议筹备及举办过程中的经验和教训进行总结，以便下一次举办该会议时能使会议的水平得到进一步的改善和提高。

（7）会议危机管理方案。会议策划应有危机管理方案，以便万一出现突发危机事件时有应对办法。会议危机管理方案包括两部分的内容：一是针对突发事件的管理方案；二是会议备用方案，即针对一旦原会议策划方案因故不能全部或部分实施而制定的替代方案。

（8）会议预算与赞助办法。召开会议需要邀请一些国内外著名的专家、学者、企业领导人或者是行业主管部门的官员到会演讲，还要租用会议场地，进行适当的会议现场布置，这些都需要一定的费用。对于会议所需要的各项费用，会展企业要事先做好预算，对各项费用的开支要心里有底，并安排必要的资金以使会议成功召开。会展企业可以采用三种来筹集会议所需资金：第一，可以从展会收入中拨出一部分作为会议筹备资金,做到"以展养会,以会促展";第二,可以向与会人员收取一定的会务费用;第三,可以寻求企业赞助。由于与会人员都是一些行内人士,如果会议举办出色,影响较大,很多企业是愿意赞助会议的。企业对会议的赞助可以有多种形式,如转让会议的冠名权、允许企业在会议的某些特定地方做广告、允许赞助企业在会议期间作简短发言以介绍自己的企业、让企业赞助会议现场使用设备等。

2. 交流会的策划

会展企业举办的交流会一般以技术的交流和传播为主要内容。交流会的策划流程和研讨会有很多相似之处,如交流会的策划基本流程也是由收集市场信息、确定会议主题、准备会议方案、邀请主讲人员、会议召开、会后总结、会议危机管理计划、会议预算和赞助办法等组成,但由于交流会和研讨会是两种不同的会议,所以,在策划流程的各具体阶段,两者有以下不同:

(1) 市场信息的收集应侧重收集展览题材所在行业的最新技术发展状况和发展趋势,了解该行业的实用技术发展状况。要多与该行业内著名的企业尤其是那些技术领先的企业联系,或者是与专业的科研机构沟通,以确定交流会需要交流哪些技术。

(2) 会议主题的确定应与技术问题密切相关,要务实。尤其是会议的议题,既要反映技术方面的内涵,也要通俗易懂,能为一般人所理解与关心。

(3) 会议方案的准备应注意会议时间的安排、会议议程的确定和会议资料的准备工作。由于技术交流会的演讲内容是关于技术的话题,因此很多演讲都需要伴有现场演示,这就要求会议的每一个具体议题的时间安排都要合理;在安排时间时要考虑到有些演示在演示过程中可能会出现一些微小的失误,所以,对于某一议题演讲时间的安排要留有一定的余地,在编制会议议程时不可太紧。交流会的资料比较复杂,准备时要小心,尽量不要出错。

(4) 会议主讲人的邀请应注意主讲人的技术背景和经历,要能回答听众关于该技术议题的一些问题；如果会议需要现场翻译人员，要尽量让翻译人员事先熟悉该演讲所包含的一些技术专有名词，以保证翻译人员在现场能流利翻译。

（5）会议的召开要根据技术议题的特殊要求对会议现场进行布置，要能够提供和维护会议所需要的特殊设备，要安排懂技术设备操作和维护的现场工作人员。如果会展企业不能提供这些人员，可以要求主讲人提供。

（6）由于交流会常常是企业唱主角，因此，往往会向有关企业收取一定的费用来作为会议经费，企业赞助往往较少。

3. 行业会议的策划

行业会议一般是由行业协会或者是政府主管部门组织举办、行业协会会员或者该行业的有关企业参加的会议。

行业会议策划的中心任务集中在三个方面：会议的主题、会议的议题和会议的筹备方案。会议的主题策划在前面已有介绍，下面主要讨论会议的议题和筹备方案。

行业会议的筹备方案和研讨会的筹备方案，其基本内容十分相似，如包括会议的名称、时间、地点和规模、主题和议题、主讲人和听众、会议议程、会议资料、会议召开方式、会议预算等，但也有以下不同之处，会展企业应引起注意。

（1）行业会议的时间、地点和规模。有些行业会议的举办时间每年都比较固定，如固定在年初和年末等；会议的会期一般是4—5天，有的是2—3天，但一般不超过6天；行业会议召开的地点一般都不固定，经常变换，有少数行业会议地点比较固定；行业会议的规模一般在400人以下，所以要求召开会议的场所容量一般不会超过400人。

（2）行业会议的议题。行业会议的议题一般极具行业特征和行业代表性，能针对行业发展中遇到的新情况和新问题展开研讨，并就某一问题组织行业大讨论。行业会议讨论的问题所得出的结论有时候不仅仅是学术上的研讨，往往还带有政策指导倾向，会被有关部门作为制定解决某些问题的政策的依据。

（3）行业会议的主讲人和听众。行业会议的主讲人基本上来自行业协会、协会会员和政府主管部门三个方面，也有少数来自行业以外的科研机构。会议的主讲人一般由行业协会或政府主管部门确定和邀请。行业会议的听众基本上都是来自行业内的企业尤其是协会会员单位，他们一般都具有一定的职位。有些较有影响的行业会议，其听众甚至大部分都是企业的领导人。一些比较重要的行业会议，有时候还会专门邀请有关新闻媒体的记者到会旁听并进行现场采访。

（4）行业会议的会议议程。和一般会议不同，行业会议一般都有政府主管部门和协会领导出席，会议议程因此也比一般会议多了一个领导人致辞和发言的程序；有的还有新闻媒体对领导人的采访或者新闻发布会等。

（5）行业会议的资料准备。除了一般会议资料以外，行业会议一般还要准备会议纪念品和礼品，要准备新闻稿和领导发言稿等。

（6）行业会议的召开方式。行业会议的召开方式更多、更灵活，它可以采取一般专业研讨会和技术交流会的会议方式，也可以采取联谊会、座谈会、茶话会等方式。这主要根据会议的主题和议题而定。

（7）行业会议的会议预算。行业会议预算的资金支出和一般的会议相似，但预算的资金来源更加丰富，会员的会费、协会的基金、政府拨款和企业赞助等都是可以考虑的对象。企业赞助是行业会议的一项重要资金来源，赞助有垄断性赞助、平摊性赞助和等级性赞助等几种形式。垄断性赞助是指会议所需要的各种费用由某个赞助企业承担；平摊性赞助是指所有与会企业都要对会议提供赞助；等级性赞助是指将会议的各种赞助分等级，如主要赞助者、一般赞助者和有针对性的内定赞助者等。如果会议接受企业赞助，就要考虑给予企业怎样的回报，如给予企业会议的冠名权、广告权或其他相关服务的行使权等。

4. 论坛的策划

论坛是展会中一道绚丽的风景线，是与洽谈交易活动并重的一项活动,也是展会中最精彩、最受欢迎的活动之一。策划高水平的论坛,是一件非常复杂而又细致烦琐的工作。它要求会展企业建立严密、高效、相互协作的组织机构,制定周密详尽的流程计划。通常要注意以下三个方面:

(1) 成立筹备委员会。论坛筹备委员会的主要任务是:建立论坛的整体框架,做好论坛组织的前期准备工作。一般设主任1人,副主任1—3人,委员若干人。在论坛的整体框架中,确定论坛讲座的主题、主讲人及其论题内容十分重要,要给予足够的关注。

(2) 组建组织委员会。论坛组织委员会的主要任务是负责整个论坛的组织安排,保证论坛能够顺利进行。组委会下面一般还要设立三个小组:

秘书组。主要任务是发布举办论坛会议的通知,内容包括举办时间、地点、演讲专家及题目等,务求到会的观众是高素质的目标观众;征集论文,对论文提出明确要求;发送邀请信;准备开幕词、闭幕词、主持人讲话及相关的会议宣传报道材料;编辑论坛简报和论文集等。

组织组。主要任务是负责整个论坛的组织和安排工作,确保论坛开展得井然有序。其具体工作包括编制论坛各场次日程安排,落实主会场、分会场场地、设备等,根据需要安排同声传译,设置论坛会标与引导标志,确定每场会议议程以及组织新闻发布会等。

会务组。主要任务是负责整个论坛的会务工作,包括:印刷、发放入场证件和会议相关材料;负责报道登记、出售门票;迎送、接待主讲人,负责食宿安排;购买、发放纪念品;填写证书;支付各类费用以及财务结算等。

在整体运作过程中,秘书组、组织组、会务组各司其职,默契配合,形成一个整体,确保论坛的顺利进行。

(3) 成立评审委员会。有的论坛会评选论文,因而需要成立评委会。评审委员会可设主任1人,副主任1人,委员5—7人。评委总数最好是单数,以便评审表决。

5. 座谈会的策划

会展企业有时为了调查情况、征求意见，或为了探讨问题等，常常要召开座谈会。座谈会是一种很好的会议形式，它可以采用面对面交谈或讨论的形式。座谈会的策划应注意以下几点：

（1）开座谈会之前要深入考虑开座谈会的目的，准备好座谈会上提问、调查或讨论内容的提纲。

（2）根据座谈会的内容、性质与需要，物色和选定参加座谈会的人员名单。参加座谈会人数的多少，要根据座谈会的内容和预期的效果而定。为深入探讨一些问题而开的座谈会，人数可少些；征求意见、调查情况和纪念性座谈会，人数可多一些。

（3）要做好座谈会通知工作。通知最好用书面形式。拟订通知要明确座谈会的议题、时间、地点和召开单位，并填好出席者姓名。姓名要核对清楚，不要出现差错，拟好的通知要及时送到参加会议人员手中。

（4）为使座谈会开得有效果，根据座谈会的性质如探讨性和纪念性座谈会，可以事先考虑安排一些人重点发言，并在发言上作一些重点分工。

（5）座谈会主持人应善于把握、引导会议，创造一种亲切和谐的气氛，促使与会者积极地思考与发言，使座谈会能较深入地进行。

（6）应做好座谈会的记录，并根据需要在会后整理成文，或将信息发给有关部门。

（7）座谈会应视不同内容与情况，准备茶水或茶点、水果等。

6.3 展览公关活动策划

展览公关活动策划是展览活动策划的中心内容，它对于提高会展企业及会展的知名度与美誉度有重要的作用。

1. 记者招待会的策划

记者招待会是会展企业与新闻界人士建立并发展关系的机会，是将会展企业及会展情况广泛深入地介绍给新闻界的方式。记者招待会组织得好，效果会很好。记者招待会的举办方可以是会展企业，也可以是参展商。记者招待会策划成功的关键是内容。

会展企业必须有充分的能吸引新闻媒体兴趣的内容，方可考虑举办记者招待会。记者招待会可以在开幕前也可以在闭幕后召开。开幕前的招待会多介绍会展的特色、内容及参展商的情况，闭幕后的招待会多介绍参展的成果及成交量。记者招待会可以邀请重要客户参加，有条件的会展企业可以在展览会前1—2个月举行记者招待会。这样，在展览会开幕的专刊上就能刊登有关参展商的特写和专题。

记者招待会可以在展台上、在展览会的新闻中心或在展出地的饭店里举行，在何地举办招待会与会展企业规模和预算有关。如果参展规模小，可以在展台上举办招待会；如果展出规模很大并且重要，可以在饭店里举办招待会。在展台上举办招待会的优势是熟悉环境，可以向记者展示产品；在展览会新闻中心举办招待会的优势是设备齐全、显档次，记者容易专心。举行记者招待会的时间一般上午10—12时，时间一般限制在一个小时内。

会展企业如果要举办记者招待会，一定要提前做好工作计划（如表6-1）。具体如下：

表6-1　记者招待会工作计划表

1. 安排预算
2. 选择日期、地点
3. 决定内容
4. 安排程序
5. 选择发言人、主持人
6. 与发言人落实任务

(续表)

```
7. 准备资料
    7-1  印发言稿
    7-2  制作工作表、通知
    7-3  制作程序表
8. 落实场地、时间
9. 邀请记者
    9-1  印邀请函及回执并寄发
    9-2  电话再次邀请并确认
10. 布置现场
    10-1  准备设施,如座椅、照明、空调、更衣室、投影设备、扩音设备等
    10-2  人员,如接待员、招待员、技术人员、译员
    10-3  环境布置
    10-4  准备新闻资料袋、礼品、饮料
11. 后续工作
12. 向表示出席但未能出席的记者寄送资料
13. 由出席的记者发稿
14. 总结
```

记者招待会最好由会展企业的高层领导主持或发言,发言必须简短,时间最长10分钟,发言人数最多3人。记者提问的内容和时间比较难预计,但是根据经验看,一般不会超过1小时。要准备回答苛刻的问题,以免现场出现冷场或失控的情况。新闻资料袋可以在招待会举行前就散发,让记者尽早着手删改、补充其报道。

记者招待会另有一种专业形式,称为拍摄专场,是专门为摄影和摄像记者安排的。新闻媒体不同,记者招待会的方式也不同。

2. 新闻发布会的策划

新闻发布会的策划要点如下:

(1)确定新闻发布会的类型。大体上,新闻发布会可以分为如表6-2所示的几个类型。

表6-2 新闻发布会的类型

类　型	风　格
政治性	严肃感
娱乐类	活泼、前卫
文化类	文化感、历史感
农业类	亲切、环保
高科技产品类	显示震撼力的同时体现活泼
一般工业品类	科技感、品质感
时尚产品类	经典中带有时代气息
工艺品类	经典、古朴

（2）成立筹委会，做好组织、人员保障工作。由于筹办新闻发布会牵扯的精力和时间比较多，若条件许可，会展企业也可以请专业公司代理。

（3）时间、流程与目标管理工作。时间的控制，一般以时间进度表（倒计时）的方式来表现，注意要留有余地，前紧后松。一般以程序框图表现整个活动，使总协调人对于整个活动的各个部分有着清晰的认识，从而找出工作的关键点和难点。

（4）策划活动，确定活动主题。活动策划主要包括如下内容：

一是会议议程策划。尽管发布会是一个正式的会议，但可以做得更活跃一些；会议议程注意紧凑、连贯，一般控制在1—2小时为宜，发言的时间为15—20分钟。

二是发布会的主题策划，常见的是在主题中直接出现"×××发布会"字样。

三是确定参会人员。这是总协调工作控制的关键点，宜重点抓。在参会人员的选择上，官员要选择讲话较有分量的人物，而专家则是在该领域有建树或名气大的人物。还要特别重视邀请媒体记者。一般应提前一周时间发出邀请函，然后电话落实。时间较紧时，可以采用电话或传真的方式。

(5) 拟订活动策划方案和具体操作方案。活动策划方案是指导整个活动的战略、战术文本,供策划活动用。具体操作方案是用于指导整个活动的,一般比较详细、具体,宜做到参加会议人员人手一份。

(6) 新闻通稿及相关资料准备。提供给媒体的资料,一般常用广告手提袋或文件袋的形式,在新闻发布会前发放给新闻媒体。顺序依次为会议议程、新闻通稿、演讲发言稿、公司/组织宣传册、有关图片、纪念品(或纪念品领用券)以及公司/组织新闻负责人名片等。新闻通稿可选择消息稿、通讯稿、背景材料、重要发言稿、公司/组织的宣传册和图片资料等,一般以书面形式提供,也可以另外附光盘或软盘。

(7) 时间选择与场地落实、现场布置。时间选择在新闻发布会策划中是一种艺术,要准确把握。如企业发布会有时要避开重大的事件、会议,一般选择人们容易记起的日子,如节日、月初、月末等。如果是星期六、星期天或其他节假日,可以考虑在下午进行。

在场地的选择上,一般综合考虑以下几点:一是品位与风格。一般以选择五星级或四星级的酒店为多,要注意酒店的风格与发布会的内容相统一。二是实用性与经济性。在满足会议厅容纳人数、各种设施条件的基础上,综合考虑费用问题。三是方便性。考虑交通是否便利,停车是否方便等。

现场布置重点包括背景布置、酒店外围布置和席位摆放等三方面。背景布置主要是主题背景板布置,内容含主题、会议日期等,要注意颜色搭配和主色调选择。席位摆放的原则是:职位高者靠前靠中,自己人靠边靠后,注意席位的预留。

(8) 现场控制。现场控制是体现新闻发布会协调人应变能力的一环。首先要作事前排练,其次要有备选方案,再次要注意灵活应变的处理技巧。

在气氛的控制上,新闻发布会协调人处于平衡的"重心";主持人的选择和充分沟通,也是十分重要的。

在答记者问的同时,一般由一位主答人负责回答,必要时由他人辅助。发布会前一般要准备记者答问备忘提纲,并事先取得一致意见。在发布会的过程中,对于记者的提问应该认真作答,复杂问题可以邀请其在会后探讨。

整个会议应有正式的结尾。如果发布会安排在晚餐或午餐前结束,则应该有酒会或自助宴会等。在发布会后、宴会前,一般在贵宾室安排更深入的采访。

3. 开幕式的策划

开幕式的工作要尽早做。重要人物时间都排得很紧,如果不早约定,晚了就很难请到重要人物。会展企业策划开幕式首先要确定人员、事项、时间、预算等管理方面的因素,以及开幕式的时间、地点、规模、程序等有关仪式的基本事项。人员包括后台的筹办人员和前台的司仪、发言人、剪彩人等,内部人员尽早指定,外部人员尽早协商确定。内部人员落实后就要分配任务,外部人员落实后就要商量发言稿,告知活动细节。如果所选择的场地需要预约租用,就要尽早联系、协商、确定。只有时间、地点确定后,其他策划工作才能开展。

开幕式策划工作的一项重要任务是邀请出席人。要先拟订邀请范围和名单,编印请柬,安排寄发。请柬的措辞、格式、版面一般是固定的,但是也可以有创意,给收柬人一种新鲜感。根据需要和条件,在请柬上注明"请确认"或附上回执,要事先了解当地的邀请出席率,以确定寄发数量。时间也要控制好,对于重要的邀请对象,可以在寄发请柬后用电话再次邀请确认。发言稿要提前写好,以便有时间互相交换阅读、修改、打印。发言宜短,要避免套话、废话。

开幕式会场要布置好。如果需要,提前安排书写横幅,用词、尺寸、颜色等都要考虑周到并交代清楚,主席台上安排发言台、座椅、扩音设备。其中,坐席排位可能要事先商量好,座椅上要做记号,以防坐错。如果人手多,可以往主席台上安排引导人员。是否在主席台上提供饮料,要视当地习惯和条件事先商定。有些展览会的开幕式比较简单,主席台上人员一律站立,这种安排要考虑年老体弱者。很多开幕式设来宾坐席,要布置好。有时,要考虑在前排留出给不上主席台的贵宾的座位,这些座位或者贴上标签,或者在走道上设路标,或者安排人员看守。

现场设备不仅有扩音设备,还包括照明设备、空调设备等,要安排人负责控制。如果放背景音乐或其他录音,要事先准备好磁带或光盘并向设备控制人交代好。

4. 签字仪式的策划

签字是一种常见的仪式,签字仪式的举行往往是一些会展着力宣传的公关活动。签字仪式的策划应注意以下几点:

(1) 签字人的选择。签字人视达成协议和文件的性质,由相关部门商定。如在重大事件、活动上达成协议,其签字人往往就由国家和政府领导人担任,或由有关部门的负责人担任。选择签字人应注意双方签字人的身份应大体相当。会展企业主办的签字仪式一般比较简单,远不如重大的政治、军事、经济、科技、文化等领域内达成协议、缔结协定、条约等那样,需要举行隆重的正式签字仪式。

(2) 签字仪式的准备。要做好文本的定稿、翻译、校对、印刷、装订、盖火漆印等工作。与此同时,准备好签字用的文具、国旗等物品。

(3) 商定出席人员。会展企业与对方商定签字人员,并由双方的助签人员洽谈有关签字细节。参加签字仪式的人员,原则上是双方参加会议的全体人员,大体相当。如一方要求让某些未参加会谈的人员出席,或为表示重视而安排较高级别的领导人出席签字仪式,另一方也应予以同意。

(4) 签字礼仪。我国举行的签字仪式,一般在签字厅内设置长方桌一张,作为签字桌。桌面覆盖深绿色台布,桌后放两把椅子作为双方签字人员的座位,主左客右。座前摆的是各自保存的文本,上端分别放置签字文具。如是国与国之间的协议,中间摆一旗架,同样按主左客右的原则悬挂签字双方的国旗。签字后,由双方签字人员互换文本,相互握手,有时还备有香槟酒,共同举杯庆贺。

6.4 展览招待活动策划

展览招待活动是展览公关活动的一个重要组成部分，由于其特殊性，我们专门给予介绍。展览招待活动策划主要是针对参展商的衣食住行及娱乐方面。

1. 宴会的策划

宴会的策划要点如下：

（1）确定目的、名义、对象、范围和形式

宴请的目的是多种多样的，可以是为某一件事，如代表团来访、庆祝纪念日、展览会开闭幕、工作交流等。

宴请名义和对象的确定主要依据主客的身份。大型宴请一般可以以单位名义发邀请，也可以以个人名义发邀请；小型宴请可视具体情况以个人或夫妇名义邀请。

宴请范围是指邀请哪些方面人士出席、请到哪一级别、请多少人、主人一方由谁出面作陪。宴请范围要兼顾宴请性质、主客身份对等、惯例习俗等多方面因素，并在此基础上加以确定。

宴会采取何种形式要视具体情况而定。人数少、规格高的以宴会为宜，人数多则以冷餐或酒会更为合适。宴请的形式还取决于活动目的、邀请对象以及经费情况等因素。

（2）确定宴请时间、地点

宴请应选择对主客方来说都合适的时间，尤其宴请外宾时更要注意对方的禁忌，如避开13号和星期五；在伊斯兰的斋月，宴请宜在日落后举行，最好事先征询主宾意见，然后再作决定。宴请的地点要按活动性质、规模大小、宴请形式、主宾意愿及实际可能来确定。

（3）发出邀请

各种宴请一般均发请柬，这既是礼貌，也可以起到提醒被邀请人的

第6章 展览活动策划

作用，便宴经约妥后也可不发请柬。工作进餐一般不发请柬。

请柬一般要提前一至两周发出，以便被邀请人及早作安排。已口头约妥的通常还要补发请柬。需要安排座次的宴请，往往要求被邀请人答复能否出席。对此可在请柬上注明，也可在请柬发出后，用电话询问对方能否出席。正式宴会一般在请柬或请柬信封上（一般在下角）注明席次号。

（4）订菜

宴请的酒菜应根据形式和规格选择安排。选菜不宜以主人的爱好为准，而应主要考虑主宾的喜好和禁忌。如果部分人或个别人有特殊要求，还应给予区别，提供特殊照顾。大型宴请更应照顾到各个方面。菜肴的道数、分量要适宜，内容要体现当地特色。如需要，还应印制精美的菜单，一般一桌放置两三份，也可一人一份。

（5）宴请程序

主人一般在门口迎接客人。视宴会重要程度，还可有少数其他主要人员陪同主人排列成行迎宾。在相互握手、互致问候后，由工作人员将客人引至休息厅室。如无休息厅室，则直接进宴会厅，但不入座。休息厅室要有相应身份人员照顾客人，并由招待员送饮料。主宾到达后，由主人陪其进入休息厅与其他客人见面。

主人陪同主宾进入宴会厅，全体人员落座，宴会即开始。如休息厅较小或宴会规模较大，也可请主桌以外的客人先入座，主桌人员最后入座。

如有正式讲话，一般习惯在热菜之后、甜食之前进行。主人先讲，然后主宾讲，当然也有一入席即讲话的，而冷餐会和酒会的讲话时间较灵活。

吃完水果，主人和主宾起座，宴会即告结束。

（6）现场工作

工作人员应提前到现场检查准备工作。如是宴会，事先摆好座签和菜单。座签置于酒杯前或平摆于餐具上方，菜单放在餐具右边。

还可在宴会厅进口前陈列宴会排列简图，并印制全场席位示意图，在出席人到达时发放。

如有讲话，要落实讲稿。通常，主客事先交换讲话稿。如需译员，也应提前安排妥当。

（7）宴会服务工作

在宴会服务中，应注意以下几点：

①宴会入场时，应在宴会厅门口迎接客人。当客人到达时，要表示欢迎。在客人脱去衣帽后，将其迎入休息厅，并招呼客人坐下，随即上茶、递上毛巾等。

②客人入席时，应面带微笑，引请客人入座。照顾客人入座时，要用双手和右脚尖将椅子稍微撤后，然后向前徐徐轻推，使客人安稳落座。

③斟酒时，应当走到客人的右侧，斟入的酒约占酒杯的四分之三或五分之四即可。斟酒时，瓶口不要紧挨着酒杯，酒杯无须拿起。

④上菜应按照顺序进行。一般应先上冷盘，再上热菜，最后上甜食、水果等。凡两桌以上的宴会，上菜应同步。上菜的方式大致有三种：一是把大盘的菜端到桌上，由客人自取；二是由招待者托上菜盘逐一往客人的食盘中分让；三是单吃，即用小碗或小碟盛装，在每位客人的桌面前放一份。

⑤席间如客人不慎将餐具碰落在地，不要大惊小怪，应及时为客人换上干净的餐具。

⑥宴会结束客人起身离座时，应为其拉开座椅，疏通走道，并将客人送出宴会厅。

2. 酒会的策划

举办开幕酒会，会展企业要事先安排好酒会举办的地点、时间、酒会的方式、出席酒会的人员名单、酒会的标准等。

开幕酒会举办的地点最好安排在离展馆不远的酒店里举行。选择举办酒会的酒店时，不仅要联系展会的实际考虑酒店的档次，还要根据酒会的规模考虑酒店的接待能力，以及出席酒会的有关人员到酒店的便利程度。另外，对于酒会的安全问题也要加以充分考虑。

开幕酒会举办的时间可以根据展会的实际需要安排在展会开幕当天的中午或者是晚上，很多展会都将酒会安排在当天晚上，这样更有利于有关嘉宾尤其是参展商代表安排出席酒会的时间。如果酒会安排在晚上，则酒会开始的时间不宜太早，也不要太迟。太早了参展商代表可能还在展馆里忙碌而无法出席酒会，太迟了可能会影响到展会嘉宾的其他活动安排。

开幕酒会的方式可以采用自助餐的形式，也可以采用围餐的形式。在酒会开幕前可以安排一个小型的鸡尾酒会，以便大家互相认识和交流。在酒会正式开始前可以由展会主办单位领导致简短欢迎词，并安排其他有关领导发表简短讲话。酒会期间，可以播音乐，也可以安排表演活动以活跃气氛。

展会可以视需要确定出席酒会的人员范围。一般来说，出席酒会的人员应包括出席开幕式的领导和嘉宾、会展企业的领导和代表、行业协会和商会的领导、参展商代表、行业主管部门官员、新闻媒体、工商管理部门的代表、有关外国驻华机构代表等。出席酒会的人员范围一定要全面兼顾，不能遗忘某一方面。另外，出席酒会人员的总人数要事先计划好，要避免出现人员爆满而没有座位或者空出大量座位的尴尬现象。对于出席酒会的所有人员，展会都要事先通知他们有关酒会的情况，并对他们发出正式与会邀请，派专人跟踪落实他们的到会情况。

酒会的标准可以按展会的总预算中对酒会的预算来具体安排，并根据该预算做好酒会的详细预算。酒会预算可以按出席酒会的人数以每人多少钱来计算，也可以根据酒会有多少桌按每桌多少钱来计算。不管按什么标准来计算，酒会的档次都要适当。

3. 茶话会与冷餐会的策划

茶话会是一种简单的招待形式，多为社会团体单位举行纪念和庆祝活动所采用。会上备茶、点心和数样风味小吃。茶话会对茶叶、茶具的选择要有讲究并具有地方特色。外国人一般备红茶、咖啡和冷饮。茶话会不排座次，但在入座时要有意识地将主宾和主人安排在一起，其他人则随意入座，宾主共聚一堂，饮用茶点，漫话叙谈。席间，常安排一些短小的文艺节目助兴。

冷餐会采取自助餐的形式，不排座位，但有时设主宾席。供应的食品以冷餐为主，兼有热菜。食品有中式、西式或中西结合式，分别以盘碟盛装，连同餐具陈设在菜台上，供宾客自取；酒水、饮料则由服务员端至席间，巡回敬让。冷餐会对宾主来说都很方便，特别是省去了排座次，消费标准可高可低，丰俭由人，参加人数可多可少，时间亦较灵活，宾主间可以广泛交流，也可以与任何人自由交谈，拜会朋友。冷餐会多为政府部门或企业、银行、贸易界举行人数众多的盛大庆祝会、欢迎会、开业典礼等活动时所采用。

4. 舞会的策划

这里的舞会特指交谊舞会。会展企业举办舞会主要作为节庆、宴会等活动后的助兴节目。

策划舞会时必须尽早地确定时间，然后用专门印制的请柬发出邀请。被邀请的男、女客人数量要大致相等。对已婚者要夫妇均请。请柬应该提前一个星期发出，如果舞会在社交旺季举行，则应更早一些，让客人及早做好安排。

舞会包括吃、喝、跳舞和休息等活动，应该各有场所。此外，客人还需要放衣物和停车的地方。舞会场地的安排，应该使客人到达后不至于立即感到自己置身于舞池之中。理想的安排是：宾主寒暄之后，客人进入的第一个地方应该是舞池旁的饮料室，在那儿，客人们可以喝饮料、攀谈，老朋友共叙旧情，新朋友相互结识。此外，舞场应宽敞，灯光要柔和，地板要上蜡保持光滑，舞厅内还可用纸花、彩带和各色彩灯装饰，但应注意雅而不俗。

音乐的风格必须使各种年龄的人都能欣赏。大型舞会需要两个乐队，或一个乐队、一个唱片柜，以使乐师们能轮流工作，一队畅饮小憩，另一队鼓乐大作。如受条件限制，一个唱片柜也可。

女方无故拒绝男方的邀请是不礼貌的。如有约在先，可以说明情况，并告诉对方愿意共同跳下一场舞；如实在不愿意与某人共舞，可婉言辞谢。已谢绝邀请后，一曲未终，不要再接受其他男子的邀请。

对于自己不熟悉的舞步不要下场。在跳舞时不可吸烟，不能戴口罩。参加舞会应注意口腔卫生，事先不应吃带有刺激性味道的食物。舞会上有各种礼节，诸如参加舞会应注意礼貌，服装整洁大方，打扮得体。到达舞场后，应先与各位朋友相聚攀谈，寒暄周旋。

第一场舞，通常由主人夫妇、主宾夫妇共舞（如夫人不跳，也可以由已成年的女儿代之），第二场舞则由男主人与主宾夫人、女主人与男主宾共舞。

男主人应陪无舞伴的女宾跳舞，或为她们介绍舞伴。男宾可以同任何一位他所喜欢的人跳舞，但不应整个晚上独占一位女性。然而，倘若那是他应邀带来的舞伴，或者他是作为某位女宾的舞伴而出席舞会的话则另当别论。因为此时，使舞伴愉快是他的主要职责。

男方邀请女方共舞时，若其丈夫或父母在旁，应先向其丈夫或父母致意，以示礼貌。一曲完毕，男方应向女方致谢，并陪送至原来的座处，并向其周围亲属点头致意后离去。

5. 参观活动的策划

组织客户参观游览，是会展企业经常性的任务之一。在组织参观游览活动中，应注意以下几点：

（1）项目的选定。根据客户的性质、兴趣意愿和当地的实际可能，选择有针对性的、客户感兴趣的、季节性允许又可能的项目。当不能满足客户的指定项目时，应做出适当的解释。

（2）安排布置。就先看什么、后看什么、预计持续时间、有无介绍等情况做出详细计划，向接待单位交代清楚，告知全体接待人员。

（3）陪同。外宾参观时，一般由身份相当的人员陪同，接待单位也要有一定人员出面，并根据情况安排解说员、导游人员。内宾参观应根据需要和可能派人员陪同，提供方便。

（4）介绍情况。参观科研及工农业项目时，一般是边看边介绍，既让客人实地观看，又能对项目有更深的了解。介绍的情况要符合实际，数字材料要确切，可事先发给书面材料，保密部分不应介绍。陪同解说人员要做好准备，并估计到客户可能提出的各种问题。

（5）摄影。通常，可以参观的地方都允许摄影，不准摄影的场所应树立标志，并向来宾做出解释。

（6）食宿交通。组织参观游览要考虑用餐的时间、地点。如果郊游，应准备食品、材料、餐具等，需要休息或住宿的，要预订好房间，注意车辆检查和交通安全。参观游览的出发时间、集合地点、车辆标志等应告知全体参加游览的人员。

6. 文艺演出及电影招待会的策划

邀请客户观看文艺演出、体育表演等活动，是会展企业开展公共关系活动的一种方式。对于客户来说，这既可以增进对会展企业的了解和感情，同时又是一种艺术享受和娱乐活动。通常，文艺晚会、电影招待会、体育表演的组织活动应遵循以下程序：

（1）选定节目。节目选定既要从活动的目的与可能出发，又要考虑客户的兴趣。一般应选择那些具有客户本国民族风格的节目，并对节目内容有所了解，以免因政治内容或宗教信仰、风俗习惯等问题引起不愉快。

（2）发出邀请。发出邀请的具体工作与宴请活动大致相同。发邀请时，要考虑场地的容纳量，一定要给客户准备足够的座位，避免座位不足的情况。

（3）座位安排。看节目的座位，一般根据客户的身份事先做出安排。看文艺节目，一般以第七、八排座位为最佳，看电影则以十五排前后为宜。专场演出通常把贵宾席留给主人和主要客人，其他客人可以排座位，也可以自由入座。如要求对号入座，应将座位号与请柬一起发出。

（4）入席与退席。专场演出，可安排普通观众先入座，主宾席客人在开幕前由主人陪同入场。演出进行中，观众不得退场；演出结束，全场起立向演员热烈鼓掌以表示感谢，一般观众待贵宾退场后再离去。

（5）献花。许多国家习惯于在演出结束后向演员献花。但这种安排应主随客便，主人一般不提示客人献花，更不应要求客人上台与演员握手。

（6）摄影。许多国家禁止在演出中摄影，这一方面是为了保证演出效果，另一方面也是为了维护剧团专利。我国招待国宾举行的专场文艺演出，可以拍摄新闻照片和电影。

（7）说明书。各种文艺节目应备有说明书，用主客双方使用的文字印成，并且提前提供给客人。

第7章 展览服务策划

广义上的会展服务,既包括发生在展览现场的租赁、广告、保安、清洁、展品运输、仓储、展位搭建等专业服务,也包括餐饮、旅游、住宿、交通、运输等相关行业的配套服务。会展服务质量的高低,直接影响到会展企业与参展商的合作关系。

7.1 展览服务策划的流程

随着会展企业竞争的日趋激烈,任何短期行为都会导致企业的损失,面对变化的环境、多样的需求,会展企业只有站在战略的高度上进行规划,才能为企业赢得先机。

会展服务作为会展经营的一个重要方面,自然也就必须对其服务进行规划,即分析会展服务环境,选择细分市场,进而确定会展服务的战略。

展览服务策划的流程如下:

1. 树立服务意识

会展企业要树立服务意识,按照市场化、商业化、专业化的要求来进行服务运作。国外会展发达的国家都有一套成熟的会展服务运作模式，而我国展览业起步较晚，很多展览会都具有较浓的行政主导色彩，会展企业在客户面前往往是居高临下的指挥者，而不是服务者。开幕式一结束，展览会就宣告成功，会展企业的人员便无影无踪。在国外，这种现象绝不会出现，会展企业是以服务客户的形象出现的，如客户服务中心可以帮助参展商、采购商解决各种具体问题，包括投诉。只要是参展商、采购商需要的，会展企业就应该想到、做到。事实上，只有通过优质的服务形成一个固定的客户群，会展企业才能在群雄逐鹿的时代牢牢占据一块属于自己的地盘。

为了树立服务意识，会展企业必须实现服务流程的规范化、标准化。国内很多展览企业都已经意识到了展览服务流程规范化、标准化的重要意义，如在全国率先获得 ISO 9000 国际质量体系认证的深圳高交会展览中心，就已经创立了一套包括展览业务经营、展览工程、展场租赁、会展物业管理等较为完善的会展服务体系。在展览实践中，展览中心严格按照规范的流程进行运作，为高交会、家具展、中国国际互联网展等大型展览会提供了一流、高效的会展服务。此外，上海、大连、厦门等城市的会展中心也都相应地建立了各具特色的服务运作模式。

2. 分析服务对象

会展服务的对象主要有参展商及观众。会展企业应根据服务对象的特点来选定服务的内容。

（1）对参展商的服务。参展商是展会最重要的客户之一，也是展会最重要的服务对象之一。对参展商的服务包括通报展会筹备情况、提供行业发展信息、提供贸易成交信息、展示策划服务、展品运输、邀请合适的观众到会参观、展位搭建、展览现场服务、商旅服务等。其中，邀请一定数量和质量的观众到会参观是展会提供给参展商最重要的服务。

（2）对观众的服务。和参展商一样，观众是展会另一个重要的客户和服务对象。展会为观众提供的服务分为两种：一是对专业观众的服务,二是对普通观众的服务。对专业观众的服务包括通报展会展品信息、提供行业发展信息、产品供给信息、招揽合适的参展商到会展出、展会现场服务、商旅服务等。其中,招揽到一定数量和质量的参展商是展会提供给专业观众最好的服务。

(3) 对其他方面的服务。除了参展商和观众以外,展会还有其他的一些相关服务对象,如新闻媒体、行业协会和商务、行业主管部门、国际组织、国外驻华机构等。对这些对象的服务包罗万象,最主要是信息服务。

3. 确定服务内容

会展企业应根据展览会运行的不同阶段来确定会展服务内容。会展服务包括展前服务、展中服务和展后服务。

(1) 展前服务。即展会开幕前提供给参展商、观众和其他各方面的有关服务,如展会筹备情况通报、展品运输、参展参观咨询、展示策划服务等。

(2) 展中服务。即展会开幕期间及以后展览期间的服务,如现场安全保卫、清洁卫生、观众报到登记等。

(3) 展后服务。即展会闭幕以后展会继续提供给参展商、观众和其他各方面的后续服务,如邮寄展会总结、展会成交情况通报、介绍展会参展商和观众的来源及构成等。

会展企业不仅应重视展中服务,对展前服务及展后服务也应重视,而不应只是被动地提供展前服务,对展后服务很不重视或根本没有什么展后服务。

4. 选择服务标准

会展企业应根据自身的特点来选择服务的标准。

(1) 承诺服务。展会事先对自己拟向客户提供的服务方式和服务质量等向客户做出承诺,然后严格按照承诺向客户提供服务。

(2) 标准化服务。展会对自己向客户提供的各种服务制定统一的标准，然后严格按照标准向客户提供规范的标准化服务。

（3）个性化服务。展会根据各个客户的不同需求，对不同的客户提供适合其需求的有差别的服务。

（4）专业服务。展会根据展览行业实际需要，由经过培训的专业员工，以专业的手段和方式，为客户提供的各种服务。

5. 确定服务战略

如果说品牌是客户的认知，那么战略就是将服务提供给客户的过程。这项过程中的信息传递要依靠正确的服务战略来完成，服务战略的目的是获取竞争优势。实现这一目的大体上要经历三个阶段：明确潜在竞争优势、选择竞争优势和表现竞争优势。

□ 明确潜在竞争优势

会展企业可通过集中若干竞争优势，将自己的服务与竞争者的服务区分开来。竞争优势有两种基本类型——成本优势和产品差别化。美国战略管理大师迈克尔·波特提出了以价值链作为辨别潜在竞争优势的主要方法。

每个企业都是为设计、制造、营销、运输产品等而采取的一系列活动的实体。为了弄清某一企业的成本特性和不同的现有资源及潜在资源，价值链将企业分解为在策略上相互关联的九项活动，这九项活动又分为五项主要活动和四项支持性活动。

主要活动是指材料运至企业、进行加工制作、产品运出企业、上市营销和售后服务这几项依次进行的活动，而支持性活动始终贯穿在这些活动中。采购指的是购买每项主要活动所需的各种投入，每项主要活动都促进技术发展，所有的部门也都需要人力资源管理。

服务战略策划就是审核每一项经营活动的成本和经营情况，寻求改进的措施。同时，还应对竞争者的成本和经营情况做出估计，并以此作为本服务的基点。只要该服务胜过竞争服务，它就获得了竞争优势。

服务战略还要寻求本服务价值链以外的竞争优势，如研究其供应商、配销商和最终顾客的价值链。因此，服务战略策划可帮助一家大供应商降低成本，从而使本服务产品从此项节约中受益。服务战略策划也可帮助顾客更方便或更廉价地从事购买活动，以此赢得他们对本企业的忠诚。

□ 选择竞争优势

服务战略决策者通过价值链分析，可以发现若干潜在竞争优势。其中，有些优势过于微小，开发成本太高，或者与服务的形象极不一致，因此可弃之不用。假设经过筛选还剩下四个优势可供采用。在此情况下，服务战略应有一套办法以便从中选择最有开发价值的优势。

服务战略策划可以将其四个属性——技术、成本、质量和服务的名次与主要竞争服务作比较。两种服务的生产企业的技术力量都得8分（最低分为1分，最高分为10分），这意味着双方的技术条件都很好。竞争服务在成本方面处于优势（8:6），如果市场上的顾客对价格更加敏感，就会给该服务产品造成损害。该服务产品的质量优于竞争服务（8:6）。最后一点，两个服务策划提供的服务都处于平均水平之下。

该服务策划应该设法降低成本或是改进服务，以提高与竞争服务相对应的市场吸引力。不过，由此产生的下列问题需要考虑：

（1）改善该服务产品的这些属性对目标消费者的重要性如何？

（2）该服务策划是否有足够的资金进行这些革新？完成这些革新需要多少时间？

（3）如果该服务策划这样做，部分对手是否也能改善服务？该方法表明竞争改善服务的能力差，或许是由于竞争者不重视服务，或许由于缺乏资金。

该方法说明针对某种属性，该服务策划应采取的适当行动。对本服务策划来说，最有意义的是进行投资以改善服务，服务对顾客来说是至关重要的。该服务策划如能尽快投资以改善服务，也许竞争服务会一时无法赶上。由此可见，这一推进过程有助于服务策划选择最佳的竞争优势。

□ 表现竞争优势

策划服务必须采取具体步骤建立自己服务的竞争优势，并进行广告宣传，切不可以为竞争优势会自动在市场上显示出来。服务战略要求实际行动，而不是空谈。服务策划必须通过各种手段来表明自己选择的市场定位，同时也必须避免以下三个主要的战略定位错误：

（1）定位过低。消费者对某服务的定位印象模糊，他们看不出该服务与其他服务有什么不同。

（2）定位过高。消费者对其服务产品了解甚少，他们以为斯迪奔牌的玻璃器皿都是每件价格在1000美元左右的高档货，而实际上，斯迪奔牌产品也包括每件售价仅50美元的玻璃器皿。

（3）定位混乱。服务在消费者心目中的形象混乱不清。例如，如果向汽车主询问他们对克莱斯勒牌汽车有何看法，他们会说克莱斯勒牌汽车制造精良，其他人会说它粗制滥造；有的人说它容易驾驶，另一些人说它难以驾驶，等等。

6. 选定服务承包商

会展企业可以通过服务承包商来向参展商和观众提供服务，服务承包商通过投标方式来获得业务。招标书由会展企业制定，招标书里列出了展会的详细要求，包括展会的方位、展会所需的展位数量、展会类型以及参加展会的参展商数量和类型。会展企业向多个服务承包商发出招标书，要求参加竞标的服务承包商提交展会服务计划书以及服务报价。展会的服务承包商由会展企业选出，参展商不参加选标工作。在评标工作开始之前，招标书必须填写完整。根据各服务承包商提交的招标书，会展企业可以在多个公司之间进行比较，挑选合适的供应商。

对合格的服务承包商的要求是：

（1）安排货物和展会物资的运输、搬运和储藏。

（2）处理货物递送，负责货物由卡车到装运码头再到展馆展层，然后回到卡车上的整个过程的监控工作。

（3）安排人员丈量和布置展层设施。

（4）提供成套干净的、多功能的、装饰性好的家具和设备，提供地毯、帷幕及特殊的物件和其他陈列附属物。

第 7 章 展览服务策划

（5）搭建和拆除展位，包括按客户的展位要求和建筑设计进行施工。

（6）提供劳动力，安装和移动设备、产品展位、标志和家具。

（7）根据参展商的规格要求生产标志和横幅。

（8）对水、电、煤气等重要服务设施提供安全可靠的接通服务。（注：这些服务需要经过培训的专业人员根据当地规定进行安装。）

（9）满足视听需求。

（10）安排平面造型、花卉植被、模特和摄影师。

（11）张贴展会活动日程表。

（12）其他事项。

7. 制定服务手册

在组展过程中，会展企业应为每家参展商提供一本优质的会展服务手册。这本服务手册的制作既要有吸引力，又要通俗易懂，还要标准规范。首先，不要把手册的读者当做会展界高手，要把他们想象成初入展览大门的新人，把一切可能想到的问题和解决方案都写进去；其次，要及时和各方面沟通，了解本届展览会服务的新变化；最后，会展服务应该具有查询方面的功能，可读性强。这样既完整又易查的会展手册，可以节省会展工作人员和参展商的时间，减少摩擦。

会展服务手册主要包括以下几个方面内容：

（1）展览内容方面。包括展览的中英文名称、展览举办城市及场馆的名称；展览日期，包括进场、出场日期；展览承包商名字、地址、电话、传真或其他相关承包商；详述展位租金付款方式（如果需要，提供材料和服务的程序）；相关规定；描述展览的内容等。

（2）订购单方面。包括正式合同信息、展位承包公司名称和其他指示标志、家具租借、装潢和地毯、运输、安置和拆除劳工、电力、消防、展位清理等。

（3）其他相关服务方面。包括邀请函、配套宣传策划、住宿及行程安排、交通旅游、视听设备、摄影、花艺、盆景租借、呼叫装置、模特现场展示或接待等。

7.2 展览运输服务

展览运输服务是指会展企业运输代理商协助或代理参展商将展出所用的展品、道具、资料、办公用品等用陆运、空运、海运或综合方式从货物原所在地运到展出所在地，并运回或运到下一个展出地点以及办理有关手续的工作。展览运输服务包括运输规划、去程运输、回程运输及单证办理等工作。

1. 运输规划

运输工作需要统筹规划。运输规划涉及运输方式、运输日程、运输费用、运输公司和代理等因素。

□ 运输路线选择

运输路线最简单的是门到门运输。这里所指的门到门运输是将卡车开到参展商所在地装货，然后直接开到展场卸货的运输方式，不是指将货物交给运输公司，由运输公司安排运输，在展场交货的门到门运输服务。

国际运输路线最常使用的路线可以分为三段：第一段，从参展商所在地将展品陆运到港口；第二段，从港口将展品海运到展览会所在国的港口；第三段，从港口陆运到展览会所在地。运输费用通常也是这样计算的。

□ 运输工具确定

在火车、汽车、船舶、飞机等各种运输方式中，使用哪种运输工具为宜的问题，即运输工具的选择问题，对于展览运输服务具有重要意义。

总的来说，运输工具的选择应该在考虑展览服务对运输系统的要求和允许的运输费用的基础上做出决定。

运输工具的选择,既可以单独选用一种运输工具,也可以选用相互衔接的不同种类的运输工具。

选定运输工具的方法,必须根据具体条件加以研究。作为这些具体条件的基础,大体可以从五个方面考虑:其一是运输物品的种类;其二是运量;其三是运输距离;其四是运输天数;其五是运输费用。

在考虑运输物品的种类时,应从物品的形状、单件重量和容积、物品的危险性和易腐性,尤其是从物品对运费的负担能力等方面研究。

关于运量,要考虑运输批量的大小。运输批量大小不同,所选择的运输工具也应不同。

关于运输距离,应根据运输距离的长短,选定不同的运输工具。

至于运输天数,则与物品的到货期有关,按期运到是很必要的。

当然,运输费用也是应该着重考虑的问题。尤其重要的是,在运输费用和物流费用之间存在着优选的关系。由于这种关系的存在,在选定运输工具时,就不能只根据运输费用做出判断,而应该按照总的物流费用做出决定。

具体而言,选定运输工具时必须很好地了解各种运输工具的优缺点(见表7-1)。

表7-1 各种运输工具的优缺点

运输工具	优　　点	缺　　点
铁路	(1) 适用于大宗货物的集中、迅速运输; (2) 可在独自的轨道上运行; (3) 对运费不能超过一定限度的大宗货物、远距离运输情况,人工费少,消耗能源少,运费比较便宜,因而是经济的; (4) 事故较少,安全性好; (5) 在全国各地建有铁路网,可以向全国各地进行运输; (6) 受气候条件影响较小。	(1) 短距离运输时,运费比较贵; (2) 远距离运输时,由于调车等人为因素,货物在中途停留的时间较长; (3) 在紧急情况下,由于调配车辆关系不能做到不失时机地进行运输; (4) 因为是轨道运输,缺乏自由性,除了特殊情况之外,两边车站都要安排汽车来进行集散。

（续表）

运输工具	优　点	缺　点
汽车	（1）便于门到门的联运，可实行联运服务体制； （2）适合短距离运输，其运费较为便宜； （3）运输包装可以简单些，较为经济； （4）可以自己运输，营业车和自备用车可以并用； （5）可根据运输要求的日期进行运输。	（1）不太适合于大宗货运输； （2）远距离运输运费较贵； （3）发生交通事故和公害问题较多。
船舶	（1）适合对运费负担能力低的大批量商品进行远距离运输，运费较便宜； （2）在运输原材料等散装货物时，可利用专用船运输，能实现装卸联运的合理化； （3）一般适用于大件、重货、大宗货运输。	（1）运输速度比较缓慢； （2）在港口码头的装卸费用比较高； （3）运输的准确性和安全性比较差； （4）易受天气影响。
飞机	（1）运输速度非常快； （2）适用于运费负担能力高的小批量商品和新鲜食品的中远距离运输； （3）货损少，货物包装比较简易； （4）运输保险费较低。	（1）运费高，不宜运输低档商品； （2）受重量限制； （3）除了机场附近的地区外，其他地方难以利用。

　　选择运输工具时，运输距离是必须考虑的一个主要方面。通常，在运输距离为300千米以下时，使用汽车运输；300—600千米时，使用铁路运输；500千米以上时，使用船舶最为经济。但是，由于铁路运输的运价上涨及高速公路里程的延伸，这种所谓以300千米为汽车运输的经济距离的说法已有所改变，其距离有延长的趋势。

第 7 章 展览服务策划

□ 运输日程安排

展品运输日程要尽早安排，以便能协调安排好一系列工作，包括展品、道具、资料等展览用品的筹备，以使展品及其他展览用品能在恰当的时间运抵目的地。

重要的展品运输日期有展品开始征集日期、展品制作日期、展品备妥或集中日期（也称为交箱日期）、安排运输日期、办妥单证手续日期、办理手续日期、装车日期、陆运发运日期（一般与装车可同日）、装船日期、海运发运日期、中转日期、抵达目的港日期、运抵展览会指定地点日期，以及回运和调运的日期等。

在确定展品运输日程时，就大的方面而言，不仅要考虑运输所需的时间，还要考虑展品、道具、资料等展览用品准备所需的时间，以及办理有关单证和手续所需的时间，并要协调好这些工作和时间。就细的方面而言，要考虑运输公司的能力和信誉、装卸货的速度、运输过程中可能的延误，包括发生故障、港口工人罢工、严重压港等情况。

大型国际展览期间，港口或机场以及展览会现场有时会出现积压现象。如果是大型或重型展品，要通知有关部门在展品发运前将展品准备好，并提前安排运输，以便在其他参展企业之前将大型和重型展品运抵展场。展品到达日期不宜过早，以免产生大笔仓储费用；也不宜过晚，以免出现一旦延误便赶不上展览会的情况，损失更大。权衡之下，运输时间以适当留有余地为宜，多花仓储费比晚运到、耽误布置展出要好。

运输方式和日程确定后，要尽快做出具体安排，比如定舱。另外，要通知并监督所有有关方面协调做好工作，以免出现发运了展品却无法准时收到等情况。

□ 运输费用计算

运输费用通常分为展品费用和运输费用。展品费大多体现在正常的经营管理费用中，因此，不反映到展览费用中。

运输费用在展览开支中比较突出，通常分为运费（陆运、海运等）和杂费（装卸、仓储等）两大类，统称运杂费。细分内容有：发运地陆运费及杂费、发运地仓储费、装货港港口劳务费、保险费、海运费、目的港港口劳务费、装卸费、堆存费、港口至展馆运费、装卸费、空箱存放费、空箱回运费、运输代理费、海关代理费等。与运输有关的费用，比如关税、增值税、销售税、所得税、附加税等，往往也一并归入运输费用。

□ 运输代理选择

展览运输工作也是一项很专业的工作，一般都是指定专业的运输公司来作为运输代理，全面负责展览会的展品、展具等的运输。

会展企业在选择指定展览运输代理时，要注意以下两点：

（1）考察该公司整体服务能力。考察公司在运输代理的联络、海关手续和搬运操作等三个方面是否具备国际展览运输协会提出的最低要求；在报关代理单证文件办理、运输方案和时间选择以及现场支持等方面，是否具备基本的服务能力。

（2）考察该公司的服务水平和信誉。该公司业务人员在业务方面的语言能力是否可以保证联络的需要，是否确保展品交运方理解运输报关的要求，对于单证、包装和截止期等方面的要求是否表达清晰，配合办理单证及海关手续的能力如何，展览会现场支持和协调服务如何等。此外，还要考察该公司以往提供服务的信誉如何。

2. 去程运输

去程运输是指展品自参展商所在地至展台之间的运输。一个比较完整的集体安排的去程运输过程可以大致分为以下几个阶段：

（1）展品集中。这是集体展出、统一安排运输的特点，参展商将各自的展品、道具运到指定的集中地点。首先，要安排一个合理的展品集中日期。所谓合理日期，是指考虑到参展商准备展品的时间和运输所需的时间而决定的日期。展品集中后，由集体展出组织者或受委托人理货，根据展品量安排集装箱及运输事宜，然后将展品箱拼装装入集装箱内。

（2）装车。指在展品集中地将集装箱装上卡车，运往港口、机场或车站，装车日期与下一程的长途发运日期应衔接好。装车要做好现场记录，并核对箱数，监督装车，办理手续。发车后立即通知装货港口、机场或车站的运输代理准备接货。

（3）长途运输。这是运输的中心环节，包括水运（海运和内陆水运）、空运和陆运（火车运输和卡车运输），还可能包括中途的转运。其中，海运手续最为复杂，卡车运输最为简单。

（4）交接。安排运输的人员可能不参加展览会，因此要将有关情况交代给指定的展台人员，运输环节多，因此要交代仔细。

（5）接运。接运是指在目的地接受展品，办理有关手续，并将展品安排运到展馆。

如果展品提前运抵，应安排提前进展场所在地或近处，避免多次装卸，争取少付或不付存储费用。如果需要存储，避免存放在港口仓库，因为港口或车站仓库一般收费很高，并且存储期间要注意安全。

展品运到前后，根据各地实际情况，办理展品提货手续，安排货物检验，了解展品处理手续和有关税率，办理免税手续等事宜，然后安排展品运抵展场。

（6）掏箱。指将展品箱从集装箱中掏出或卸下，并搬运到指定的展台位置。可以委托运输代理安排，也可以安排展台人员干，如果委托运输代理安排，展台人员也应予以协助。要事先安排好掏箱时间、设备和工人，并考虑开箱、走动、搬运、布置等工作，确定道具、展品箱卸放位置地点。

要监督掏箱，以保证掏箱工作准确、有序。掏箱过程中，将所使用的工人数、工时、设备等情况和时间记录在案，一式两份，双方签字，一方一份，以备结算。

（7）开箱。开箱工作一般由展台人员自己完成，特殊展品可以安排专业人员开箱。开箱次序要根据展台布置进度和展场情况事先安排好。首先开道具箱，其次开大件展品箱，贵重物品和小件物品箱最后开。施工期间展场很乱，要注意防盗。开箱前要注意箱件是否完整，是否有被盗痕迹，若是运输途中被盗，应及时联系海关出具证明。开箱时，应该进行清点、核对，如展品完整无缺，皆大欢喜。但是，也可能出现问题，包括：点缺，第一次开箱清点时发现短少，而包装完整（非盗窃），属装箱时忘装或少装，应填写有关证明或记录缺品清单；点多，第一次开箱清点时发现多；遗失，途中遗失和展出期间遗失；损坏，即因包装不善、运输不善、装卸不善（包括野蛮装卸）、布置和展出期间事故造成的展品损坏。若展品有损坏，应填写受损证明。

拆箱时要考虑再使用箱子，注意保护好包装箱，不要遗忘任何东西，空箱要注明公司名称、展台号、编号及"空箱"字样，空箱由运输代理运到仓库保存。空箱要保存好，在闭幕前，运输负责人要估计空箱再使用情况，并与运输公司安排在闭幕时将空箱运回展台，仍用于包装展品，或者回运，或者赠送。

3. 回程运输

回程运输是指将展品自展台运回至参展商所在地的运输，简称"回运"。对于安排统一运输的集体展出组织者而言，将展品自展台运至原展品集中地的运输称为"回运"，然后将展品自展品集中地分别运回到参展商所在地的运输称为"分运"。还有一种情况是将展品运至下一个展览地，传统上称为"调运"。

（1）回运。回运与去程运输基本相同，只是运输方向相反，另外，除了包装、装箱、装车要抓紧时间外，其他时间要求一般不高。

回运筹备工作在展出期间就应该着手。闭幕前制作出回运的展品清单，估计回运箱件情况和回运日期，然后定舱，而且委托运输代理安排在闭幕时将空箱运回展馆，并安排装箱和装车。展览会闭幕前，若有展品需要处理，要请海关人员及运输代理到展台办理有关手续。国内展的展品处理和运输办理要简单一些。

回运展品需要再包装，对易碎品要格外小心，尽量使用原包装箱盒，并注意重新标注运输标志。国际运输中，货物严禁恶意夹带个人物品，这一点要向展台人员强调。展品若有任何损坏，要作记录、拍照，填写有关证书,并通知保险公司。

如果安排紧凑,展品包装、装箱完毕后就装车。装车时仍需作记录,并请代理签字或开具收条以表示接手货物、划分责任界限。如果展台人员在装车前离开展场,必须将未处理完毕的业务包括装车委托给运输代理。要用书面委托,并要求运输代理代开具展品箱收到的书面确认,以明确责任界线,不能只是口头通知运输代理就离开现场。

回运展品发运后,运输工作并未结束,还需办理结关、付费和交接等工作。

(2)分运。展品回运到原先的展品集中地后,由集体展出的组织者或委托的运输代理将展品箱再分别运还给参展商。分运工作也需要认真做,如果不是原运输负责人做,需要进行工作交接。展品发运后,要及时通知参展商接货。清点、装车、发运等工作都要有记录存档,以备将来查询。

(3)调运。也称为转运或调拨,有关安排和手续与去程运输相似。如果紧接着有一个展览会,展品自然需要调运到新展地。如果下一个展览会日期还比较遥远,则会产生回运还是调运的问题。这需要权衡工作需要,比较运费、仓储费以及占用流动资金等情况再作决定。如果是国际间的调运,可能会有比较复杂的海关手续。

4. 单证办理

单证办理主要是针对国际展览。要了解本国和展览会所在国的海关规定、手续、税率、特殊规定,以及展览会所在国对展品进口和处理、运输、保险等的规定和要求;了解展出地是否许可办理临时进口手续,以及能否免费进口宣传品、自用品等;了解参展商所在国和展览会所在国是否加入了 ATA 公约,以便通过商会索取临时进口表格并办理有关手续;要了解展览会所在国对展品和道具的处理规定和手续;要了解海关是否对展览会有特别的规定,比如给予展览会的配额等。

单证是展品和运输有关单据、证明、文件的统称。单证可以大致分为展品单证、运输单证、海关单证和保险单证。在出国展览工作中，单证与包装和运输一样被认为是比较困难的工作，这里将重点讲述可能需要参展商或集体展出组织者自己编制、办理的单证。

（1）展品单证。展品单证是有关展品的证明和文件，出国展览需要办理的单证多一些。展品单证包括展品清册、普惠制原产地证书、原产地证明书、领事认证、商品检验证书、动植物检疫证书、濒危物种再出口证明书、配额证等。

（2）运输单证。运输单证是办理运输所带的单据、证明、文件。运输环节越多，尤其是国际运输，单证的要求也就越多。发货人办理运输需要填发一些委托通知，包括委托租船通知书、委托装船通知书、空运托运书等；装货时需要办理一些单证，包括装载衡量单、装箱单、集装箱配装箱明细表等；运输方收到展品后，需要出具提货单证，包括提单（海运提单、空运提单等）、铁路货运单等；其他单证还包括回运展品后的委托分运通知单，以及运费结算单证，包括运费清单、运杂费结算证明等。

7.3 展览食宿行服务

展览食宿行服务包括住宿、餐饮、旅游服务等。会展企业一般指定专门的代理商来完成这些服务活动。

1. 住宿服务

住宿是指在外居住（多指过夜）。宾馆酒店是以盈利为目标的经济组织，其出发点和归宿点均是盈利。宾馆酒店产品的六大要素是指地点、设施、服务、气氛、形象、价格。评定一家宾馆酒店等级的高低，主要取决于硬件水平和软件质量。

为了方便安排参展商和观众在展会期间的生活，会展企业一般会与一些宾馆酒店签订合作协议，指定这些宾馆酒店为展会的接待酒店。届时，展会将向所有的参展商和观众推荐这些指定的宾馆酒店，推荐他们在这些宾馆酒店住宿。这些宾馆酒店也将按和会展企业签订的合作协议，以比市场价更优惠的价格向该展会的参展商和观众提供住宿等服务。

展会在指定接待酒店时，往往会选择那些离展览场地较近、信誉较好的宾馆酒店，这样不仅能使服务质量有保障，还有利于参展商和观众在住宿地和展馆之间的往来。

一般来说，由于参加展会的参展商和观众基本都是一些商务人士，所以展会的指定接待酒店的档次也不能太低，一般不能低于三星级。

指定了展会接待酒店以后，展会就要将这些宾馆酒店的协议入住价格、地址、联系人和联系办法、酒店离展馆的距离远近、展馆与酒店之间的交通等基本信息告诉展会的参展商和观众。此外，为了区分哪些是展会的参展商和观众，有些宾馆酒店还会要求参展商和观众在办理入住手续时，必须出示参展商证、观众证等证明材料方能按优惠价格入住。对于这些特殊规定，展会也要及时告诉参展商和观众。

2. 餐饮服务

餐饮服务是宾馆酒店为前来就餐的客人提供食品饮料的一系列行为的总和。餐饮服务是指在会展市场特定范围内，宾馆酒店工作人员为会展客人来餐厅就餐所提供的服务。

会展客人对宾馆酒店来说，是一个逗留时间长、消费多、影响面大、层次高的客源层和消费群体。宾馆酒店餐厅工作人员为会展客人提供用餐服务质量的好坏，将直接影响到整个宾馆酒店的运营状况。一个宾馆酒店如果想为会展市场提供优质的服务，就不能忽视会展客人的用餐服务，就应该时刻为会展客人着想，不仅要考虑到参展商和观众作为宾馆酒店的客人拥有同其他客人一样的需求，更应该充分考虑会展客人的特殊需求，为他们提供相应的服务。

3. 会议接待

会议接待是一门技术，也是一门艺术。会展企业应选择好会议接待单位，特别是选择一个有会议接待经验的饭店，从事会议接待工作，这样有利于提高会议质量。一般来说，会展企业在进行会议接待服务时必须注意以下一些方面：

（1）了解出席会议的对象。会展企业在提供接待业务时，应了解出席会议的对象是谁，多数客人属于哪个行业，是政府官员还是工商企业人员。比如，会议代表是体育界人士，则会议室中座位与座位之间就要相对宽一些，在就餐时提供的食品数量也应比其他会议多一些。另外，要考虑参加会议的人员来自哪些地区等，不同地方的与会人员，生活、饮食习惯都有所不同，应分别考虑他们的需求，及时解决。

（2）根据会议性质、档次等，确定会议的接待标准。比如，国际会议的收费及接待标准要高一些，而一般学术研讨会等收费及接待标准要低一些。

（3）根据饭店星级确定收费标准，或根据收费标准选择不同地段的星级饭店。

（4）接待场所档次、大小等不同，收费标准也不同。接待场所布置豪华、设施高档、面积大等，则收费标准高；反之，收费标准低。

（5）会议服务内容不同，则收费标准也不同。比如，有的会议在茶点服务、休息时需要插一下文艺表演，从而收费也不同。

4. 旅游服务

一般来说，参展商和观众不会将在会展旅游时得到的服务与展会割裂开来，他们往往把会展旅游看成展会的一个有机组成部分，将会展旅游服务看成是展会服务的一部分。因此，参展商和观众在会展旅游时的经历、感受和得到的服务的好坏,将直接影响到他们对展会的整体评价,影响到他们对展会的认知程度。

会展企业一般把会展旅游的有关业务委托给专业的旅游公司去安排,自己则专门搞好展会的组织和管理工作。由于参展商和观众往往把会展旅游看成展会的一部分,因此,会展企业在指定旅游代理时,一定要选择那些资质好、能力强的公司,以便以良好的旅游服务来加深参展商和观众对展会的良好印象。

根据客户的来源或者旅游线路的不同,展会在指定旅游代理时,可以考虑分别指定一个海外旅游代理和一个国内旅游代理。如果某家旅游公司的实力特别强,也可以只指定一家旅游代理,将海外和国内旅游的业务都交给它来经营。

7.4 展览现场服务

展览现场服务是展览服务的重要内容。展览注册、进出馆管理、安全保卫管理、展台管理与展品的安全保卫都是展览顺利进行的重要保障。

1. 展览注册

当出席会展活动的客人进入宾馆酒店到总台登记时,他们需要填写客房入住登记表,领取客房钥匙,同时由前厅部工作人员为客人设立客人付费账页。另外,会展活动的签到登记也是重要的一环。会展活动参加者向组委会秘书处正式注册是其必须履行的手续,不签到登记或忽略登记就不能得到活动主办方的承认与应有的待遇,其姓名也不会被列入正式活动参加者名单。会展活动参加者在签到登记时要向活动主办方递交会务费或参展费,并领取会展活动主办方的文件材料。

在绝大多数情况下，会展签到处设置在远离办理客房入住登记手续的总台，并应有明确的标志，还应有专人在规定的时间内负责接待。也有的主办者为了便于活动参与者报到注册，就将签到处设置在饭店大堂。一般大型会展活动的签到登记日期在活动开始前的两三天，一直延续到活动开始后的一二天，而小型、短暂的会展活动，签到期安排在会展活动开始前一二个小时。过了签到时间，签到处即可撤去，但对姗姗来迟的参加者仍需做出安排并给予接待。例如，可规定到何处找何人补办签到手续等。

宾馆酒店应为会展企业放置签到桌，并提供尽可能的方便，保证签到工作的顺利进行。这样做是很重要的，因为即使这不是宾馆酒店的责任，某些不得不排队等候登记的活动参加者也会带着对宾馆酒店不好的印象离去。

会议登记是一个具有接待功能，也具有控制功能的工作，许多会展活动参加者对宾馆酒店的第一印象就是在大会登记处开始形成的。会展活动的签到登记也是信息来源之处，因为会展企业要求活动参加者在签到时，要在列有若干栏目（如姓名、单位、职务、地址、电话）的签到本或签到卡上填写有关信息，以便今后保持联系。会展活动秘书处也会在参加者签到时询问是否需要协助办理回程车、船、机票和确认回程航班。签到后，会展活动秘书处工作人员又会随即发给与会者装有入场身份、印有会展活动名称、时间、地点及会徽等的纸夹、布包或公文皮包，而里面的会展文件及活动安排日程表又为会展活动参加者提供了所需的活动信息。

展览会的现场观众登记，要注意以下步骤：

（1）设立观众登记柜台。一般在展览会的开幕大厅或进馆大厅设立观众登记处，安排专门人员同时配以机动人员全力做好这项工作。

（2）对现场观众进行分类登记。可以根据展览会开始以前发放邀请函的情况，对观众进行分类登记，即那些持有展览会"邀请函"的观众，在前来参观之前就已经登记了有关信息，可以给予"专门通道"

快速通过。

（3）收集和保存完整的观众信息。在登记现场，工作人员要提醒观众完整填写有关信息，办理进馆手续动作要迅速；要妥善保管观众的登记资料和名片，现场录入工作要提高准确率。

2. 进出馆管理

许多展馆（展览地点）在展会正式开始前，并没有足够大的空间来接收和存放参展物品，并且在很多情况下，在一个展会的前后还要举办其他展会，因此，合理、妥善地安排参展商的进馆与出馆就显得尤为重要。尽管在组织参展物流方面，运输公司起着重要的作用，但就进馆、出馆的工作能否顺利实施而言，负责这方面工作的展会工作人员起着重要的组织、协调、督促、监督的作用。展台搭建和拆除的日期一定要通知参展商和相关展会工作人员，应设置合理的进馆、出馆时间表（因为不可能让所有的参展商同时进馆或出馆），保证参展物品在展会开幕前被运抵展厅，保证所有的参展商在规定的期限内撤展、出馆。布展期间需要有专人进行现场巡视，随时解决参展商所遇到的问题以及可能产生的纠纷。会展企业还应制定一些惩戒、督促措施来应对那些没有按照规定的时间安排进馆布展的参展商，并要求违规者给予一定的经济赔偿。

撤展工作主要包括展品的处理、参展商租用展具的退还、展位的拆除、展览场地的清洁和撤展的安全工作等。

（1）展品的处理。展览会结束后，展品一般有四种处理方式：出售、赠送、销毁或回运。如展览会规定不能现场零售，展品就只能在展会结束后赠送给客户、代理商或其他人员。如不便或不愿赠送，也可就地销毁；对价值较大的展品，如不出售或赠送，往往需要回运。无论采取哪一种方法，都要求参展商事先做好准备。

（2）参展商租用展具的退还。这项工作一般在展馆服务部门或展会服务商与各参展商之间直接进行操作。如出现问题，需要会展企业进行协调。

（3）展位的拆除。对展位的拆除，会展企业必须正确预计工作量，留出足够的时间，避免匆忙撤离造成的失误和损失。一般由负责承建展位的服务商或参展商自己负责拆除，在拆除过程中要特别注意人员安全和消防安全。

（4）展览场地的清洁。展览场地的清洁也是关系到展览会形象的大事，一定要予以重视。展览会的服务商或会展企业要负责整个租用场地的清洁工作，因此，对于有可能造成大量垃圾的展位，要预先予以提醒，或事先通知参展商做好付费的准备。

（5）撤展的安全工作。撤展的安全工作，既包括参展商个人和展品的安全，也包括撤展期间整个展馆现场的安全。所有出馆的物品都要经过查验才能予以放行，在国内举办的大型展览会，还要防止闲杂人员和拾荒人员乘撤展的忙乱随意进、出展馆，引起不必要的财物损失。总之，撤展的安全工作必须有条不紊地进行，管理工作不能有丝毫的松懈。

3. 安全保卫管理

会展企业应负责会展活动的安全保卫工作。会展安全保卫的范围如下：

（1）会展场所。会展场所是会展活动参与者和工作人员的主要活动场所，尤其是重要的政府会议和国际会议，这些场所就是政府领导和各国要人出现的地方。会展场所安全工作不仅重要而且复杂，因为除了正式代表与工作人员外，还会有各种其他人员包括观察员、旁听者、记者及各类服务人员出入，所以在人数及人员上常难以控制。正因为这样，会展场所便成了会展安全保卫的重要范围。

（2）餐饮和住宿客房。住宿客房和餐饮场所是会展活动参与者及工作人员在会展活动期间的又一主要活动场所。餐饮场所的安全不仅指就餐场所的保卫工作，也指食品饮料的采购、保管、准备的全过程和有关场所的安全工作。会展企业应督促宾馆酒店履行其安全保卫职责。

（3）停车场所。停车场所的安全保卫工作也是会展安全保卫的范围。由于会展期间车辆的增多和现代恐怖分子利用车辆实施恐怖活动手段的出现，这一场所的安全保卫也日趋重要了。停车场所安全保卫已不仅指对会议参与者人身安全的保卫，也指对车辆的安全保卫。

（4）重要领导人的安全保卫。会展活动常会有政府的重要领导人出席，于是对他们的保卫便成了安全保卫的重中之重。重要政府领导人常会自备安全人员（公开或隐蔽），东道国保卫部门也会派出人员进驻饭店实行形影不离的贴身保卫。这些"保卫人员"有时以联络官、司机的身份出现。

政府重要领导人一般会被安排在总统套间，这些保卫人员更会封闭楼层和通道，24小时日夜警卫，盘查来人。领导人出席会展活动时，宾馆酒店需对会展活动场所先进行清场，再由安全人员利用各种设施和手段进行安全检查。在他们外出时，公安部门会进行暂时封路并派出警车开道，随行人员及汽车随后，前后形成严密车队。会展企业及宾馆酒店安全保卫工作主要是配合国内保卫部门和国外政府领导人员自带警卫人员的工作，协助做好重要领导人的安全保卫工作。

（5）重要进出通道。会展场所、客房楼层、餐饮场所、停车场所之间的重要进出通道是会展活动的参与者与工作人员必经之路。会展企业不能忽视这一重要进出通道的安全保卫，尤其有重要国际和政府会议举行时，更需充分做好事前安全检查及必要的清场，以确保工作的万无一失。

4. 展台管理

展台管理是会展的最重要的部分，包括展台接待、展台推销、贸易洽谈以及市场调研等工作。展台管理的目的在于：

（1）展台接待。保持并巩固与老客户的关系和发现新的潜在的客户。

（2）展台推销与贸易洽谈。推销公司产品和服务，塑造公司形象，使潜在客户对展出公司产生信任，对展出的产品、服务产生兴趣，使潜在客户对新产品产生兴趣和购买意向，与现有客户签订新的贸易合同。

（3）市场调研。收集到足够多的关于市场、趋势、产品、竞争、需求等方面的信息，在此基础上进行调研，为展览公司及参展客商提供建议和参考。

5. 展品的安全保卫

带有展示活动的大会通常存在许多潜在问题，而这些问题会增加会展企业的成本和麻烦，展品的安全保卫就是其中之一。要做好展品的安全保卫工作，会展企业与会展场馆安全负责人之间应进行良好沟通及合作协调。

当参展商参与这些展示活动时，会展场馆或饭店和安保力量必须在外界的帮助下得到加强、充实。增加的费用应该计入会展场所的销售价中或由会展企业承担。这些外界力量包括安全保卫公司或公安部门，他们训练有素，富有安保经验，是极好的"外援"。

所有的安全保卫人员，不管是专职的还是临时聘用的，不管是有经验的还是缺乏经验的，都应该在会展活动前接受"会前培训"并了解会展场馆或宾馆酒店的设施。在培训中，每位安全保卫人员要明确职责，熟悉环境。

展品的安全保卫涉及四个阶段，即展品进场、展示期间、闭展期间和展品离场。其中，展品进场和展品离场是最关键的阶段，因为在这两个阶段，展品涉及多次交接和搬运，许多人员有机会接触到展品和工作用品；也常会有人乘机将展品据为己有，从小计算机到大型医疗器械都会拿。安全保卫人员必须时刻保持高度警惕，注意观察，提防可疑人员。如有可疑对象，应立即上前进行策略性的询问。在展品进场时的装卸过程中，安全保卫人员要对展品装卸区域采取保卫措施。所有展品进场和离场必须凭展会组委会颁发的通行证。此外，在通行证上必须注明进离场展品的品种与数量，经安全保卫人员检查、核对无误后才可放行展品。安全保卫人员要经常告诫展商在展品进场期间将展示商品置于"安全之处"。如找不到"安全之处"，则可将展示商品置放于展位的桌子下，远离过往人群的视线，这样可减少展品的失窃现象。饭店在展会中不仅应在出入处设立警卫，而且还应该派出流动安保人员。这样，对想要行窃的人是一个心理上的威慑。

在展会期间，展位安全保卫的责任更多地落在参展商身上，而不是落在安全保卫人员的身上。特别在大型的会议中，情况更是这样。因为饭店给会议中的每个展示活动都派出许多安全保卫人员是不可行的。离开展位一段时间的参展商必须要有人代替他们照顾展位。这样，展位便不会出现无人看管的现象。特大型会议举办的展示活动需要将观众人数控制到最低限度，因为人越多，安全保卫工作越困难，所以只应该让出席会议的人凭胸卡或入场券才能参观。但胸卡和入场券也不是万能灵药，有的人也会偷卡偷券混入展场。参展商感到展示区域的主要问题之一便是内部的小偷小摸。饭店工作人员偷摸展品往往是在撤展的时候，这时展区里是最忙乱的，因此也更需要注意安全保卫工作。饭店工作人员熟悉饭店，了解偷来展品的可处置之处，以及没有警卫的出口通道，所以饭店工作人员偷窃展品常会得手。此外，在晚上当参展商离开展厅时，展品也十分容易被窃，因为参展商经常会在傍晚闭展时匆忙离去而忘记把贵重展品放入保险库或保险箱里。

▎策划锦囊

展会服务的常见问题

美国业内首屈一指的灰狗展览服务公司，其分支机构遍布美国各州。该公司总结出了在实际展会操作中展览地（饭店）出现的十大问题：

（1）糟糕的展览布局策划。有多少次，当参展商走进展区，发现一个精美的、巨大的枝形吊灯赫然悬挂于房间的正中央。这当然还有可能是立柱或相似的障碍物。究其原因，展览地的销售人员仅会拿出一张现有的简单的平面图交给客户，也不去问一问展览服务承包商为什么会出现这些问题，并以图中根本没有立柱或吊灯的标注作为托词。

（2）管道问题。一个占地面积1万平方米、拥有140个展位的展示会，所有管线和参展商要求的临时线路只有两个进排水口，令管道承包商和参展商均无能为力。

（3）电力供应。电子展览会动力负载高，如果饭店现有设备连半数也无法满足需求，则必须请求公用事业公司在布展时迁入额外线路。通常，电子产品展览会对动力的要求明显较高，如果展览地在展览会预订阶段就着手平衡负载与现有设施的矛盾，事先增加电力供应，就会减少许多令人头痛的问题。

（4）户外帐篷或露天展览。灰狗公司没有人向产品经理提及户外展览的要求。可他偏偏将展览场地安排在饭店附近的海边，搭建一个顶上加盖一帆布的天棚，时间是一年中风力最大的时刻。这是一个人类与不利因素抗争的实例。人类的力量往往不是最强的，也许能够挽回展览，但会大大增加成本。

（5）工作量安排。我们有多少次在搭建起50平方米或100平方米的展位，并安装了所有定制的展品后，突然发现只有6个小时用来拆卸、打包和转移。这种不合理的匆忙带来了财产破损和发运失误，而最严重的莫过于客户因不满而弃你而去。

（6）展品的入展和撤展。如一个有快餐食品加盟的大型展览会，撤展工作从下午5时开始，而同一展位的下一场参展商按计划第二天上午用不同颜色的帷帘来布展。这份时间表根本没有给前一场展览足够的撤展时间，更不用说食品展的清洁工作了，到处可见散落在地毯和地面上的爆米花、热狗、芥末、冰淇淋和软装材料。服务公司人员把地毯拉出去清洁，再将所有器材拆卸、装运并搬出，而后对光滑的地面进行彻底擦洗。服务公司人员工作了整整一夜和一个早晨，下一场的参展商在一边不耐烦地等待着，面露幸灾乐祸的神情。

（7）清洁服务。通常，展馆中过道一般由饭店负责清洁，展位由服务承包商负责。但是，谁负责那些礼品展览、奖品展览和食品展览等所留下的成堆的垃圾呢？是否要事先通知客户做好付费准备？一些小事长远看来是十分重要的。清洁服务在整个展会活动中是微不足道的，但是处理不好会给展馆和服务承包商带来损失。

（8）重型设备。重型设备不能放在舞厅的地板上，这样的"庞然大物"当然也不能在大理石地面和地毯上拖来拖去。另外，对于移动和静止的物体，地板的承载限度是不一样的。一台重5吨的机器被安排在一家饭店的舞厅中展出，它与地面的接触面积仅为10平方米或8平方米。参展商最初还打算在其上再添加一个重500千克的构件。该构件将被吊装到机器顶部，使设备整体达到8米高。但很遗憾，饭店对此请求持否定态度，而且不同意使用能举起500千克的起重设备。因此，在展览全过程中，此部件也没有安装。如果一开始就选择水泥地面的展厅而不是舞厅的话，这本来可以是一场完美的展览。

（9）起重机和吊装。这是一家漂亮的饭店，设有装运货场，是一个理想的会所。主要展览区域设在三楼，通过一个同层的可移动的玻璃窗进出货物。小型货物可以通过接收房间和货梯周转，所以召开礼品展览是理想的选择。但展览会所有展品和建筑材料放在特制的吊索升降台上，由一辆两吨重的吊车吊起运至三层的通道窗口。

（10）装运货物的控制。作为承运商，首要任务就是按照时间计划运送物品，但这个时间表不是承运商按照自身情况制定的，而是由协会和饭店事先制定。所有饭店接收、储存和处理大量参展物品的设施都是有限的。大部分饭店的装运货物空间狭小，一些饭店比其他饭店的货场更为拥挤。没有一家饭店的货场足够大，可以将零散的普通运输车辆、厢式货车和参展商车辆一网打尽。这一切使承运商处于失控状态。承运商承接了为展会运送所有物品的责任,他们得以完成职责的唯一办法是所有物品的运送均由其经手,从而取得对装运货物的充分控制权。

  展览前,会务经理必须与服务承包商进行一次会晤。以上列举的大部分问题都可以通过这种协商与合作得到解决。

第 8 章 招展策划

招展是指会展企业招揽企业参加展会的活动。招展策划是会展策划的基础工作之一，也是会展得以实施的最重要的环节。招展策划的目标是充分宣传会展，仔细选择参展商，以控制会展的质量。

8.1 招展的基本流程

招展其实就是一个推销的过程。招展的流程包括收集潜在客户名单、研究潜在客户、联络潜在客户、接近客户、评估客户需求、介绍展览、处理异议、达成交易。

1. 收集客户名单

招展的第一步是通过各种渠道取得客户名单，招展人员所拥有的客户名单越多，其招展的成功率就越高。招展人员收集潜在客户名单，可以从过去参加展览的企业中寻找是否有相关服务与商品展览的企业，再从这些企业中找到与他们业务相关的厂商。有些企业的分支机构或与企业有业务关系的公司也可能对这一特定对象的展览有兴趣，同时留意一些常在媒体上登广告的厂商，这些也是潜在的目标客户。另外，有些专门从事销售研究的公司，有多种行业的参展商名单可以购买。

通过下述方法可以获得潜在客户的名字和住址：

（1）客户推荐。许多招展人员最重要的客户线索来源是现有客户，他们提供了66%的线索。

（2）公司内部资源。例如，会展经理、营销部或电话营销部、公司广告、直邮、贸易展示和客户来电。这些来源大约提供了23%的线索。

（3）外部机构推荐。有些公司如国际展览公司，向外部代理机构寻求并筛选线索。

（4）出版的地址名录。贸易协会、政府和地方商会、电话簿、黄页都是寻找客户的来源之一，也可以从网络上得到许多地址名录。

（5）招展人员的网络。招展人员经常利用他们的亲友得到新机会。许多招展人员参加新组织、认识新人，他们可能是潜在客户，也能为招展人员提供线索。

（6）陌生拜访。招展人员陌生拜访可能需要参展的客户。因为费时、拒绝率高导致成本增加，招展人员越来越少使用这种方法。这种方法不允许展览人员在拜访前就确定客户。不过，对于参展范围较广的展览如办公设备，这种方法很有效。

2. 研究潜在客户

招展人员应在招展前研究潜在客户，了解其规模、参展习惯、厂址、展出决策人员等。研究潜在客户可以从因特网中获取大量信息。其他来源包括贸易杂志、行业名录、报刊文章以及政府出版物和公司年报等。有时，公司现有供应商、客户和一些雇员也能够提供信息。客户研究的目标就是使招展人员在首次拜访前尽可能多地了解客户、展览决策者和他们的需要。

对于以前有过来往的客户，招展人员同样应研究，可以从公司文件入手。这些文件可以提供丰富的公司背景信息，可能还有参展商的背景信息、展览记录、信件、过去的拜访报告，以及其他相关信息。许多公司都把客户信息存入数据库,招展人员通过电脑可以很容易获得这些信息。

3. 联络潜在客户

联络潜在客户是为了获得一个接近客户、当面介绍展览的机会。联络客户有三种基本的方法,即写信、上门拜访与打电话。

4. 接近客户

一旦招展人员获得约见机会,下一步就是接近客户。

良好的接近不仅给客户一个好印象,还能使招展人员和参展者之间建立融洽的关系。

招展人员接近客户时,应尽量引起客户的注意,可采用的策略有:介绍策略、推荐人策略、提供利益策略、引起好奇策略、赞扬策略、达成共识策略、确认需求策略和调查策略等。

(1)介绍策略。这种方法最简单,也最不管用。招展人员说出自己的姓名和公司的名称,向潜在客户递上名片,介绍拜访的主题。这个开场白不会引起太多的注意与热情,除非随后紧跟着一个引人入胜的表述,否则不太有效。

(2)推荐人策略。正如打电话争取一个预约一样,提及第三者,特别是一个满意的客户,是面对面会谈中很有效的方法。如果潜在客户认识这个第三方,那将更有效,因为客户会不由自主地集中注意力。招展代表可以递给客户一份手写的推荐信,富于创新精神的招展人员甚至会用磁带录下介绍人的话。如果没有潜在客户的朋友作为介绍人,招展人员可以提起已经成为自己的客户并且是潜在客户竞争者的姓名。

(3)提供利益策略。招展人员广为使用的策略是说明展览的好处。如果客户对此感兴趣,这不失为一个好方法。如果介绍的好处正合客户之意,该策略就特别有效,因为这样就能很自然地发展到下一步。以满意的客户作为推荐人来介绍展览的好处,是更有效的方式,因为这样做的同时,也就提供了利益的证明。

（4）引起好奇策略。招展人员另一种有效的策略是通过激起潜在客户的好奇心来赢得注意力。

（5）赞扬策略。赞扬是另外一种策略，但招展人员在使用时必须小心。对于潜在客户来说，没有比假惺惺地奉承更使人恼火的了。较好的赞扬应该真诚、具体，并真正投其所好。赞扬的真诚程度与具体程度有直接关系。当赞扬所涉及的是潜在客户最感兴趣、最骄傲的领域时，赞扬才是最有价值的。

赞扬一定要真诚。赞扬中可以涉及的主题有：

①客户墙上的匾或其他纪念品；

②生意景象，包括内部的与外部的；

③一个非常友好的接待员；

④客户最近获得一项奖；

⑤客户所在公司最近的成功；

⑥客户的照片。

（6）达成共识策略。如果客户没有问题、需要或请求，他们一般不会对招展人员的介绍感兴趣。这时，招展人员可以从提问开始，确认有需求存在，而展览正好可以满足客户的这种需求。一般情况下，前期调查能提供一些线索，因此，招展人员可以通过提问来确认信息的可靠性。在缺乏足够事实的情况下，招展人员可以问一些在潜在客户生意中普遍存在的问题。

（7）确认需要策略。在前期信息不足的情况下，招展人员需要在进一步会谈之前确认潜在客户的需要策略。毕竟，如果没有需要的话，继续会谈将毫无意义。在进行确认时，招展人员必须小心，不要激怒客户。唐突地询问有关需要、购买能力、购买决策力等问题，甚至会使最温和的潜在客户对你敬而远之。因此，在确认之前，招展人员应该作一个铺垫，如上述对利益的介绍。

（8）调查策略。调查策略广泛应用于招展工作调查策略。调查策略对潜在客户和招展人员双方都是有利的。对于潜在客户来说，他们有了一个让专家研究自身经营的机会，却不需要做出购买的承诺。对招展人员来说，调查提供了一个机会，可以发现潜在客户公司运作中的缺陷，找到适当的解决方案，进行成本核算，进一步确认客户的购买能力，同时与高层经理见面，增强潜在客户对招展人员的信心。但招展人员无须对每一位潜在客户都进行调查。调查很花时间，而且费用高昂，需要占用一定的公司资源（特别是不得不配合调查的技术人员），它只适用于价格高昂的展览。

5. 评估客户需求

企业参展是为了满足其需求或解决问题，因此，招展人员必须识别参展企业的需求，并与客户一起分析、谈论、发现需求和所面临的问题。

6. 介绍展览

招展人员评估客户需求后，就进入招展的主要阶段——介绍。介绍是对客户认为重要的展览特色、优势和利益的讨论。大多数介绍是以口头介绍为主的，书面策划、辅助材料和可视材料作为补充。招展人员介绍的目标是使客户相信其展览比竞争者的展览能更好地满足他们的需求。

招展人员介绍展览通常有以下三种方式：

（1）固定法。这是一种将各个要点背熟介绍讲话的方法。它基于刺激—反应这一思维过程，即客户处于被动地位，招展人员可通过使用正确的刺激性语言、图片、条件和行动等说服客户参展。

（2）公式化方法。它也是基于刺激—反应这一思维过程的，所不同的是先了解客户的需要和参展风格，然后再运用一套公式化的方法去向该类客户介绍。

（3）需要满足法。它是以通过鼓励客户多发言从而了解客户的真正需要为起点。这种方法要求招展人员有善于倾听别人的意见并能解决实际问题的能力。招展人员扮演一个有业务知识的咨询角色，他希望帮助客户省钱或赚更多的钱。

招展人员可以通过小册子、挂图、幻灯片、投影、音响和录像带、产品样品和手提电脑来改进展览介绍。小册子可成为客户参考的资料。在集体讲解中,可以用电子幻灯片和类似软件来代替挂图。

7. 处理异议

客户在倾听展览介绍的过程中,或在招展人员要他们参展时,几乎都会表现出抵触情绪。原因在于:对外来干预的抵制,喜欢选择自己认为好的展览会,对事物漠不关心,不愿意放弃某些东西,对招展人员有不愉快的联想、偏见,有反对让别人摆布的倾向,不喜欢作决定,对金钱的神经过敏态度。招展人员应该欢迎异议,因为它表明客户对提议是有兴趣的。不想参展的潜在客户很少会有异议,他会一直保持沉默,而往往最后说:"我对你们的展览没兴趣。"

客户常见的异议主要有价格或价值异议、展览服务异议、拖延异议、隐藏异议。

异议不能限制或阻止,而只能设法去控制,招展人员在处理异议时应注意以下几点:

(1)情绪放松,不可紧张。招展人员要认识到异议是必然存在的,在心理上不可有反常的反应。听到客户提出异议后,应保持冷静,不可动怒,也不可采取敌对行为,而必须继续以笑脸相迎,并了解反对意见的内容或要点。一般多先用下列语句作为开场白:"我很高兴你能提出此意见"、"你的意见非常合理"、"你的观察很敏锐"等。

当然,如果要轻松地应付异议,你必须对展览、公司政策、市场及竞争者有深刻的认识,这是控制异议的必备条件。

(2)认真倾听,真诚欢迎。招展人员听到客户所提之异议后,应对客户的意见表示真诚的欢迎,并聚精会神地倾听,不可加以干扰。

(3)重述问题,证明了解。招展人员向准客户重述其所提出的反对意见,表示已了解。必要时可询问准客户,其重述是否正确,并选择反对意见中的若干部分予以诚恳的赞同。

(4)审慎回答,保持友善。招展人员对准客户所提的异议,必须审慎回答。一般而言,应以沉着、坦白及直爽的态度,将有关事实、数据、资料、确定或证明,以口述或书面方式告之准客户。措辞须恰当,语调须温和,并在和谐友好的气氛下进行洽商,以解决问题。假如不能解答,就只可承认,不可乱吹。

(5) 尊重客户,圆滑应付。招展人员切记不可忽略或轻视准客户的异议,以免引起准客户的不满或怀疑,使交易谈判无法继续下去。

招展人员也不可赤裸裸地直接反驳准客户,如果粗鲁地反对其意见,甚至指责其愚昧无知,则你与客户之间的关系将永远无法弥补。

(6) 准备撤退,保留后路。招展人员应该明白客户的异议不是能够轻而易举地解决的。不过,你与他面谈时所采取的方法,对于你们将来的关系都有很大的影响。如果根据洽谈的结果,认为一时不能与他成交,那就应设法使日后重新洽谈的大门敞开,以期再有机会去讨论这些分歧。因此,要时时做好遭遇挫折的准备。如果你最后还想得到胜利的话,那么在这个时候便应"光荣地撤退",不可稍露不快的神色。

8. 达成交易

与客户达成展览交易是每个招展人员的追求。有些招展人员的招展活动不能达到这一步骤,或者这一步骤的工作做得不好。他们缺乏信心,或对要求客户参展感到于心有愧,或者不知道什么时候是达成交易的最佳时刻。招展人员必须懂得如何从客户那里发现可以达成交易的信号,包括客户的动作、语言、评论和提出的问题。

8.2 招展方案策划

招展方案是对招展工作的总体规划。招展方案策划必须在全面掌握市场信息的基础上,结合展览的定位与主题,并考虑展览题材所在行业的特点,对招展各项工作进行合理安排与部署。

1. 招展方案的内容

招展方案涉及展览的各个方面,内容十分繁杂。具体如下:

(1) 产业分布特点。从宏观上介绍和指出展览题材所在行业在全国的分布特点,指出各地区的产业发展状况,介绍该产业的企业结构状况及分布情况。这些内容是制定招展方案的重要依据。

(2) 展区和展位划分。介绍展会对展区和展位的划分和安排情况,并附上展区和展位划分平面图。

(3) 招展价格。列明展会的招展价格及制定该价格的依据。招展价格要合理,价格水平不能太高,也不能太低。

(4) 招展函的编制与发送。介绍招展函的内容、编制办法和发送范围与方法。在确定招展函的编制计划时,要考虑到招展函的印制数量、发送范围和如何发送等问题。

(5) 招展分工。对展会的招展工作分工做出安排,包括招展单位分工安排、本单位内招展人员及分工安排、招展地区分工安排等。

(6) 招展代理。对展会招展代理的选择、指定和管理等做出安排,对代理佣金水平及代理招展的地区范围与权限等做出规定。

(7) 招展宣传推广。对配合展会招展所做的各种招展宣传推广活动做出规划和安排。

(8) 展位营销办法。提出适合本展会展位营销的各种渠道、具体办法及实施措施,对招展人员的具体招展工作做出指引。

(9) 招展预算。对各项招展工作的费用支出做出初步预算,以便展会能及时、合理地安排各种需要的费用支出。

(10) 招展进度安排。对展会的各项招展工作进度做出总体规划和安排,以便控制展会招展工作的进程,确保展会招展成功。

2. 划分展区与展位

划分展区与展位是招展方案策划的一项基础性工作。展区的划分一般是按展品的类别,展位的划分则主要根据展览场地的特征来确定。正确合理地划分展区与展位有利于招展工作的顺利进行，有利于目标观众的参观与洽谈，有利于提高参展效果，有利于进行会场的服务与管理。会展企业划分展位与展区的要点有：

（1）以提高参展商的展出效果为中心。展区和展位划分应有利于提高参展商的总体展出效果。例如，如果一个或几个标准展位夹在一些特装展位之中，标准展位将变得非常不显眼；如果将一些次要的题材放在展馆最好的位置，展会的整体效果将大打折扣。因此，展区和展位的划分既要符合展品的特点，也要考虑到展位的搭装效果，还要考虑到方便观众参观，这样，参展商的展出效果才不会受到太大的影响。

（2）以展览题材为依据。展区的划分必须以展览题材为依据，什么样的题材适合安排在什么位置，各展区需要多大的面积。以题材为划分依据，就是在满足展品对场地要求的基础上，将同类展品安排在同一个区域里展出。之所以要考虑展品对场地的要求，是因为有些展品对场地的要求比较特别，如某些超高、超重展品对馆内高度、地面承载力大小的特殊要求等。

（3）要有利于观众参观展览为目的。展览的目的是为了让更多的观众参观、洽谈，因此展区和展位的划分，要使对某类展品感兴趣的目标观众能很方便地找到展出该类展品的所有展位，与该展品有关联的产品也能在相邻的展区里找到。

（4）以利于现场管理与服务。展区和展位的划分要注意对展览场地的充分利用，最好不要有闲置的展览死角；要注意展馆消防安全，便于遇到紧急情况时及时疏散人群；要方便展位的搭装和拆卸，方便展品的进馆和出馆。

（5）要有利于提高展会的档次。展区和展位的划分直接影响到参展商和观众对展会的印象。如果展会里的标准展位和特装展位的分布杂乱无章，各种展品的展位互相混杂，即使展会的规模很大，我们也会认为它档次不高，非常不专业，对它的印象也一定不会很好。因此，展区和展位的划分要有利于提高展会的档次，使参展商和观众首先从外观上对展会能产生好的印象。

（6）处理好各方利益。展区与展位划分与安排必须最大限度地兼顾到办展机构、参展商、观众以及展会服务商等各方面的利益。当然，这种兼顾不能背离展会的主题与需要。

（7）综合考虑场地条件。展区和展位的划分要充分考虑到展馆的场地条件，做到因地制宜。例如，不管是空地展位还是标准展位，参展商都不希望自己的展位里有柱子，如果展馆里有柱子，我们就要考虑不能将柱子划在某个展位里面。此外，应避免出现某些"死角"，这对展会整体效果会产生不利的影响。

（8）应适应参观人流的规律。展会参观人流的形成和流动有其自己的规律，参观人流是展区和展位划分时要充分考虑的重要因素之一。一般来说，展会参观人流的形成和流动有以下特点：在中国，由于受平时交通规则的影响，人们进入展馆后习惯于直接向前走，如果不能直接向前走就习惯于向右转；在展馆的入口处、主通道、服务区和大的展位前的人流比较多，容易形成大量的人群围观某一个展位或展品的局面等。

（9）合理安排功能服务区域。一个展会除了最主要的展示区域以外，还需要安排一些功能服务区域，如登记处、咨询处、洽谈区、休息区、新闻中心等。这些区域尽管一般面积都不大，但对展会整体而言还是十分必要的。在划分展区和展位时，不能只考虑展会展示区域的划分而忽视了对这些功能服务区域的统筹安排。

（10）不能遮挡展馆的服务设施。展馆里的一些服务设施是展会安全的重要保证之一，要保证任何展位都不遮挡展馆里的一些重要安全设施，如不能遮挡消防栓、不能堵塞消防和安全通道、不能遮挡电箱等。在展馆的入口处要留出一定的区域供参观人流疏散，展场的各种通道要达到一定的宽度以便参观人流通过。

3. 确定展览价格

尽管如今影响企业参展的价格因素有所减弱，但展览价格还是企业选择展览的重要依据。因此，会展企业应确定一个合理的展览价格，不至于参展商望而却步,也不至于会展企业寸步难行。

会展企业确定展览价格时,应注意以下几点:

(1) 要充分考虑竞争的需要来定价;
(2) 要结合展会的发展阶段来定价;
(3) 要结合展会的价格目标来定价;
(4) 要考虑展会的价格弹性来定价;
(5) 要考虑展会展览题材所在行业的状况。

4. 编制招展函

招展函是会展企业用来说明展览会以招揽参展商的小册子,是开展招展工作的核心资料。招展函也是参展商了解展览会的第一份材料,因此会展企业必须编制好招展函,以此来激发参展商的参展欲望。一份完整的招展函应包括以下几个方面的内容:

(1) 展览会的情况介绍。包括:①展览会的名称、标志;②展览会的举办时间、地点;③展览会的主办机构名单;④展览会的目标与特色;⑤展览会展品的种类及范围;⑥展位价格及参展费用。

(2) 市场状况描述。主要包括行业状况和地区状况描述。行业状况描述针对展览会的主题所处的行业状况作简要介绍,如行业的总产值、生产销售情况等。另外,最好还有相关行业的描述。地区状况描述主要介绍展览所在地的市场状况,包括经济发展情况、政府支持情况等。另外,地区范围主要取决于展会的定位与市场辐射范围的大小,如定位于国际会展就应介绍展览地所在国家及周边国家的情况。

(3) 展览会宣传与推广计划。展览会宣传与推广计划是获取观众、扩大展览效果的重要途径之一,也是参展商所看重的内容。主要包括招商计划、宣传与推广计划、相关活动计划、现场服务项目等。

(4) 参展办法。主要包括如何办理参展手续、付款方式、参展申请表和办展机构的联系办法等。

①如何办理参展手续。告诉目标参展商,如果他们计划参展,他们

应怎样办理参展手续。

②付款方式。列明展会的开户银行、开户名称和账号、收款单位名称、参展商参展的付款办法、应付订金的数量和付款时间等。

③参展申请表。预留参展商参展申请表。一旦目标参展商计划参展,他们就可以填写该表并传真回会展企业预订展位。如表8-1所示。

表8-1 参展申请表

单位名称	中文			
	英文			
联系地址	中文		邮编	
	英文			
联系人		电话		传真
E-mail				
网址				
申请展位				
展品介绍				
申请单位(盖章):		负责人签名:		日期:

④办展机构的联系办法。列明办展机构的联系地址、电话、传真、网址和E-mail等,供目标参展商参展联系之用。

(5)相关图片。一份完善而详细的招展函还应附上相关图片,以增加参展商对展览会的直观了解。这些图片可以是展览场地图片、往届展览会现场图片、领导人或知名企业的图片、展览场地周边交通图等。

招展函的内容多而繁杂,会展企业在编制时应做好规划和安排,充分发挥招展函的作用。编制招展函的原则如下:

(1)全面准确;

(2)简洁明了;

(3)内容实用;

(4)美观大方;

(5)便于邮寄和携带。

5. 选择招展代理

选择招展代理是会展企业借用外部力量来做大做活招展业务的一种有效手段。它可以增加会展企业的业务网络，扩大业务规模，提高经济效益。选择招展代理，要尽可能地保证招展代理商的资质可靠，因为只有可靠的代理商，才能切实地履行其职责。

□ 招展代理的类型

一般来说，招展代理商按其是否有独家代理权，分为独家代理与多家代理；按其是否有权授予分代理权，分为总代理与分代理；按其与会展企业的交易方式，分为佣金代理与买断代理。

（1）独家代理与多家代理。独家代理是指会展企业授予代理商在某一地区或行业的独家招展权，这一地区或行业的招展事务由其负责。多家代理是指会展企业不授予代理商在某一地区或行业的独家代理权，代理商之间并无代理区域划分，都为会展企业招展，没有所谓"越区代理"，会展企业也可在各地直接招展。

（2）总代理与分代理。所谓总代理，是指该代理商统一代理会展企业在某地区的招展事务。同时，它有权指定分代理商，有权代表会展企业处理其他事务。因此，总代理商必须是独家代理商，但是独家代理商不一定是总代理商，独家代理商不一定有指定分代理商的权力。总代理制度下，代理层次更为复杂，因而，常常称总代理商为一级代理商，分代理商则为二级或三级代理商。分代理商也有由会展企业直接指定的，但是大多数分代理商由总代理商选择，并上报给会展企业批准，分代理商受总代理商的指挥。

（3）佣金代理与买断代理。这是按代理商是否承担展位买卖风险，以及其与会展企业的业务关系来划分的代理形式。佣金代理是指代理商的招展收入主要是佣金收入，代理商的价格决策权受到一定限制。佣金代理又分为两种，一种是代理关系的佣金代理商，一种是买卖关系的佣金代理商。

买断代理商与会展企业是一种完全的"买断"或承包关系。代理商承包一定数量的展位，无论能否完成约定的展位数量，代理商都得按商定的展位费付给会展企业。买断代理商风险更大，他们对招展价格拥有完全决定权，其收入来自差价，而不是佣金。

□ 代理商的来源

公司、相关协会和商会、有关媒体、个人、国外驻华商务处、贸易代表处和公司等都可能成为招展代理。为保证代理的资质可靠，会展企业在指定某一机构为代理前必须对其进行资质考察，只有符合条件的才能被正式确定为代理。

□ 代理方式的选择

会展企业在确定采用代理商进行招展之后，就应选择合理的代理方式。换句话说，就是选择独家代理方式还是多家代理方式，是采用佣金代理方式还是采用买断代理方式。

(1) 独家代理与多家代理的选择

①依展览所处的生命周期来选择代理方式。也就是说，展览在不同的生命周期，会展企业应采用不同的代理方式。新展览，也就是处于投入期与成长期的展览，由于有企业要求代理商能对参展企业提供参展服务，因此，代理商必然会要求在某一市场区域拥有独家代理权。当展览处于成熟期或衰退期时，展览也就越来越规范。此时，会展企业便可以考虑增加代理商的数目。

②依据市场潜力来采用不同代理方式。采用多家代理方式的前提是市场潜力较大，需要多家代理商共同招展。如果市场潜力过小，多家代理商同时招展反而会有一些代理商无业务可做，造成僧多粥少的局面。这时，一般就采用独家代理的方式，不但节省了会展企业的佣金支出，而且独家代理的效率比多家代理更高。这是因为市场容量小时，多家代理商的存在容易造成恶性竞争，相互削价。

③依据展览差异大小来采用不同的代理方式。当展览的区分十分明显时，如贸易展览与消费品展览的不同客户群就十分清楚，会展企业便可进行市场细分，对不同的市场授予各家代理商独家代理权，以掌握不同特性的客户。

若会展企业的展览之间没有明显差异，而市场容量较大时，以采用多家代理的方式为宜。若此时会展企业还采取独家代理权的方式，则各家代理商会陷入争夺客户的泥潭，独家代理也就名存实亡。

④依现有代理商的能力来决定。独家代理商应当有较强的招展能力、较广的招展网络，并且应当有较为雄厚的实力。否则，便会阻碍会展企业招展目标的实现。此时，会展企业就要考虑采用多家代理的方式。

（2）佣金代理与买断代理的选择

展览内容、展览题材所在的行业若处于投入期或成长期时，还是采取佣金代理方式为好。因为此时该行业的企业急需找到代理商，以便打开市场。若企业采用买断代理方式，让代理商承担招展风险，代理商一般不乐意。买断代理方式一般适用于处于成熟期的展览或是品牌展览，尤其是名牌展览。

就代理商而言，企业若选用买断代理方式，则要求该代理商有较为雄厚的资本、较大的影响、较好的商誉。采取买断代理方式，企业的营销基本上由买断代理商接手过去，这时代理商的能力就决定了会展企业的生死存亡及展览的成败。因此，采用买断代理时，会展企业更应注重代理商的能力，若没有合适的代理商，绝不能勉强采用此方式。

就价格策略而言，会展企业若是十分重视统一价格策略，最好还是采用佣金代理方式。低价竞争的展览采用佣金代理方式更佳；高价竞争的展览如名牌的展览、奢侈消费品的展览，则可考虑采用买断代理的方式。

□ 代理商的选择

代理商的选择是会展企业代理决策中的关键环节。代理商的素质高低决定了代理业务是否能顺利进行，同时也是代理商是否能配合会展企业整体招展目标的关键。

（1）征求代理商

一般说来，征求代理商的方式有两种：一种是直接信函询问的方式，另一种则是公开广告征求的方式。

①直接信函询问。这种征求代理商方式的第一步就是会展企业搜集本行业潜在代理商的名单与其他具体信息。以书信的形式直接联系、征询代理商的意见，优点是能更为深入地了解代理商的情况，并能让潜在的代理商感觉到会展企业的诚意与重视；缺点是需要一家一家地写信、发信，征询工作比较烦琐，同时联系面不如广告征询代理商的联系面广。

②广告征询代理商。广告征询代理商是指在报纸、杂志、电视、广播或户外广告栏上打出诚征代理的广告来征求代理商。由于需要打广告，因此要花费一定的广告费用；同时由于会展企业没有商会等中间人的介绍，自我鉴定所花费的时间与精力也要增加。但是，广告征求代理的方式联系面广，同时对方若来联系代理，则说明其已有合作意愿，会展企业有一定主动权。因此，广告征询代理商也常为会展企业所采用。

征求代理商广告中的内容包括有关展览介绍、表明合作意愿及公司地址与联系方式等。

一般来说，发出征询函或者打出征求代理商的广告后，只要展览前景好，就会有一些公司前来联系代理事宜。这时，会展企业就面临着如何选择、确定合适的代理商的任务。

（2）分析确定代理商

①选择代理商的标准。选择代理商可以通过考察潜在代理商寄来的材料来完成，也可以与潜在代理商进行面谈。一般来说，选择代理商时应当考虑下列事项：

第一，代理商的品德。

第二，代理商的规模。

第三，代理商的经营项目。

第四，代理商的招展网络。

第五，代理商的业务拓展能力。

第六，代理商的财务能力。

第七，代理商的营业地址。

第八,代理商的政治、社会影响力。

第九,同行业对代理商的评价。

②选择代理商的注意事项:一是务必调查对方背景。不对代理商进行仔细调查就授予代理权,是选择代理商最大的通病。会展企业若名声不大,选择代理商时往往急于求成,匆匆授予代理权。反过来,代理商则对会展企业展览热情不高,常采用削价抛售的方式作为替会展企业打开市场的方法。结果常使会展企业获利甚微。二是规模大未必合适。大公司不一定是最好的代理商。有时,小公司对会展企业的展览的了解更清楚。大公司虽大,但不一定对每一展览的代理都在行,而且大代理商往往同时代理许多会展企业的展览,不一定能尽全力为小会展企业的展览进行市场开拓。新展览尤其如此,所以不一定要选择大公司进行代理,而应当选择对此展览有代理经验的代理商进行代理。

6. 招展预算

招展预算是为招展各项工作的顺利进行而制定的费用支出预算。招展预算是在各招展工作筹划基本已定的基础上,对招展可能需要的费用支出做出的整体安排和具体支出计划。招展预算的编制应从招展工作的实际需要出发,本着统筹安排、合理利用的原则,实事求是地编制。

直接招展费用主要包括:

(1)招展人员费用,包括招展工作人员的工资、差旅费、办公费等;

(2)招展宣传推广费用;

(3)代理费用;

(4)招展资料的编印和邮寄费用;

(5)招展公关费用;

(6)其他不可预见的费用。

招展预算要编制得细致,费用支出要安排得合理,能满足招展工作顺利开展的需要。招展预算还要本着节约的原则，只有确实需要支出的费用才可进行预算支出，这样可以严格控制展会的招展成本，防止招展费用失控。另外，招展预算的费用支出要注意在时间安排上与招展工作的实际需要相配合，不能出现工作开始时费用充足而最后费用不够，或者是开始不愿支出而最后拼命追加费用等不良现象。

8.3 招展宣传策划

招展宣传是将有关展览的信息传达给目标受众——参展商。

招展宣传是一种单向的信息传递，即会展企业单方面向潜在参展商传达展览信息，其优势是信息可以传播得很广。

1. 招展宣传对象

招展宣传策划的第一项重要工作是决定招展对象，也就是确定潜在的目标参展商，决定招什么样的参展商和招多少参展商。如图8-1所示。

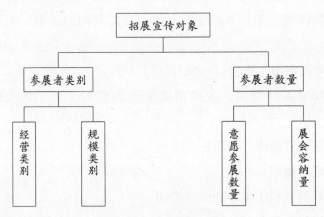

图8-1 招展宣传对象

□ 参展商的类别

参展商的类别包括经营类别和规模类别。经营类别也就是专业类别，招展要专业对口，对于参展申请者，会展企业不能来者不拒，而必须根据展出目标和任务、展览会性质将参展商限制在一定的专业或行业范围内。比如，会展企业的战略目标是促进电子产品的出口，而展览会也是电子展览会，那么，就必须将参展者限制在电子行业内，排除其他行业的公司。确定招展对象的经营类别，一方面是为了在整体上实现展出目标，另一方面也是为了避免非对口专业的参展者。

规模类别主要为中小企业考虑。政府部门、贸易机构、商业协会所熟悉的大企业可能无意参加集体展出。因为这些企业羽翼已丰，无须借助集体力量就可以在市场上自由翱翔。而新获外贸经营权的企业、中小企业、边远企业最需要开拓新市场的机会，最需要外力的支持，因此最有可能参加集体展出。国外集体展出组织者，尤其是由政府资助的展出项目，往往将展出者规模限制在中小企业。集体展出的主要目标之一是帮助缺乏经验但有潜力的中小企业开拓市场。但是，如果展出目标是宣传，是建立某方面的形象，那么就需要有实力的大公司支撑门面。

□ 招展范围

招展范围是指参展商的数量。这不是会展企业完全能控制的因素，而要受两方面的制约。一方面是受参展商意愿的制约。可能对展出感兴趣并且申请参展的公司非常多，也可能对展出不感兴趣并且申请参展的公司非常少。另一方面是受展览会客观条件的制约。好的展览会往往没有足够的场地提供给参展商。这两方面因素都是组织者不容易掌控的。但是，为了做好招展工作，会展企业应当根据各方面情况和经验决定招展范围。

决定招展对象后就可以着手建立招展对象的数据库或邮寄名单，这个数据库或邮寄名单要完善、详细，并根据需要不断更新。

2. 招展宣传内容

招展宣传策划的第二项任务是准备宣传内容，也就是资料，包括展览会资料、市场资料、招展要求和安排、协议或合同以及有关集体展出的优势与利益的说明。资料的形式有新闻成套资料、情况介绍成套资料等。

新闻资料主要用于宣传，其目的是使潜在参展商知道展出项目，引起他们的兴趣。新闻资料内容要求简短、全面。简短是指言简意赅，表达出主要的内容；全面是指资料要包括展览会的基本情况，如时间、地点、内容、性质，市场的规模、特点、潜力，组织者联系地址、参展手续、申请截止日期以及集体展出的优势等方面的情况。将新闻资料整理成套，提供给媒体（包括内部刊物）用于新闻报道。新闻成套资料也是制作广告的素材。

情况介绍资料的基本范围与新闻资料相同，但是内容要更为详尽，便于潜在参展商对展出项目有足够的了解，以便做出判断和决定。情况介绍资料可以包括参展申请表和参展的基本要求及手续。情况介绍资料同样也要求能够引起潜在参展商的注意并激发他们的参展兴趣。情况介绍资料用于参展商对展出项目表示出兴趣后进一步了解展出项目。情况介绍资料整理成套供潜在参展商索取，或者由会展企业主动提供给重要的潜在参展者。

3. 招展宣传方式

招展宣传的方式主要有人员宣传、媒介宣传与公关宣传三种方式。

（1）人员宣传。招展的人员宣传是指展览联络，主要有发函、打电话、拜访等途径，是一种成本比较低的直接宣传方式。会展企业通过向目标参展商直接联络，告之展出情况，邀请其参加展览，从而达到宣传目的。

招展人员先发函邀请，继而打电话邀请，最后上门邀请。直接联络可能是最有效的招展宣传方式。但是也有不足，其缺点是不论从何种途径获得的名单都会有遗漏，使用时要配合其他宣传方式，以吸引未发现的潜在客户，加强宣传效果。

（2）媒介宣传。媒介宣传是招展宣传的重要方式，也是吸引参展商的主要手段之一。招展广告的覆盖面最广，范围可能包括已知的和未知的所有参展商。会展企业可以将展出情况传达给直接联络所遗漏的参展商，还可以加强直接联络的效果。展览广告同时也是最昂贵的招展宣传手段。因此，对广告安排要严格控制，登广告要目标明确，根据需要、意图和实力来安排。

（3）公关宣传。招展公关宣传主要有两个目的：一是扩大展览影响，吸引更多的参展商参加展出；二是建立关系，与参展商建立发展关系。

展览公关宣传一般包括开幕式、招待会、拜会等。展览公关工作对象主要是参展商、重要贵宾、展出地政府、工商协会、新闻媒体等。公关工作是一项系统的人际交流工作，需要周密的安排。这里介绍一下新闻宣传工作。新闻工作是宣传工作的一个重要环节。新闻采访报道一般是免费的，而且可信性比较高，效果比广告还要好，因此，新闻工作是一种低成本、高效益的宣传工作，对任何会展企业都很重要。缺乏经费预算的会展企业更应当多做新闻工作。

8.4 招展组团

招展组团是招展的扫尾工作，它是指选择并组织招揽到的参展商集体参加展览会。招展组团的前提是必须有合适的项目与适当的参展商。有效的组团措施将保证招展工作的最终顺利完成。在招展宣传成功吸引众多参展商之后择优吸纳，这样才能保证展会的质量。

1. 选择参展商

会展企业及其招展人员必须谨慎地选择参展商，以保证展览会的质量及招展组团的顺利进行。为了选择好的参展商，必须制定公平合理的选择标准。选择标准是根据展出目的、展出性质和展览会内容等因素制定的参展商选择标准。

标准可以有不同的形式和内容。制定标准并不困难，困难的是执行标准。根据经验看，最简单、最方便的方法是制定产品标准。产品划分一般比较清楚，不易产生歧义。有关公司规模、性质、能力和动机的标准虽然容易制定，但实施起来较麻烦。总的来说，物质标准易定，也易执行；人为的标准不难定，但是难执行。因此，在展出目标、展览会性质等大前提下，争取制定物化的、量化的选择标准。

标准要在招展工作开始之前就确定，并要有透明度，在宣传时予以公布。这不仅能使公司在申请前就有标准依据，而且组织者在拒绝申请者时也有理有据。另外，使用标准也要公平，对所有申请者一视同仁。否则，标准就失去意义，也容易造成矛盾。

另外，会展企业不能将盈利作为第一目标，并以此作为参展商的选择标准。如果会展企业以盈利为第一标准或目标，就会导致不顾质量和效果，就会与大部分参展商的目标不一致，产生矛盾，从而影响展出效果和效益。会展企业需要盈利，但这应当是建立在整体展出高质量、高效益的基础上的目标。

选择参展商其实就是选择确定合适的申请者，拒绝不合适的申请者。为了整体展出的效果和效益，会展企业应当排除下列申请者：

（1）产品种类与展出内容不符的申请者；

（2）非真心诚意做生意或另有所图的申请者，如只想借机公费旅游的申请者；

（3）可能造成内部竞争或冲突的申请者，如选择展出内容互补的企业而不是展出内容相同的企业；

（4）不合作的申请者；

（5）不可靠的申请者，如管理不善的企业；

（6）产品质量和产量不能满足需要的企业等。

未被接纳的申请者或者确认后又被除名的公司可能会觉得不愉快而产生怨言，并可能通过不同渠道表达不满，甚至制造麻烦。为避免这种情况，会展企业可以用以下一些办法缓解矛盾：制定非常明确的招展条件，并尽早让申请者知道；使用有经验的招展人员，发现不合适者尽早巧妙地劝说其不参展；借助中介机构招展，以便缓和冲突；确认时，签订有法律约束力的明确职责的协议或合同。总之，拒绝工作要坚持原则，同时要做得巧妙。

但是，从另一方面看，会展企业不能也不应该随意排除申请者，尤其是对中小企业的申请者。小公司可能需要下很大决心、花费很多精力提出申请，但是却被简单地拒绝，造成财力和精力的浪费；对于大公司而言，被拒绝也可能导致其工作链的中断，甚至造成混乱。因此，会展企业要慎重，要有适当的弹性，既要考虑整体利益，也要适当照顾个体利益。

2. 签订参展合同

确认参展后，会展企业与参展商之间应签订书面协议或合同。集体展出涉及大量的工作和开支，为有效地开展工作，避免重复或遗漏，必须用合同方式明确参展商和会展企业各自和共同的责任、义务。合同可以是申请表的一部分，参展商在申请时签字，会展企业在确认后签字，双方签字后申请合同生效。合同也可以通过双方洽谈商量制定。合同应当约束双方，并明确违约的处理方法。

合同大多由会展企业起草制定，因此约束参展商的条款大大多于约束参展企业的条款。由于条款不平等，在实际工作中执行并不容易，从长远来看，对会展企业的信誉也不利。英国展览业协会就向会展企业提出，在制定合同时不仅要约束参展商，而且要约束会展企业。这样有利于规范组展行为，建立会展企业的信誉。

合同应当是平等的，因此，参展商首先应当认真阅读，并有权提出不同意见，所有条款都应当在双方同意的前提下签订生效。一份完整的参展商资料由几部分组成，即申请表、合同、附属表格。通常装订成册，可称为参展商手册等。三份文件的相关内容如下：

□ 申请表内容
(1) 展览会名称、日期、地点；
(2) 会展企业名称、联系人和联系地址；

(3) 参展商名称、联系人和联系地址；

(4) 参展商的展出目的、内容或产品；

(5) 展品来源；

(6) 申请的展出面积；

(7) 参展费用标准及支付方式、期限；

(8) 展台人员来源；

(9) 参展商在展出地的机构或代理的名称、地址。

□ 合同内容

(1) 展品运输日程安排；

(2) 包装、标志要求；

(3) 费用、税务安排；

(4) 保险安排；

(5) 展品处理安排和要求；

(6) 租场、场地分配、设计、施工安排和要求；

(7) 宣传、广告、公关安排和要求；

(8) 展台人员的膳宿行安排及费用支付；

(9) 参展商应提供的信息、资料要求；

(10) 退展与退款。

□ 合同的附属表格

(1) 收集基本情况的表格，包括产品、公司、展出目标和展出当地的工作开展情况以及准备邀请的客户名单等。这些情况将用于展览会目录刊载、宣传、广告、新闻、直接发函等工作。

(2) 收集展台服务要求的表格，包括雇用临时展台人员的要求。

(3) 收集展台人员情况的表格，包括人员登记表、膳宿行登记表等。这些情况将用于展出设计、展出用品租用、展台服务预订、人员膳宿行安排等工作。

申请表与合同是密切联系的，因此在此一并说明。下面是一个参展合同的模板，可供参考。

参展合同范本

(一) 概况

(1) 展览会名称(全称和简称,以及外文名称);

(2) 展览会日期和展馆使用日期;

(3) 展览会地点;

(4) 会展企业全称、联系人和联系地址;

(5) 参展商全称、联系人和联系地址;

(6) 参展商需求、组织者确认的场地面积;

(7) 参展商的展出目的;

(8) 展出产品范围和类别;

(9) 展品介绍;

(10) 参展商在展出地的代表、代理情况。

(二) 会展企业责任

(1) 提供专业的展览服务。包括展览整体设计,展架、展具、展览设施(电话、电脑设备除外)租用或制作,展览施工,协助布置,清洁,保卫,展览管理,展台拆除。

(2) 安排组织宣传、广告、公关工作,吸引参观者(包括进口商、批发商、经销商、零售商等)。

(3) 提供综合市场调研资料,包括经济环境、贸易环境、市场特点、消费习惯、销售渠道、价格水平等。

(4) 安排运输并承担一定比例的费用。

①安排运输,包括参展商的展品、展具、资料等。

②如果是会展企业挑选的展品,组织者承担全部运输费用。

(5) 会展企业提供市场信息,但是不保证提供符合每一个参展商需要的市场细节;会展企业将努力使展出成功,但是不保证每一个参展商都取得成功。会展企业有权分配场地,选择展品,布置展览。

(三) 参展商责任

(1) 支付参展费用,以使会展企业进行市场调研、宣传公关、管理工作。费用标准为____，总计为____。支付方式为____，支付日期为____。

（2）提供展品和道具清册。未在清册上列出的物品，会展企业不承担因此发生的一切问题和费用。

（3）安排展览人员，并承担费用。展览人员情况必须在____年____月____日报组织者，如果自行前往展地，必须不迟于____年____月____日抵达，以便熟悉市场、布置展览、参加展前会议。

（4）根据会展企业的要求和安排，在装饰展品和道具上粘贴标志并在指定日期运到指定地点。

①展品必须打印标记。如是在展出地生产包装的产品，参展商所提供的物件必须超过____%。

②办理必要的手续、单证，包括_____、_____、_____等。

（5）支付展品相关费用，包括运输费用及税费。

①支付运输费用。运输费用包括自展品集中地至展出地，至展览地的海运（或空运）、陆运以及仓储、装卸、搬运、回运等费用。

②支付关税和可能征收的其他税费。

（6）支付展品保险费用，包括自展品集中起至展品处理或回运过程中的保险费用。同时，提供展品详细、准确的情况和资料，包括产品说明、产品目录、价格表等。

（7）资料可以随展品发运，但要在清册上标明数量、价格等细节。如是在国外展出，资料应当使用展出地语言编印。参展企业可以协助安排翻译，但费用由参展商承担。

（8）展览结束时，向会展企业提供展出总结，包括成交额、意向成交额、建立客户关系数等，以便评估、总结展出工作。如果会展企业在展览结束后12个月内用电话或信函询问后续效果，参展商也须按要求提供情况。会展企业使用参展商所提供的情况对展出进行评估、总结，并可能进行宣传。会展企业在收集情况时，应注明资料为保密或公开使用。如果参展商不希望公开其资料，应事先说明。

(9) 展览结束后，在会展企业所规定的时间内撤走展品和道具。在展览结束前或结束时，向会展企业书面说明展品处理要求，具体如下：

①交第三者，即出售、赠送给参展商；

②遗弃、销毁；

③在展览当地储存，以备以后展出使用；

④回运。如果参展商未提供书面处理要求，组织回运。

（四）其他事务

(1) 参展商撤回参展申请。在展览会____天前将书面要求寄到会展企业，会展企业将退还订金；在____天前将书面要求寄到会展企业，退款____％；超过____天以内的撤展要求，将不退款。

(2) 参展商未按会展企业要求或合同条件办理而导致损失，会展企业不承担责任。如果因不可预见的原因造成全部或部分展品损失，会展企业不承担责任。

(3) 会展企业将尽力选择合适的单位和个人（运输公司、报关代理、设计公司、施工公司、摄影师等），但是，会展企业对他们的行为不承担责任。

(4) 若参展商不履行本合同条款，会展企业将不受条款约束，参展商所交的费用将予以没收。

(5) 会展企业有权经书面通知终止本合同，取消资格，并视情况决定退款。

参展商代表签字或盖章　　　　　　会展企业代表签字或盖章

（代表姓名、职位、日期）　　　　（代表姓名、职位、日期）

3. 组团管理

会展企业进行组团管理主要是以召开各种形式的会议来协调参展商之间及会展企业的关系。其作用在于：鼓舞士气，培养集体感和互助合作精神；布置工作，明确任务；检查工作，发现问题；互通情况，相互学习等。常用于组团管理的会议主要有筹备会、检查会与动员会等。

□ 筹备会

筹备会是会展企业为筹备展览而召开的会议，应该在选择好参展商之后举行。如果是国际展览会，应不迟于开幕6个月之前召开；如果是国内展览会，应不迟于开幕3个月之前召开。筹备会的召开是招展工作和组团工作的分界。会议的目的是介绍情况，布置工作，明确责任，为参展商如何开展工作提出指导性意见，激发参展人员的工作热情，指导参展商按时、按质完成参展筹备工作，并让参展商互相认识，培养集体感和协作观念。如果会议开得好，将为以后工作打下坚实的基础。

筹备会应由会展企业最高领导参加并主持会议，展览经理或协调人主讲。会展企业的展品运输、宣传联络、设计施工、行政后勤经理以及会计等具体负责人应当参加会议，并就各部分工作提出要求。如果有可能，应争取邀请参展商的高层负责人和具体协调人参加会议。筹备会议的主要内容如下：

（1）介绍情况。着重介绍市场情况、市场潜力、贸易习惯、销售渠道，展览会在市场中的重要性和作用，展览会详细情况（包括日期、时间、地点、规定），以及会展企业可以向参展商提供的服务和协助等；介绍展览经理以及展台经理，以及各方面的负责人、有关联系人、有关服务单位；同时，介绍参展商互相认识。

（2）布置工作。会展企业向参展商说明展览设计工作、展览宣传安排、展览公关安排、展品运输安排、展台人员吃住行安排等。会展企业可以向参展商提供技术指导和说明，具体包括：如何制定参展预算，如何选择展品、安排包装、运输，如何编印展览宣传材料，如何安排参展前宣传工作，如何选择展台人员并交代工作，如何安排展台人员的食宿行，如何准备价格、销售和供货条件，如何获取展览的最大效益，如何开展展览的后续工作等。

（3）提出组展规定和要求。例如，展品要求、宣传要求、资料要求、布置要求、贸易准备要求、展台人员要求等。如有可能，请一位有经验的参展商介绍其准备情况。

（4）收集参展商有关情况和资料。具体包括：展品由当地代理提供还是由总部运发，展台人员由当地代理安排还是总部派遣，是否需要统一安排招待员、示范操作人员、保卫人员、秘书、译员等，是否需要统一安排展览道具，展览的具体目的、目标以及活动安排等。可以专门设计表格，随申请表一道或稍晚寄发给参展者，用以收集以上情况。

会展企业应当为会议准备成套资料，以便分发给每个参展商。资料内容主要是有关展览筹备的一系列文件、要求、规定、日程、表格、材料，包括市场调研报告、展览会资料、场地平面图及展台分配图等。如果不召开筹备会议，则在确定参展申请的同时将参展商成套资料寄发给参展商。

□ 检查会

检查会是检查展览筹备工作的会议。检查会可以在展览会开幕前1—2个星期召开。检查会检查的内容包括展台施工、展品运输、展台布置等工作的安排，展台人员行程、住宿、膳食、市内交通等安排，以及检查展台人员是否合适。

检查会可以分发第二套资料。资料包括展览会和展台基本情况，展览会施工日期，展馆和展台序号，展台电话号码，展台经理姓名及联系地址，译员、招待员等人员姓名，展览会设施地点，展团内部联系地址，展览会与驻地之间的公共交通，展台人员的展场临时出入证，展览会目录，展览会所在城市的地图，所在地游玩、购物、娱乐介绍等。

□ 动员会

动员会是展览会开幕前的动员会议。动员会应安排在开幕前一天召开。展览人员必须全体出席会议，会议由展台经理主持。会议内容如下：

（1）强调展览目的。包括宣传公司和产品、建立贸易关系、进行贸易洽谈、签订贸易合同、开展市场调研等。

（2）介绍展团管理人员。包括展团经理和各方面负责人，介绍不同展台的人员互相认识。

（3）介绍展场分布情况。包括竞争对手可能在哪个展馆，潜在客户可能在哪个展馆；展览会期间的主要活动，包括开幕式、招待会、研讨会等。

（4）做出展出期间的展台管理安排。包括展台人员轮班、展台整理、展台清扫、展台人员交通、每天的总结会等。同时，提出展台言谈举止要求、着装要求。

（5）要求参展商和展台人员做好展台工作。包括接待观众、介绍展品、介绍公司、洽谈贸易、签订合同、记录资料等。同时，讲解资料记录技术及情况收集技术。

（6）建议参展商安排时间参观其他展台。建立贸易关系，了解市场和竞争对手情况。

动员会有些像战前总动员，要严明纪律，鼓舞士气。总之，要培养良好的工作精神和态度，营造良好的展台环境和秩序，保持良好的工作效率和效益。

第 9 章 招商策划

招展是吸引参展商参展，而招商则是指会展企业通过各种途径邀请观众参观展览会。此外，招商也包括招揽赞助商为展览会提供各种赞助，以增加会展的经济效益。为此，会展企业应重视招商策划，把招商与招展放在同等重要的位置上来看待。没有或缺少参展商的展览会固然是不行的，但是没有或缺少观众及赞助商的展览会也同样是不成功的。

9.1 观众招揽策划

观众招揽策划就是指对邀请观众参加展览会进行规划。展览会成败的关键之一是看是否拥有一定数量与质量的观众。

1. 观众的类型

展会招商所要邀请的观众是一些特殊的观众，这些观众就是所谓的专业观众。

所谓专业观众，是指从事展会上所展示的某类展品或服务的设计、开发、生产、销售或者服务的专业人士以及该产品的用户。专业观众具有下面一些特点：

（1）多是出于业务原因，从外地赶来参加展会的。

（2）在多数情况下，参加展会的观众的消费由他们的公司承担。

（3）通常，参加展会的观众都有任务，也就是说，他们是带着具体的目标和目的来参加展会的。他们或者是随便看一下行业的竞争状况或产品状况，或者是收集更详细的统计数字，甚至可能是公司派来出席展会的一个代表。

（4）不是随便什么人都可以参加展会，每一位观众都需要预先注册，大多数情况下需要支付一定的费用，展会期间佩戴展会入场卡。

与专业观众相对应的是普通观众，也就是除专业观众以外的其他观众。普通观众有以下特点：

（1）他（她）把参加展会看做一种娱乐方式。

（2）具有一定的购买欲望。普通观众通常会考虑在展会上购买展示的产品或者服务，边比较边采购，并获得一些建议——从会展经理和参展商的观点来看，理想状态是在展会上购买。

一般来说，如果不是展会的有意控制，一个展会往往是既有专业观众到会参观，也有普通观众到会参观。在国内外展览行业的实际操作中，有些展会只对专业观众开放而不允许普通观众进场参观；也有些展会既允许专业观众进场参观，也允许普通观众进场参观，但对普通观众的参观时间加以限制。前者如广交会，所有的展览时间都不允许普通观众入场；后者如广州国际汽车展，在展会开幕的第一天和第二天只允许专业观众入场，过了这两天才允许普通观众入场参观。

除了对专业观众和普通观众的划分以外，到会参观的观众还可以分为有效观众和无效观众。所谓有效观众，是指到会参观的专业观众是参展商所期望的观众，这是具有一定质量的观众，对展会来说不可或缺；所谓无效观众，是指参展商所不期望的观众，他们对展会来说是可有可无的。

有了有效观众和无效观众的区分，我们就可以看出，并不是所有的观众对展会来说都是有用的，展会往往更需要有效观众。对于一个专业展会来说，如果无效观众过多，就可能对展会的正常商务活动带来不利的影响，如展会现场太拥挤而秩序混乱、展会现场太嘈杂而影响商务谈判等。因此，如果允许普通观众入场参观，展会就要努力使有效观众在到会观众总量中保持一定的比例。一般来说，这个比例不能低于30%。也就是说，有效观众的数量占到会观众的总量的比例不能低于30%，如果低于这个比例，展会在观众方面将会只有数量而没有质量，展出效果将难以保证。

从另一个角度来说，无效观众对展会来说并非一点作用都没有。实际上，只要数量适中，他们对增加展会人气、活跃展会气氛、扩大参展商的广告效应和知名度是有很大作用的。只不过他们的数量不能太多，否则就喧宾夺主了。

此外，根据来源地的不同，观众可分为本地观众、外地观众与海外观众，或国内观众与国际观众。

2. 收集观众信息

收集目标观众信息的渠道和方法与收集目标参展商的渠道和方法有些相似，展会目标观众的信息也可以通过以下渠道来收集：

（1）通过行业企业名录收集。使用时要注意，不要仅仅局限于展览题材所在的行业，还要收集相关行业的信息。

（2）通过商会和行业协会收集。包括展览题材所在行业及其相关行业的商会或者协会。

（3）通过政府主管部门收集。

（4）通过专业报刊收集。包括展览题材所在行业的专业报纸和杂志，以及其他相关行业的专业报纸和杂志。

（5）通过同类展会收集。

（6）通过外国驻华机构收集。

（7）通过各种专业网站收集。

（8）通过各地的黄页收集。

3. 观众的联络与沟通

观众的联络与沟通主要是通过展会通讯来完成的。

展会通讯是会展企业根据展会的实际需要编写的、用来向展会的目标客户通报展会有关情况的一种宣传资料，它常常是一本小册子，或者是一份小小的报纸。展会通讯编印出来以后，会展企业就以直接邮寄的方式及时地将它邮寄给目标客户（即展会的目标参展商和目标观众），或者通过电子邮件发送给其目标客户，并在展会的专门网站上发布。

4. 专业观众的邀请

专业观众有一定的简单而纯粹的业务动机。因此，可以直接把展会信息邮寄到行业公司、组织，或者通过企业网站进行展会促销宣传。

展会的促销宣传会给观众带来很大的影响。观众会根据收到的这些信息来评估这个展会是否值得参加。如果他们感觉这个展会没有新的内容，他们就会去参加其他展会。不管怎样，参展商通常会把展会看成自己的行业专业信息的首要来源（见图9-1）。

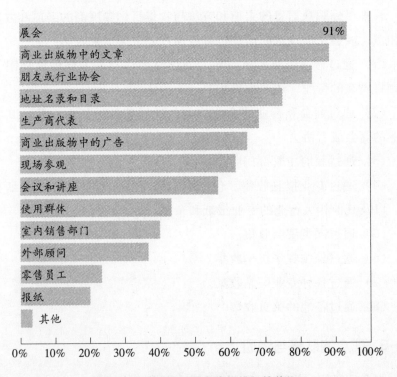

图9-1 展会位于信息来源排行的首位

吸引并邀请专业观众的促销宣传日程如下，这个宣传日程是以年为周期的。

（1）52周：宣布来年的展会日期。

（2）40周：在行业期刊和网站上公布展会的日期广告；广告持续到展会开始前的第4周左右。

（3）21周：发起第一次直邮广告大战；开始对参展商的展会促销活动；设计网上互动的注册网页，同时可以通过网页预览新产品。

（4）15周：第二次向观众直邮广告。

（5）10周：最后一次直邮广告；第二次向参展商发起攻势，并发出免费赠送的票据。

（6）6周：根据预先注册统计的结果，开通观众电子市场。

（7）4周：在线公布展会日程。

（8）2—3周：选择合适的媒体发布新闻。

（9）1周：召开新闻发布会。

（10）展会开幕日：举办媒体招待会，庆祝展会隆重开幕；宣布来年的展会日期；给那些通过在线注册却因个人原因不能来现场的人员邮寄开幕式录像带。

5. 普通观众的邀请

邀请普通观众的宣传日程如下：

（1）20—24周：建立在线形象。

（2）12—26周：开始印刷宣传品，包括发送新闻稿；宣布展会发起人——会展企业的信息。

（3）8周：进行展会赞助者、展会演艺人员的电视、电台采访活动；向特定区域内很有可能参加展会的普通观众直接邮寄展会宣传资料；发布社会团体赞助广告，广告持续到展会开始为止。

（4）4周：在报纸上刊登广告；向每一种报纸的各个部门发送新闻稿件。

（5）2—3周：进行电视和电子媒体广告宣传活动。

（6）5天：开始在新闻报纸和电台广告上直接作宣传。

（7）1天：举办新闻发布会和媒体招待会。

（8）展会开幕日：举办盛大开幕式、公众招待会、剪彩等活动。

（9）展会第2天和第3天：通过媒体广告，吸引更多没有预约的观众参加。

6. 国外观众的邀请

对于国际专业展，会展企业不仅要组织国内的专业观众，还必须组织来自国外的观众。以下介绍作为世界会展强国之一的法国在举办国际专业展时，招揽国外观众的做法，以供参考。

为了使专业观众国际化，法国的主要展览公司共同组织了法国国际专业展促进会。这是一个由商会和政府牵头组织的民间团体，其理事会由巴黎工商会、法国外贸中心、法国专业展联合会、法国雇主协会、巴黎市政府、法国外贸部以及展览中心和专业展览公司的代表组成。该组织成立二十余年来，为促进国外专业观众来法国参观交流起了很大的作用。

该组织的经费大部分来源于参加促进会的展览公司按所需促进的展会数目及促进宣传工作量而缴纳的促销经费。另有少量部分来自巴黎工商会和展览场地公司等主要理事单位提供的年度补贴。

法国的任何一家展览公司均可申请加入该促进会，但促进会对于同一个专题的展会只接纳一个展会加入，而且优先接纳质量最好的展会。

目前，共有65个展会加入到这一促进会，都是法国最知名的国际性专业展会，规模大、国际性强，需要依靠促进会在世界各地做国外参展商及国外观众的促进工作。

促进会为了向这些展会提供国际促进业务，在近50个国家和地区建立办事处。这些办事处的任务是在各自负责的国家和地区为这65个展会开展形式多样的促进业务。

在这些办事处中，除意、德、英、西、比等少数国家是由促进会总部独自投资的独资公司外，其他办事处都是财务独立机构或公司。根据国家不同，办事处可以是法国使馆商参处、法国驻外商会，也可以是法航办事处或独立的商务公司。

1997年，国际建筑材料及设备展共有140 687名专业观众，其中国外专业观众的人数为19 978名，占全部观众的14%。大量国外专业观众参加展会，使参展商不仅能在展会上直接向法国市场促销，而且能向世界各国促销。

1999年6月，第10届国际葡萄酒及烈性酒展，当时参展商要求展会主办机构不仅组织法国市场的销售企业来参观购买，还特别要求组织世界各国的销售企业来参观交易。该组织将世界上121个国家和地区的52 518名专业人士邀请来参观经商，使这一展览成为世界性的酒类交易市场。

由此可以看出，这种展会国外促进的方式很有意义，因为单个的展览公司，哪怕是财力强大的展览集团，都没有足够的实力在世界上50个国家建立属于自己的办事机构网络。但是，把从属于不同展览公司的65个展会的经费集中到一起，就能组成一个有效的展会国际促销网络。

9.2 赞助商寻求策划

寻求赞助商赞助是展览收入的一种有效来源。为此，会展企业必须在对赞助所能提供的利益进行评估的基础上开始着手赞助商寻求策划，必须了解赞助所能提供的一切潜在利益，从赞助商的角度发掘赞助所能带来的利益，从而便于根据客户要求提供赞助收益。

1. 制定展览赞助策划书

制定展览赞助策划书是寻求赞助商的首要任务，会展企业应在该策划书上详细说明展览会的特点及能为赞助商带来的利益。以下为某会展企业的展览赞助策划书，仅供参考。

展览赞助策划书

（一）展览信息

（1）简单描述展览。

（2）展览的目的。

（3）地理位置以及在当地的扩展情况。

（4）展览组织者的简要背景介绍经历列举、使命陈述，以及组织展览的日程、展览组织的人员。

（5）策划展览的时间与次数。

（6）如何判断展览的成功与否。

（7）需要多少资金。

（8）资金如何花费。

（9）有其他赞助者吗？如果有，是谁？

（10）你还将寻求其他赞助者吗？

（二）目标观众

（1）有多少人出席展览？

（2）有多少人参加展览？

（3）曾经举办过展览吗？

（4）如果举办过，你如何评价以及结果如何？

（5）请附带以前展览的相关宣传材料、广告材料的复印件。

（三）未来

（1）你打算再次举办这个展览吗？

（2）参展商有可能继续参加这个展览吗？

2. 分析赞助的条件

很多会展企业都认为赞助是展览收入的一种有效来源，并积极着手寻求赞助，期间遇到各种各样的困难，最后还是吸引不了赞助商。以下为会展企业寻求赞助的基本条件，以供参考。

（1）展览必须能为赞助商带来收益。赞助商必定希望通过赞助达到特殊的宣传目的，如提升企业形象、与供应商或买方建立牢固的合作关系等。如果没有利益可得，会展企业希望从此处求得收入无疑是在浪费时间。

（2）有无适合的赞助商。会展企业应该明确哪些公司不适合提供赞助。例如，一次为儿童医院筹集基金而举办的慈善展览就不适合邀请啤酒商与烟草商做赞助单位。会展企业应该知道，在许多国家烟草商是不允许作为赞助商出现的，尽管他们相当愿意。

（3）会展企业是否拥有寻求赞助的必要资源。对于具有赞助潜力的机构来说，就要花费大量的时间与努力对其进行调查，与之建立赞助关系，并说服这些组织进行赞助。另外，一定要实现在赞助策划书中提及的对赞助商的利益承诺，这也意味着为赞助调配人力和物力资源。

3. 确定提供给赞助商的利益

会展企业的展览提供给赞助商的利益主要有：

（1）进入特定目标市场。例如，一次特定领域的医学展览，或许就能在当时、当地为特定药品/医疗器械的生产商提供一个赢得大量潜在参展商决策者的良机。

（2）树立并提高企业/品牌形象。

（3）与分销商建立关系。例如，企业可能希望与参展或分销自己产品的公司建立更牢固的关系。为此，厂商可以考虑对某一展览进行赞助，前提是作为赞助利益的一部分，厂商可以在展览会场搭建自己产品的宣传台、获邀参加特殊庆典等。这些有利条件反过来也可以作用于与分销商们建立牢固的合作关系。

（4）获得销售机会。例如，一家啤酒厂从赞助中获得的有利条件可能就是在展览中销售其产品的排他权。

（5）展示产品特性。例如，在户外用品展览期间，产品通过多种机会展示给潜在购买者。因此，背包生产商就可以通过对展览提供赞助而有机会直接与自助旅游者接触，这样便于当场交易或事后交易。

(6) 进行销售。例如，作为赞助内容之一，公司要有机会直接将自己的产品/服务销售给观众。

(7) 保持对某机构的展览表示支持的风范。例如，企业通过赞助一系列的展览在社会上树立起优秀成功企业形象。

为了吸引赞助，会展企业不得不考虑如何为赞助商实现上面所提及的利益。换言之，会展企业必须刻意兜售什么，才能使赞助商从中看到这些利益。在这一方面，每次展览无疑都是不同的。但是都包括一些共同点，比如同意从赞助商处优惠购买展出用品、展览冠名权、排他权（排除其他竞争的资格）、网络传播机会、广告销售权、媒体展示、标志权、赞助商参与制作媒体广告以强化其与此次展览的联系、展示产品的资格、招待服务等。

一般说来，赞助商从下面几个方面来考察展览的质量，决定是否赞助：

(1) 展览的认知度有多高？是同类型中最好的吗？参加展览可以提高知名度吗？

(2) 展览是延续性的还是一次性的？

(3) 展览组织者——会展企业的声誉。组织者有没有成功举办过此类展览或其他展览？组织者有没有能力帮助产品达到其赞助目的？组织者是否具备赞助商希望与之相联系的形象与要求？组织者自己的责任、权利、义务明确吗？对于认可的事项，组织者有没有绝对的控制权？组织者的员工对客户要求是否能做出及时的反应？他们容易接触吗？

(4) 赞助获得的利益与预期收益有多大差距？有没有机会对产品和相关商品进行直接销售或进行产品测试？是否符合公司的指导方针？

4. 采用适当的寻求方法

最有可能成为赞助商的机构，是那些希望与参加展览的观众接触的机构，或者是展览可以协助其解决某个特定问题的机构，以及那些正在寻求重新定位、进入新市场或推出新型产品/服务的机构。会展企业要学会分辨这些机构，以便正确寻找赞助。

分辨结束后，根据展览的性质，有些组织就可能成为目标赞助者。举例来说，某园艺展的组织者可能会注意到有一家园艺公司刚刚推出了一套新肥料，如果能使该公司相信，本次展览为其提高知名度、增加新产品系列销售量提供了良机，该公司就会考虑赞助。

会展企业还可以通过参阅潜在赞助商的年度报告或浏览其网站等方法来寻找潜在的赞助商。这些材料可以表明某一机构当前所遵循的大政方针，表明他们适合进行什么样的赞助，以及是否会对赞助有特殊要求。这些信息可以显示某机构是否存在赞助的可能。

另一种分辨潜在赞助商的方法就是看谁曾经赞助过类似的展览。为此，可以查阅宣传材料或网站，或者联系负责管理的展览组织者。

一旦分辨出合适的潜在赞助商后，就要确保对每一个潜在赞助商进行更加详细的调查。额外信息包括赞助商愿意赞助的展览类型、该机构是否与特定的事业有关联、在策划周期中何时调配赞助预算、赞助策划书应该先于该时间几个月前送抵等，所有这些信息，最好直接询问。

制定完潜在赞助商名单后，会展企业将面临的问题是决定应该将赞助策划书交给该组织的何人。如果在调查该组织的过程中，已经与负责赞助的人员沟通过，答案就很明显了。在小型公司里，这个人可能就是总经理；中型公司的市场部经理或公关经理就可以对此问题做出决定；在大型企业中，负责赞助的部门有可能设置在市场部、公共关系部或公司事务部。计划书送出后，通常要在适当的时候进行跟进。

9.3 招商宣传

良好的招商宣传，对内可营造招商氛围，形成招商共识，便于招商工作的顺利进行；对外可以扩大展览的知名度，推介展览的优势，引导合作办展，创造良好的经济效益。

1. 招商宣传的途径

招商宣传与招展宣传的途径大同小异，这里介绍其他一些途径。包括编印画册、制作光盘、发布广告、举办招商说明会等。

□ 编印画册

编印招商宣传画册是指会展企业运用图片向招商对象宣传展会形象，展示展会举办地的经济实力，推介地域优势，提供可供合作领域。编印招商画册的要点如下：

（1）要认真策划。为了让招商对象对展会特色及展会举办地的社会信用度、投资领域及投资项目充满信心，激发赞助热情，编印画册时就必须高瞻远瞩，全面筹划，把能反映展览综合实力的优势表现出来，尤其要充分反映展览区域经济的特点，形成独特鲜明的招商优势，这样的画册才具有宣传价值，才能产生宣传效应。

（2）要选好内容。画册是以直观的图片和抽象的文字来表现内容的。因此，每一幅图片都要具有一定的代表性，要能够反映出展览的最佳状况，同时要进行科学归类、巧妙组合，做到图文并茂，从不同层面推介展览的优势与发展前景。

（3）要精心制作。画册的内容固然重要，但制作工作同样不容忽视。如果制作精美，不仅能充分表现内容，达到宣传效果，还可以为内容锦上添花，且易为人收藏。相反，如果画册制作粗糙，即使内容再好，也难以产生宣传效果，反而给人以工作马虎、社会信用度低，甚至是望而生畏的感觉。所以，在画册的制作工作中，一定要精心细致，主题要突出，特色要鲜明，图片要精美，结合要恰当，色彩搭配要端庄、自然大气，讲究艺术效果。

□ 制作光盘

利用现代科技手段和媒体，把宣传内容制成光盘，在特定区域或特别群体中进行广泛传播和定向传播，具有图声并茂、视听兼备、介绍系统、宣传广泛、生动传神、感染力强等特点。

招商宣传光盘实质上是一个展览综合形象介绍的纪实性电视片，这就要求招商宣传在内容上突出主题、特色鲜明；在形式上创优创新，实现形式与内容的完美统一。

此外，由于招商宣传光盘是广告色彩较浓的展览形象纪实性电视片，因此，在制作光盘时，还应把一些知名企业参展的情况加以宣传，让参展商以切身经历，说明展览的优势、发展前景及参展商的收益。这样，宣传鼓动性、舆论引导性更为强烈，宣传效果也就更为明显。

□ 发布广告

广告就是广而告之。这种途径主题突出，内容具体，表达更为直接。

根据广告内容，广告可分为形象广告和具体广告。在对特定区域开展招商时，可采用双管齐下、齐头并进的方式发布形象广告和具体的招商广告，对受众的听觉、视觉进行反复刺激，这样受众的印象才深刻，广告的效果才明显。

形象广告要系统、全面，有区域个性，充分展示招商区域的发展面貌和特色；内容要精练完美，生动传神；形式要新颖大气；手法要巧妙自然，引人入胜，让受众在无意中注意广告内容。具体广告要主题鲜明，内容简洁，不拖泥带水。发布招商广告可以多种媒体并用，交叉刊播，立体推进，做到广播里有声音、电视里有画面、报纸上有文字，令受众轮番接受信息，由无意注意到有意注意，最终实现广告宣传效应。

□ 举办招商说明会

在招商宣传工作中，举办招商说明会最为有效。举办招商说明会就是会展企业在特定地区或行业把招商对象组织起来，向他们全面系统地介绍展览的招商情况。这种面对面的宣传方式气氛热烈、随和，能拉近双方的情感距离，增进了解，加深友谊；同时，还能广泛搜集招商信息，联络更多的赞助商与观众，双方的选择空间较大。

举办招商说明会要把握以下几点：

（1）做好宣传材料的准备工作。举办招商说明会，宣传材料必不可少。宣传资料要应有尽有，精练简洁，完整配套，宣传画册、资料汇编均可发放。同时，还可在说明会上播放宣传光盘，让赞助商与观众对展览有较为系统的认识。

（2）做好会议组织工作。会议组织包括两个方面：一是会展企业招商部门的组织领导工作。这要求招商人员要熟悉经济法规，懂得融资规律，掌握项目内容，具有谈判艺术，拥有定夺权力。二是赞助商的组织引荐工作。要想组织有雄厚实力的赞助商参会洽谈，首先要选准地区，这主要看拟招商地区有无资本输出实力和扩张趋势。其次要选准对象，这要求对拟招商地区的企业进行深入研究。招商对象确定后，可通过当地政府或商会、行会等民间团体牵线搭桥，从中引荐；亦可直接到拟招商企业进行自我宣传，邀请其参会洽谈。最后，可以通过媒体发布招商广告，广泛邀请赞助商参会。

（3）做好项目洽谈对接工作。这要求招商会议组织者要熟悉招商项目单位和投资者双方的情况，只有进行有效对接，双方才有深入洽谈和进一步签约、合作的可能。

（4）把握重点。这是指向重点赞助商推介重点赞助项目。对一些集团性企业，会议组织者可根据实际情况，邀请其与展览主题所在的行业协会领导人进行小范围会见，就赞助问题进行深入洽谈，还可就赞助商提出的问题进行现场答复，这样可以增强双方的信任感，树立良好的企业形象。

（5）树立典型，激发赞助热情。说明会上可把已谈成的且有代表性的赞助项目进行公开签约，并让赞助商说明赞助动机、原因。这样做可以激发其他赞助商的赞助热情。

2. 招商宣传媒体

招商宣传媒体主要有简报、报纸、广播、电视等。

□ 简报

与现代传媒相比，简报是较为原始的一种宣传手段。但是，简报具有专业性强、指导广泛、灵活机动等特点，而且不受版面限制，也不受时间制约，只要是行业内部的重大活动、重大决策、典型经验、重大成果或有价值的信息，都可以及时编发。由于简报往往是在行业内部发送，因此简报的内容应以行业内部的招商工作为主。有时，为了提高招商工作的效率，对行业以外的招商经验及招商信息也可编发。

□ 报纸

报纸是以固定的印刷符号（包括印刷图片）为信息传播中介来传播招商和投资信息的。较之广播电视，它有如下特点：

（1）信息量大。广播电视由于受播出时间的限制，使其容量无法随意扩大，而报纸不受读者一次性阅读时间的限制，版面也较充足，扩版也容易。

（2）可选择性强。广播电视的信息传输是单向的，受众无法决定先接受什么。报纸则不然，读者可以有选择性地阅读自己所感兴趣的内容，而且可以反复阅读。

（3）具有较强的文献价值。广播电视的信息可谓来也匆匆，去也匆匆，如要保存资料，又受录音、录像条件的限制。报纸无论在时间上还是空间上都可以留存，具有较强的文献价值。

□ 广播

广播是电子新闻媒体，以电波传输为主要手段，以听觉符号作用于听众的听觉器官，使他们接受信息。广播具有以下四个特点：

（1）报道迅速，先声夺人。无线电波的速度是每秒 30 万千米，广播节目用电波传输，在导线通达或电波覆盖范围内，只要有接收工具就可接收信息。所以，无论多么快的印刷速度、什么样的运输工具都不能和它相媲美。它可以随时把投资信息告诉听众，可以把重要的商务变化随时告诉听众。此外，广播还可以用现场直播的方式把远方正在发生的重要事情报告给听众。从这个意义上讲，广播传播信息的时空距离已接近于零。

（2）生动传真，感染力强。广播传播信息的主要工具是声音符号，声音符号作用于人的听觉器官，人们可以通过音响和有声语言较直接地理解传播的内容。

（3）渗透力强，受众面广。广播信息的电波传输与卫星结合，其电波可以覆盖全球。可以说，大部分人都能够成为它的传播对象。

(4) 顺序广播，转瞬即逝。这是广播的短处。对此，可通过延长播出时间、加强预告、精编节目、加大信息量等措施予以弥补。

□ 电视

电视运用无线电波或有线网络定时、连续地传播活动图像与伴音节目。电视广播的过程主要是用电视摄像机和话筒摄取景物的图像和声音，把它们转换成电信号，由发射机放大、调制后发送出去。电视接收器再把电信号还原成景物图像和声音。观众通过电视机即可收看电视节目。无论是投资者还是招商者，都可从电视中获得很多有价值的信息。

第 10 章
企业参展策划

展览会作为一种有效的营销方式，已不再是简单意义上的展示产品、推销产品、购买商品，现代展览会已经快速发展成为交流和获得信息的中心。因此，参加展览会是企业整个市场拓展工作的重要组成部分，应被列入企业的营销计划之中，并拟订详细的策划方案，以便企业参展。

10.1 企业参展决策

企业做出参展决策是参展策划的前提，如果企业不参加展览会，参展策划也无从谈起。企业做出参展决策应依据自身所处的内外环境，从营销需要、市场条件、营销方式、内部条件等方面进行考虑。

1. 营销需要

企业参加展览会是因为营销的需要。因此，参展决策所需考虑的第一个因素，也是参展决策的基本因素和根本原因。营销需要所涉及的方面包括参展企业经营宗旨、经营方针、经营作风、经营战略、所处行业、所经营的产品或服务等。

作为参展企业，从营销需要角度决定参展应考虑以下因素：

☐ 经营宗旨、方针和经营作风

企业在作参展决策时，首先应考虑本身的经营宗旨和经营方针，考虑中长期的发展方向，以明确自身需要。

企业根据经营情况可以大致分为发展型、维持型和衰退型。市场是企业的生命线，因此，发展型企业会努力占领更大的市场份额，衰退型企业则会慢慢退出市场，而维持型企业则会努力保住市场份额。展览是企业普遍使用的开拓市场、维护市场的手段，因而发展型企业有更多的参展决策工作，而衰退型企业较少有参展决策工作，维持型企业则介于两者之间。

企业决策层的经营作风也可以作为考虑因素之一。经营作风并不是一种内部需要，但是它却体现在企业经营管理的各个方面，包括展览工作。企业经营实际上是相当复杂的，不可能只有一种发展模式，可以进攻，也可以防守，两者都可能取得成功。因此，在做参展决策和展览工作时，考虑决策层的经营作风有利于保持整个企业的经营管理工作协调一致。一般情况下，进攻型的决策层多采取主动出击的策略，通过降价、促销等方式参与市场竞争；保守型的决策层多采取防御策略，避免正面厮杀，通过展览、公关等方式暗抢市场。这就造成了不同的展览要求。通过这一层次的考虑，参展企业应当得出是否有展览需要的结论。

☐ 营销战略

营销战略是企业作参展决策的主要依据。营销战略是关系到企业经营、发展等有关全局工作的方向和部署。典型的营销战略有市场进入、市场发展、市场渗透等。

市场进入也被称为市场考察，这是进入市场的第一步。展览是了解市场潜力最好、最实用的方式。但是，在市场进入或市场考察阶段，企业并不需要做大规模的展出工作。另外，由于展览需要一定的人力和财力，中小企业可能采取其他成本低的方式开展市场考察或市场进入工作。因此在市场进入阶段，展览工作可能会少一些。

市场发展战略多用于新产品、新市场。在这一阶段，展览工作量会增加，因此可能有大量的参展决策工作。

市场渗透战略多用于市场萎缩或面临激烈竞争时，企业作为防卫可能采取多元化、兼并等行动。这些行动通常导致展览决定。

通过这一层次的考虑，参展企业应该大致了解自己有多大程度和多大规模的展览需要。参加展览会是企业最重要的营销方式之一，也是企业开辟新市场的首选方式。在同一时间、同一地点使某一行业中最重要的生产厂家和购买者集中到一起，这种机会在其他场合是找不到的。通过参加展览会，企业可以迅速全面地了解行情。许多企业正是借助展览会这个渠道，向国外客户试销新产品、推出新品牌。同时，通过与各地买家的接触，了解谁是真正的客户、行业的发展趋势如何，最终达到推销产品、占领市场的目的。

□ *行业状况*

行业状况也是考虑展览的重要因素。新兴行业或称朝阳行业，是正在发展的行业，其市场规模在或快或慢地扩大。因此，在新兴行业里的企业大概都必须考虑采取积极抢占、努力扩大市场份额的战略。这就需要做大量的展览工作。

夕阳行业是萎缩的行业，绝大部分夕阳行业最终会走向消失，少部分可能进入边缘市场勉强存在。无论如何，在夕阳行业中的企业应当考虑转行，而不是浪费财力、精力作无谓的挣扎。这就需要缩小展览工作规模，甚至不再开展展览工作。

□ *产品情况*

产品也是考虑展览的重要因素。除了市场份额因素之外，产品本身具有生命周期，即导入、成长、成熟、饱和、衰退五个阶段。展览效率与产品生命周期之间存在着一定的规律。在导入和成长阶段，展览会达到事半功倍的效果；而在成熟和饱和阶段，展览对产品的推销作用就大大下降，变成事倍功半；到了衰退阶段，展览简直就是劳而无功了。当然，这是对大众产品而言。对用户有限并且固定的特征产品，通过展览来扩大销路是没有意义的。

企业在遇到以下情况时可以考虑使用展览方式：

（1）推出新产品或改进型产品，以及测试市场反应；

（2）产品技术、规格复杂，语言和文字都不能说清楚，必须通过示范操作来表现产品品质、性能；

（3）市场的客户很多，或者竞争者很多，必须在买卖双方集中的地方展开竞争；

（4）为保住或扩大市场占有率而寻找更多的客户，推销更多的产品；

（5）所在的行业产品技术日新月异，必须密切注视、跟踪技术的发展；

（6）客户习惯于见货后签合同，订货主渠道是展览会。

有关企业内部发展需要的因素还有很多。不同的企业应该根据自身的情况具体问题具体分析，明确自己的内部发展需要，在此基础上做出展览或不展览的决定。

2. 市场条件

市场条件是做出参展决策所需考虑的第二个因素，也是决定展览决策最重要的条件和因素之一。并不是所有市场都值得开拓，一些市场可能太小，没有开发价值；一些市场竞争可能太激烈，进入代价太大。从企业角度看，企业不可能向所有市场出击，不可能占有所有市场。因此，参展企业应当有选择地确定市场方向。选择、决定市场的标准有很多，它们主要是：

（1）市场有潜力。市场潜力主要指市场规模、市场发展水平、市场发展前景、竞争程度等。对于市场整体规模，可以通过分析综合经济指数大致了解其潜力；对于工业品市场，可以根据使用群体规模、进出口数据、销售渠道、购买决策方式等分析判断其潜力；对于消费品市场，可以根据人口、家庭、需求结构、购买力、购买动机、购买行为的数据分析来判断其潜力。

在考虑市场规模的同时，还需要了解市场竞争程度。竞争程度是指竞争的各方面情况，包括竞争对手情况、产品状况、市场占有份额、推销方式、销售渠道、销售条件等。从宏观角度看,成熟的市场也是瓜分完毕的市场,为多占一点市场份额要付出巨大的努力,这类市场的竞争十分激烈。相比之下,发展中的市场竞争激烈程度要低一些,先入者成功的可能性要大一些。从微观角度看,如果市场已有几个实力很强的竞争者,其产品在市场上已渗透得很深,而且市场消费习惯已趋于稳定,那么,后来者要进入就相当困难,这类市场潜力不大。一般来说,销售量很大并且仍然在增长的市场,或者经过足够的努力就能大大增加销售量的市场,都可以视为有潜力、有希望的市场。市场大意味着需求大,也就意味着销售量大,而销售量大则意味着利润高。因此,必须选择有潜力的市场。

(2)市场无限制。市场必须是开放的,参展企业应当能够正常进入。有潜力的市场不一定都是对外开放的市场。世界上大部分市场都有不同程度的限制。市场限制有人为和非人为之分,市场壁垒有政治的、经济的、贸易的、技术的。另外,空间距离遥远,必须增加运输成本,延长交货期,并可能降低产品的竞争能力,结果难以进入市场。

因此,要事先做好调研工作,了解情况,否则,贸然闯进可能会一无所获,甚至损失惨重。在有潜力的市场中,参展企业应当先选择限制程度低、开放程度高的市场。当然,参展企业也可以选择限制程度高、开放程度低的市场。那样,参展企业就必须做好长远打算,并做好进退两手准备。

(3)市场利润高。进入市场、占据市场的最终目的是获取利润而且是尽可能高的利润。但是市场有潜力,进入并占有一定市场,并不一定意味着有利可图,还需要对市场进行进一步的分析。首先要了解市场对产品的需求量是否足够大;其次要了解产品的价格与成本的差距是否足够大;最后要了解市场的估计寿命是否足够长。不同的市场有不同的特点,要进行综合比较。如果一个市场的利润差额小,但是需求量大,并且正在成长,那么,这个市场比起利润额大但是需求量不大,并且在逐渐萎缩的市场前景要好,也更值得开拓。考虑市场利润时,不能只看眼前,更重要的是预测中长期的利润。

此外，还有许多其他市场因素，如参展企业需要考虑产品能否符合市场的标准或要求。若达不到标准或要求，不仅可能卖不出去，还可能形成不好印象，为以后推销带来困难。因此，要了解产品规格要求、式样要求、色彩要求、质量要求、包装要求、品位等等。总之，为了将有限的力量花在最具潜力、最有利可图的市场上，参展企业必须考虑市场、选择市场。

3. 营销方式

这是做出参展决策的第三步，主要解决"使用什么方式营销"的问题。展览是一种被普遍应用并且相当有效的营销方式，它具有最广泛的营销作用，能满足几乎所有营销需要，并在一些方面具有优势。

营销方式有多种，它们有不同的特点和优势，适用于不同的要求和环境，作用与效果也不一样。如果目标市场只有少数几个客户，通过展览接触客户显然就得不偿失，不如派遣贸易小组；如果要了解市场，通过展览进行调研，成本就太高，不如委托专业调研公司，其费用低、效率高，结果可能更准确；如果只想扩大影响，通过会展作宣传则受局限，不如通过媒体作宣传。

因此，做出参展决策的前提为展览是最有效的方式。如果展览不是最有效的方式，那么就不应该做出参展决策，而是做出其他决定。

4. 内部条件

展览是一项费时、费力、费财的工作，因此在做出参展决策时必须考虑参展企业的内部力量，要量力而行。这一步需要回答"有没有力量以及有多大力量做展览工作"的问题。参展企业必须具备的内部条件应有两个方面的考虑：一是要协调，二是要统筹安排。协调考虑是指既不能有多少展出需要就花多少钱，也不能因预算紧而该花的钱不花，要协调考虑展出需要和条件，从而做出展出决定和具体安排。所谓统筹安排是指不能仅考虑展览，把财务预算全部划给展览工作，而应全面考虑、全面安排。参展是企业经营的一个环节，与其他营销工作有密切的关系，协调安排营销工作，效果也会更好。

（1）人力。内部条件首先是指参展企业的人员力量，分后台、展台两类人员。后台人员包括广告、公关、宣传、设计等部门人员，展台人员包括推销、生产、技术、信息等部门的人员。展览准备工作可以委托专业展览公司、公关公司，即便如此，参展企业也需要有人负责联系监督。而决策和展台工作通常由参展企业自己负责。展览工作的成功需要全体人员的努力，没有足够的人力就不容易做好展览工作。在决策阶段，也就是参展决策阶段，参展企业必须考虑有没有人力、有多少人力可以投入展览工作。根据展出需要和人力资源做出相应的参展决策。展览的准备时间一般都在一年以上，最少也要6个月，匆忙准备则容易出错且展出效果不好。另外，展览工作的环节多、头绪复杂，需要进行大量的协调、联络和管理工作，牵涉的人员可能很多。展览从某些方面看类似演戏，需要许多人共同努力。

（2）财力。展出企业决定参展要考虑公司的财力。在下列情况下，参展企业可以考虑加大对展览投入的比例：

①参展企业有进攻性的展出需要；

②参展企业经营的是技术复杂的产品；

③参展企业的主导产品处于生命周期的早期阶段；

④市场比较分散；

⑤参展企业要参加质量好的展览会。

为此，有些国家作了有关统计。在有"会展王国"之称的德国，企业平均将营销预算的28%用于展览；英国企业平均仅用8%；美国经营高新技术产品的企业一般将30%—50%的营销预算用于展览。据调查，医疗行业的企业最依赖于展览。因此，医疗行业的企业花费的展览预算比例最高。相反，经营日用消费品的企业可以考虑适当压缩展览预算。

（3）精力。精力是指工作人员的工作与时间安排，与人力紧密相关。展览工作的周期相当长，需要充足的时间，参展企业和展出人员要付出很大的精力。

总之，企业参展决策是企业营销决策的一项重要内容，应当由参展企业的最高层研究做出。在作参展决策时，一般应同时考虑实施部门或负责人。大型企业多由专门部门负责展览业务，比如展览部、营销部、宣传部等；小型企业可能没有专门部门负责展览业务，这就需要将参展决策工作交给具体负责人，通常是展览协调人或展览项目经理。展览是一项比较复杂的系统管理工程。作参展决策的同时指定展览实施部门或负责人，有利于迅速着手安排以后的一系列展出工作。

参展决策是一个过程，应该有相应的程序。由于参展企业不同、所针对的问题不同，因此决策也不尽相同。参展企业规模的大小不同会造成决策程序的不同。大的参展企业，诸如国家政府部门、贸易机构、商会、集团公司等，大多有相应的部门或专门人员从事展览工作并有固定的决策程序，这类单位作参展决策的程序可能比较复杂；小的参展企业，诸如只有3—5名雇员的公司，决策基本是老板一个人的事情，也没有什么相应的决策程序。

展览项目的新旧也会造成决策程序的不同。旧的展览项目（指连续参加或者连续举办的展览会）决策过程可以比较简单。在经济发达国家，许多参展企业每年要组织数个到数百个展览项目。展览项目中2/3以上是相对固定的项目，即旧项目。这一方面体现了参展企业政策和战略的连续性，另一方面也反映出这些展览项目合适、效果好。对于这些项目，参展企业无须再作决策，而只要在局部或细节上作调整。但是对于初次展览的项目，即新项目，参展企业应当充分调研，全面考虑，慎重选择。总之，参展企业应该加强展览决策的科学性，避免盲目性。

10.2 制定参展目标

参展目标是参展工作的基石和方向。制定恰当的参展目标是展览成功的必要条件。企业在做出参展决策后,应根据企业市场及展览会的情况制定明确的参展目标,以便指导企业的参展活动,使展览达到预期的效果。

1. 参展目标的类型

参展目标大致可以分为展览目标和管理目标。展览目标是针对展览效果而言的,目的是追求展览的高效益;管理目标是针对展览工作而言的,制定实施管理目标的目的是通过对人员、工作、费用、时间等因素的管理达到展览工作高质量和高效率的效果。两者之间的关系是展览目标决定管理目标,也就是管理目标根据展览目标制定,管理目标服务于展览目标。

展览目标有两种类型:一种是个体展览目标,是参展企业的展览目标,也是展览的基本目标;另一种是集体展览目标,是集体展览组织者的展览目标。集体展览目标应当由宏观的集体展览目标和微观的个体展览目标组成,两者可以根据需要和条件确定。

2. 参展目标的基本内容

参展意图多种多样,因此参展目标也是多种多样的。参展目标的基本内容如下:

(1) 建立、维护参展企业形象。这里所指的参展企业可以是公司,也可以是行业、地区甚至国家。对于新的参展企业,目标是树立形象;对于老的参展企业,目标是维护或提升形象。形象在商界有着重要的意义和作用。

(2) 市场调研。好的展览会是进行市场调研的好机会。一方面,好的展览会能汇集市场上几乎全部的主要卖主和买主,因此能充分、全面地反映销售渠道状况、市场供求水平、客户情况,甚至市场发展趋势等。另一方面,在展览会上,会展企业能够免费、合法地收集到几乎所有主要竞争对手的情报,包括技术、生产、营销等情况。竞争对手往往会在追求新客户、新订单的努力和诱惑下,放松警惕,从而泄露商业秘密，比如专利产品的技术性能、价格条件、运输条件和包装条件等。

了解并熟悉市场是进入市场、占领市场的必要和先决条件，因此，会展企业也应当始终将市场调研作为一个重要的参展目标。需要指出的是，规模小、档次低的展览会不适宜当做市场调研的场所或机会。在这种展览会上，不宜将市场调研作为展出目标。

（3）向市场推出新产品或服务，测试市场反应。展出新产品是很多参展企业的主要展览意图。很多观众参观展览会的主要目的也是为了了解新产品。商家都在不断研制新产品、设计新服务项目，在大批量、大规模推向市场之前都需要了解市场反应。展览会是了解市场反应的很好机会和场所。

首先，展会观众大都是业内人士，他们懂行、挑剔，同时也会欣赏。因此，收集他们对产品性能、质量、价格、包装和服务等方面的批评、要求或建议，可以基本上了解市场的反应并据此调整、安排、设计和生产。

其次，展览会时间相当短，而接触的观众却相当多。因此，与其他市场测试方式相比，利用展览会这种方式试探市场对产品或服务的反应，既节省时间又节省费用。但是，需要注意的是，在展览会上推出新产品、新服务很容易向竞争对手暴露秘密，因此工作要谨慎、周密。

（4）建立新客户关系，巩固老客户关系。这是展览会非常重要的作用之一，应当作为重要的展出目标。客户关系是贸易成交的先决条件。许多企业将客户关系视为商场的生命线，他们认为客户关系的重要性等同于甚至高于成交的重要性。在当今竞争极为激烈的商场上，无论怎样强调客户关系的重要性似乎都不为过。因此，建立或巩固客户关系应当作为最重要的参展目标之一。

对于新进入市场或者想扩大市场的参展企业，参展目标当然应是建立新客户关系。在专业贸易展览会上有很多目标观众，目标观众就是潜在客户。参展企业不能被动地任由目标观众走来看看、问问又离去，而应当主动地接待目标观众，在介绍公司和产品的同时，与之建立联系并争取在以后发展成为真正的客户关系。这就需要有明确的参展目标来指导展台接待工作。

对于已进入市场的参展企业，巩固老客户关系也是很重要的。一方面要与老客户继续做生意，另一方面要防止竞争对手抢走客户。展览会是保持老客户关系的一种效率高、效果好的方式。由于种种原因，参展企业平时可能不容易与老客户进行面对面的接触，不能开展人际交流。借参展的机会，参展企业就可以邀请老客户到展台参观，见面交谈，让老客户看看新产品，听听老客户的要求和意见，并借此机会做生意。

（5）宣传产品。展览会在宣传产品方面有着独特的优势。首先，可以展示实物，使观众可以使用全部感官来感觉任何产品。大部分媒介（如报刊、电视、电台）一般只能使用一种或两种感觉，这大大限制了客户对产品的了解。对产品了解不全面也就很难做生意。因此，能让观众从各方面了解产品是展览会的第一大优势。

其次，可以展示几乎所有产品。推销人员虽然可以携带样品向客户展示，让客户从各方面了解产品，但是他们不可能随身携带太多太重的产品。在展览会上则可以展示几乎所有的产品，大到飞机，小到螺钉。在市场经济中，除规格、品种相对固定的大宗初级产品（如农产品、矿产品等）通过交易所做生意外，绝大部分商品需要看样订货，这就给展览会提供了充分、全面展示产品的独特机会。

最后，可以进行双向交流，即介绍产品、解答问题，并可以进行深层次的交流。很多参展企业选派设计、生产部门的人员参加展台工作，回答技术性的问题。这样能使客户全面深入地了解产品，增加对产品的信心，从而获得成交。对于需要看样订货的商品，展览会的宣传优势是巨大的。对于推出新产品、寻找新客户、维护并扩大产品影响的参展企业而言，都应当制定相应的产品宣传目标。

（6）销售和成交。成交是企业经营活动至关重要的一环。企业的所有商业活动几乎都是为了成交，成败也基本由成交决定。对于参展企业，也就是在展台里推销产品的企业，成交自然也就是最重要的目标。美国展览界认为参展企业可以根据需要制定多种参展目标，达到多种参展效果，但是无论制定何种目标，最终都是为了成交。从现阶段看，成交应该是参展企业最重要的目标（专家认为交流信息将成为展览会的发展方向，也将是展览会最重要的作用）。

展览会的成交作用是其他营销方式所无法比拟的。广告、公关等方式基本上是一种单向交流，是推销过程的一部分，因此仅靠广告、公关等方式并不能达成交易；推销人员虽然与展览会有着相似的作用，但是在大部分情况下推销人员的效率不及展览会。

对于展览会的成交作用，以及因此制定成交目标，企业一般不持异议。但是，一些集体展出的组织者（如政府部门、贸促机构等）可能会忽视成交。

3. 制定参展目标的误区

参展企业在制定参展目标时存在以下误区：

（1）目标利益偏重不均。偏重宣传（或政治）的参展目标可能有"成就展"的痕迹。简言之，偏重政治的展出形式表现为高质量的展出产品和高水平的展览设计。其目的是树立国家、地区、行业好的形象，扩大好的影响。在特定的历史、社会、经济环境中，这类参展目标是必要的、有效的。但是在市场经济环境中，以及信息交流高度发达的条件下，不宜再安排这类参展目标。若因特殊需要安排这类参展目标，也应由集体展出组织者承担全部费用或者大部分费用，否则，就有牺牲参展企业利益之嫌，从而失信于企业。因此，在当前的经济环境条件下，集体展出组织者不宜制定以牺牲个体利益为代价的偏向整体利益的展出目标。

（2）目标含糊。这可能由两种原因造成：一是由于集体展出组织者通常没有太大的压力，没有硬指标要求，于是负责人便将展出工作作为例行公事，不认真制定参展目标；二是集体展出组织者（尤其是政府部门）面对参展企业实际成交的要求，不愿承认本身的政治目的而对此含糊其辞。这样的结果使展出很难取得良好的效果，组织者和参展者都难以达到预期目标。因此，作为集体展出组织者要克服例行公事的态度，认真制定参展目标。

集体展出组织者除政府部门、贸促机构、商会、工业协会之外，还有展览公司、咨询公司、公关公司等以盈利为目的的组织。这是另外一种类型的集体展出组织者，它们与参展企业的关系是服务与被服务的关系。它们的根本目的是盈利，如果做不到这一点，这类组织者便会失去信誉和吸引力。盈利是理所当然的，但是它们应当努力使参展者实现展出目标，否则，这些展览项目将失去参展对象而无法生存。这种现象在我国20世纪90年代初屡见不鲜，应引以为戒。

（3）目标中的附加目标。附加参展目标比较常见的现象是将展览当做安排度假旅游的机会。展出地点对于大部分参展企业而言可能是异土他乡。参展工作头绪多，互相联系，互相影响。展览结束后，休息放松、旅游购物是正常现象。但是如果主次颠倒，不能按时完成工作，就可能影响整体展出效果。如果以旅游为主、展览为辅，那么参展目标自然就错了。

（4）目标过高或过低。参展目标的作用之一是指导参展工作，保证高效展出。高效率和高质量的工作才能获得好效果和高效益。但是，如果参展目标定得过高，有关人员无论如何努力也达不到，那么参展目标就不是一种工作标准，而仅仅是一种方向。目标失去指导实际工作的意义，有关人员可能就不再努力。如果参展目标定得过低，不用努力就能轻易达到，那么有关人员就会感到没有压力，就不易产生工作的积极性，从而导致工作不努力。为此，必须处理好几项任务即几个分目标的关系。分目标不能等同于参展目标，这样不利于提高参展工作的效率和质量，同时容易产生矛盾和冲突。目标要有轻重，以确保重点目标和工作。因此，参展目标应当制定得恰当、实际。

（5）目标没有主次。按主次、轻重关系分配预算、安排人员、布置工作，这是参展工作的实际情况。这个实际不是中庸的实际，不是随随便便就能做到的实际，而是要发挥展览多重作用，并达到预订的参展目标。因此，制定参展目标要有主次的考虑，要有需要经过奋斗才能达到的目标，也就是说，目标要制定得有难度而又切实可行，通过有关人员的积极工作可以实现。如果出现人力、财力不足等情况或者其他困难，可以取消或者降低一些要求。这些要求就是次要目标。

（6）目标过于抽象。参展目标应当具体化，而不应当泛泛而谈。例如，"促进友谊、发展贸易"作为参展目标就显得过于抽象，难以衡量展出效果。

欧美国家的展览界在展出目标具体化上走得更远，展览界以务实闻名。尤其是在美国，人们主张展出目标量化，即参展目标数字化。如果把"促进友谊、发展贸易"的目标数字化，可改为"吸引当地5%的居民参观展览"。这样的目标更为现实，也易于评估。

（7）目标没有可操作性。所制定的参展目标必须落实到展出工作中，参展工作才有可能最终完成目标，制定目标也才有意义。目标量化是欧美现代展览管理的重要观念和技术之一。量化的目标要落实到展出工作中的道理是显而易见的。目标量化可以使参展企业更合理地分配资源，更科学地安排工作方式和方法，有利于提高参展工作的质量和效率，有利于扩大展出效果。参展目标应当落实到参展工作中，最重要的一点是要使有关人员明白参展目标，使他们知道自己的分工、制定参展目标后的要求以及自己的工作与参展目标的关系，并督促他们对照参展目标制定工作目标。制定目标是为了指导工作，不落实展出目标或落实不力将使参展目标失去意义或降低其意义。

（8）目标随意更换。参展目标要稳定，一经确定后，不要因为出现问题或更换负责人就随意更改。参展目标一般是根据参展企业的发展需要和发展战略、展览会情况等因素综合考虑后制定的，若毫无理由地改变参展目标，就有可能不符合发展的要求，不适应环境条件，就需要相应地调整人员、经费和工作重点，就可能造成参展企业资源的浪费。改变目标而不作相应的资源调整，这个新的参展目标就可能是一个虚的目标。虚的参展目标本身就没有什么实际意义，也不利于提高展出工作的效率和质量，而参展效果就更加难以保证。

因此，若无重大理由，即使遇到人员变动，遇到工作困难，也不要轻易地更改参展目标。否则，工作将受到影响，一方面是资源浪费，另一方面是参展效果受到影响。但是，遇到以下情况则应考虑调整展出目标：一是原参展目标制定得不科学、不合理；二是参展企业的经营方向、营销战略有重大改变，作为营销手段的参展工作也应当相应地调整；三是市场环境发生重大改变。

4. 制定参展目标的要求

参展目标必须根据参展企业所处的环境和条件、制定参展目标前的要求（包括发展战略、市场条件和展览会情况）以及以往的展出情况来制定。如表 10-1 所示。

表 10-1　展出目标的要求

阶　　段	具 体 要 求
制定前的要求	● 有目标 ● 有根据 ● 全面考虑
制定中的要求	● 重实际 ● 有重点 ● 必须具体
制定后的要求	● 稳定性 ● 落实 ● 一致性

企业在制定参展目标时，必须处理好三种关系：第一，企业生存与发展关系。在实际工作中，往往存在比较严重的问题，因此有必要强调；第二，长远利益与短期利益的关系；第三，要全面考虑参展与其他工作的关系。

此外，参展企业要考虑遵循市场规律和经营原则。中小企业在这个问题上的表现要稍好些，但很多企业在对待普遍规律时可能持有错误的观念。这些部门和人员常常把办展本身当做目标，办展未出差错便是办展成功。很多企业的负责人往往也是如此。

10.3 选择展览项目

展览会是展示企业形象、推广企业产品、促成产品交易的重要场所。对企业来说，展览会并非规格、标准越高越好。企业选择展览项目的关键在于展览是否符合企业的营销战略。

1. 影响展览选择的因素

影响企业选择展览会的因素主要有：

（1）展览的类型。展览往往分为国际展和国内展。一方面，有的展览范围极广如博览会，而有的专业展展品只限于该行业；另一方面，有的展览注重的是产品的展示，有的则侧重于贸易交流。参展企业必须先对展览的种类有所了解，再进行重点考虑。

（2）展览的特性。若要充分利用展览会，参展企业必须了解展览会的特性。展览会有别于其他营销方式，它是唯一充分利用人体所有感官的营销活动。人们通过展览会对产品的认知是最全面、最深刻的。同时，展览又是一个中立场所，不属于买卖任何一方私有。从心理学角度看，这种环境使人产生独立感，从而以积极、平等的态度进行谈判。这种高度竞争而又充分自由的氛围，正是企业在开拓市场时最需要的。同时，展览会又是一项极为复杂的系统工程，制约因素很多。从制定计划、市场调研、展位选择、展品征集、报关运输、客户邀请、展场布置、广告宣传、组织成交直至展品回运，形成了一个互相影响、互相制约的有机整体，任何一个环节的失误，都会直接影响展览活动的效果。如果对展览会的这些特性不够了解，即使参展企业花费了大量的人力、物力，也未必能收到预期的效果。

（3）展览的性质。展览的性质是影响展览选择的重要因素之一。每个展览会都有不同的性质。根据展览目的，可分为形象展和业务展；

根据行业设置,可分为行业展与综合展;根据观众构成,可分为公众展与专业展;根据贸易方式,可分为零售展与订货展;根据参展企业,可分为综合展、贸易展、消费展,等等。在发达国家,不同性质的展览会划分比较清楚,但是在发展中国家,由于受到经济环境和展览业水平的影响,往往没有准确的划分。参展企业应结合自身需要,谨慎认识各种展览特征。不同性质展览的特征如表10-2所示。

表10-2 不同性质展览的特征

种类	参展企业	观众	内容	目的	入场方式
综合	制造商 贸易商 零售商	商人 公众	工业品 消费品	贸易 零售	购票入场
贸易	制造商 贸易商	制造商 贸易商	工业品 消费品	贸易	登记入场
消费	零售商为主	公众	消费品	零售	购票入场

展览性质这一问题曾困扰过我国不少参展企业。在发达国家,消费和贸易性质的展览会划分很清楚。但是在发展中国家,许多展览会兼有贸易和消费性质。比如,在伊朗举办的德黑兰国际博览会。如果参展企业的营销目标是接触客户、推销产品、签约成交,那么就应当选择贸易性质的展览会,而不能选择消费性质的展览会。如果参展企业所经营的是消费品(可以大到花园别墅,小到针线),营销目标是直接零售、了解最终用户的要求、在最终用户中树立公司形象、扩大产品影响等,那么就应当选择消费性的展览会。世界各地有许多展览会在性质上容易让人产生错误的联想,比如法国巴黎国际博览会,历史悠久,规模庞大,但它却不是贸易性质的展览会,而是消费性质的大庙会,不适合贸易企业参展。因此,参展企业必须对展览会的性质做出正确的判断和选择。

(4)参展目标。企业的参展目标通常有以下几种:树立、维护公司形象;开发市场和寻找新客户;介绍新产品或服务;物色代理商、批发商或合作伙伴;了解销售成效;研究当地市场,开发新产品等。企业可能会同时有几种目的,但在参展之前务必确定主要目标,以便有针对性地制定具体方案，区分工作重心。

（5）展览组织者。组织者的历史、公司规模、能力、信誉都是判断展览会好坏的依据。参展企业可以通过分析展览组织者的工作质量来判断展览会的质量。展览工作可以从多方面了解：通过了解组织者宣传工作的广度和深度，通过了解组织者所安排的服务是否周全，包括设计、施工、装饰、运输、搬运、储存、银行、保险、邮政、电信、会议餐饮、旅游、人员等来考察展览组织者工作质量的好坏。

除上述要素之外，还有其他的一些情况和数据，包括展览始办年代、在行业内的地位或排名、支持（指资助、后援、财力等）单位、关联活动、场地、设施、费用、服务等，对这些情况和数据的收集、分析，也有助于参展企业正确地了解、选择展览会。

展览会的始办年代与展览会的质量不一定成正比，但是年代久远至少可以说明展览会的稳定性以及影响力，这可以间接地证明展览会的质量。对初次举办的展览会要谨慎。在这种情况下，调查展览组织者的历史、信誉、能力等情况就显得非常重要。连续举办的展览会比较可靠。展览会在行业内的排名和地位也能从一个侧面说明展览会质量。出于维护行业稳定以及促进行业发展的考虑，行业协会内的一些机构会对有关展览会进行比较公正的评价并排序。这类评价和排序有一定的可靠性和权威性，有比较高的参考价值。不过，要注意其评价标准，了解与本身的选择标准是否一致。

展览会的支持单位也能反映展览会的质量。支持单位众多，包括赞助单位、协助单位、支援单位、协办单位、主办单位（一些展览组织者为提高展览会的知名度、扩大展览会的影响，将支持单位称为主办单位，而称自己为承办单位）等。有政府部门、商会、工业协会等出面支持的展览会，可靠性要相对高一些。

举办高规格礼仪活动和高质量技术活动的展览组织者应当具有一定的实力、技术和经验。因此，展览会的质量也可能比较好。

另外，参展企业还可以向展览组织者索取上几届展览会的资料，对上几届展览会的总面积、参观者总数、参展企业总数等几项重要的数据加以比较，便可以了解展览会在整体上是在发展还是在衰退。

（6）展览规模。不同规模的展览会为经济流通的不同环节服务，参展企业不能片面追求展会规模。因此，参展企业应首先考虑专业贸易展。展览会不同于交易会，即使是"广交会"也要持续一周，不可能在很短的时间内就签订意向或合作合同。展览会实际上是一种更直接、更亲近、更立体的广告宣传，它的效果并不一定马上见到，短时间做成生意是不可信的。所以，参展商应注意展览会期间能否充分展示企业和产品、在同行中树立企业形象、接触新老客户、挖掘市场潜力等。这些效益都是慢慢才能显示出来的。

展览会按参展企业或参观者所代表的地域范围可以分为国际、国家和地方三种规模。

国际展一般有一定的国际参展企业或参观者，因而进出口贸易占有一定比例。国家展是批发商聚会的场所。地方展一般是零售商聚会的场所。展览规模与流通环节的对应关系大致是国际展进出口、国家展批发、地方展零售。不同规模的展览会为经济流通的不同环节服务。绝大多数贸易参展企业只在流通领域的一个环节经营，或者作进出口，或者作批发，或者作零售，它们大多能同时处于经济流通的每个环节，但不可能同时经营进出口、批发、零售业务。反过来看，服务于不同流通环节的展览会也不可能都适合某特定的参展企业。因此，贸易参展企业在选择贸易性质的展览会时，要根据自身所处的流通环节来选择相应的展览会。

（7）展览范围。展览范围是指展览内容的宽窄。展览内容的宽窄各有优势：专业展的优势是贸易效果好，而且发展趋势表明内容越专业，贸易效果越好。

综合展的优势是宣传效果好。专业展局限于专业圈子里，产品和影响不容易出圈；而综合展容易引起政府、新闻媒介、公众、金融、信息、咨询机构和不同工商协会的注意，有利于造声势、扩大影响。另外，很多产品可以有广泛的用途。在综合展上，不同行业交叉交流，可以发现一种产品的多种用途，最大限度地挖掘产品的使用价值和市场潜力，这一优势是专业展所不具备的。

综合展的劣势是不能吸引足够的目标观众，综合展的观众总数往往很大，但是针对某一产品，感兴趣的观众可能很少。不过，在许多不发达国家和地区，由于没有专业展，综合展便可能成为唯一选择。

因此，参展企业还应当对展览范围，也就是在综合展和专业展之间做出选择。在展览范围上的正确选择有利于提高展览效率。

（8）展览会时间与地点。展览项目的选择首先是分析展览会的名称。展览会名称应该反映展览会的性质和内容。但是，由于展览会命名没有统一标准，随意性很大，往往会产生误导。因此，不仅要看名称，更重要的是根据参展企业、观众和其他资料来甄别、判断展览会的性质和内容。如果展览会是综合性质，展览会名称也就不太重要，但是对于专业展览会，就有必要认真对待展览会名称。

对于展览会举办时间的选择有多方面的考虑。首先是考虑订货季节。大部分产品都有特定的订货季节，也就是订货高峰。在订货季节期间举办的展览会，成交的可能性就大些。其他的考虑包括配额年度、财政年度等。一般的规律是前松后紧。上半年配额多、经费松，订货也就可能多。此外，参展企业还要考虑自己的日程是否能安排得开。

对于专业展来说，展览的时间十分重要。如果展览时期恰好是该行业的经济繁荣时期，展览的效果自然会好。故通常在年初或年底举办的展览比较受欢迎，因为这个时候通常是企业制定计划的时间，企业的参展或参观都有可能对双方有所影响。

对于展览会举办地点的选择，可以有两方面的考虑。一是从贸易角度考虑，即展览地点是否是生产或流通中心。在生产或流通中心城市举办的展览会有着先天的优势，展出效益要好些。二是从差旅角度考虑，即展览地点是否吃住便利。这牵涉到参展企业的预算和精力。参加展览会的最终目的是为了向该地区推销产品，所以一定要研究展览会的主办地及周边辐射地区是否是自己的目标市场，是否有潜在买力，必要时可先进行一番市场调查。

通过分析展览会的名称、时间、地点，可以了解展览会是否合适。

第10章 企业参展策划

通过比较,可以选择出最合适的展览会。

(9) 展出方式。展出方式是展览选择的一个重要前提。展出方式可以简单地分为集体展出和单独展出两类。集体展出是指由政府部门、贸促机构、行业协会,甚至公司组织的有两个以上参展企业的展出形式。单独展出,顾名思义,是参展企业独立完成展出的形式。

展出方式与展出需要即营销战略和展出目标关系不大,主要与展出内部和外部条件有关。内部条件指参展企业具有多少人力、财力、技术、经验,外部条件指有无合适的展览会。选择展出方式的目的是利用或创造有利条件,提高展出效率和效益。

集体展出大致有两种形式:一是集体参展,由两个以上的参展企业集体参加一个展览会,这个集体是展览会参展企业的一部分。集体参展的形式多表现为国家馆、行业馆和集团公司馆。比如,东京国际博览会上的中国馆、中国家庭用品博览会上的家电馆、德国法兰克福国际汽车博览会上的奔驰公司馆。二是集体办展,由两个以上的参展企业组成的集体形成一个展览会。这个集体是展览会参展企业的全部。集体办展的形式多为综合单独展览会,比如东京中国经济贸易展览会、大阪中国五金矿产展览会。展览是促进贸易和经济发展的有效手段,因此政府部门、工商会、行业协会等普遍介入展览组织工作。展览不仅需要一定的专门知识和技术,而且还相当耗费精力和财力。而集体展出一般都有专门人员负责展览组织工作。即便没有财政资助,收费也不会过高。因此,对于参展企业来说,集体展出不光省力,还可能省钱。这对于没有展览经验、没有市场知识、实力不雄厚的中小企业而言,是一种比较好的展出方式,尤其是在开拓国际市场方面。但是,集体展出也有缺点,这就是受到展出面积、展出时间、展台设计、展出风格、人员配备等方面的限制。在市场机制还不够完善的情况下,参展企业应当对集体展出的项目作较全面的调查,尤其是对以盈利为目的的中介机构和公司组织的集体展出项目,更要谨慎。

与集体展出相对的是单独展出,即由参展企业独立完成展出工作。单独展出也可以大致分为两种形式:一是单独参展,就是参展企业直接参加一个展览会；二是单独办展，就是参展企业（一个企业或企业集团）独立地组织展览会。单独参展是最普遍的展出形式。单独参展不仅需要一定的展览知识和技术，还需要花费相当大的财力和人力。但是单独参展自主权比较大，可以显示自己的实力，这种形式比较适合大中型企业。

单独办展作为一种展出形式并不普及，多见于高科技领域的实力雄厚的大型、超大型企业集团。单独办展的一个特点是多为巡回展。企业组织单独办展往往是出于以下原因：为了防止竞争对手获得工业秘密，或者为了提高知名度，或者因为客户相对集中并且相对固定。单独办展需要展览大部分知识和技术，最为费力、费钱，但是效果可能也最好。

不同的展出方式有着不同的优势和劣势。参展企业应根据需要和实力选择合适的展出方式，以取得最佳的展出效果。

（10）展览质量。展览会质量、效益是否好是指通过展出能否达到展出意图。反映展览会性质、效益的直接数据应该是展览会的成交额，但是，展览会期间的成交额也并不能反映展览会的真实效益。鉴于此，不应太看重展览会的成交额记录。

相比之下，一些间接的数据反而更能准确地反映展览会的质量和效益。这里所说的数据主要是指参观者、参展企业和组织者的情况和数据。这些数据比成交额可靠，尤其是经过专业机构审核过的数据。因此，观众的数量与组成也应引起参展商的注意。大批的专业观众中往往包含着大量潜在客户和合作伙伴。从与观众的交流中，参展商可直接获得市场的反馈，便于达到参展的预期效果。

对于参展企业，展览会的价值在于寻找合适的买主。所谓合适的买主首先是指目标观众。目标观众越多，展览会质量就越好。其次，是指可能购买参展企业产品的参观者。在展览业内，参观者是决定展览会质量的最重要的因素。有关参观者的数据（主要有总数、行业分析数、成分分析数等）可直接说明展览会的规模，也可间接地说明展览会的质量和影响。一般规律是，越好的展览会就越能吸引更多的参观者。反过来，参观者越多，可能证明展览会的质量越好。参观者总数是主要数据之一，参观者的行业分析数据也是重要数据之一，通过行业分析了解参观者是否来自参展企业所期望的行业。这里所指的行业有两层意思：一是生产行业，即家电、纺织品或工艺品等，如果参展企业推销服装，那么买服装的参观者就是行业对口的目标观众；二是流通行业，即进出口、批发或零售等，如果参展企业从事国际贸易，那么经营出口的参观者就是行业对口的目标观众。通过展览会组织者所提供的参观者行业分析数据，参展企业可以了解展览会的参观者是不是目标观众，因而确定展览会的价值。

在了解参观者行业分析数据、确定参观者行业是否对口之后，参展企业还应进一步了解这些目标观众的质量如何。参观者的质量在于其订货能力，包括对订货的决策权、对订货的影响力。在参观者中，有决策权和影响力者的百分比越高，展览会的质量就越好。

参观者的地域分析数据也是一项重要数据。参观者来自不同的地方，外地参观者的比例越高，参观者本身所在的地域越广，就越能说明展览会的影响。影响大和质量好是一对相辅相成的因素。因此，展览会影响大也能反映展览会质量好。

（11）展览的知名度。现代展览业发展到今天，每个行业的展览都形成了自己的"龙头老大"，成为买家不可不去的地方，如芝加哥工具展、米兰时装展、汉诺威工业博览会、广州出口商品交易会等。通常来讲，展览会的知名度越高，吸引的参展商和买家就越多，成交的可能性也就越大。如果组织参加的是一个新的展览会，则要看主办者是谁，在行业中的号召力如何。名气大的展览会往往收费较高，为节省费用，可与人合租展位，即使如此，效果也会好于参加那些不知名的小展。

（12）展览观众。如今展会越办越多，在展会上，新技术、新产品竞相登台亮相，供需双方直接见面洽谈，展会已成为人们接受最新信息、把握市场趋势的载体。

展会成功与否的关键，某种程度上取决于展览观众的质量。展览不仅需要观众，而且要看吸引了什么样的观众。展会上可能人头攒动，展台前围得水泄不通，但多是领小礼品和宣传袋的，这些观众只是凑热闹，而不是参展企业所需要的。展会需要专业观众，他们是主办者的目标观众，是参展企业的潜在客户。参展企业参展主要是为了拓展销路和市场，如果观众少，质量不高，参展企业没有取得参展效益，下次就不会再参展。已有知名度的展览公司，不愁找不到参展商，而是要在组织观众上下工夫。参展商希望见到有效的观众，只有这样的观众才能给展会带来"票房"的价值。

专业展已成为展会发展的趋势，市场细分的结果是：参展企业要更加明确产品的市场、客户的定位，没有必要哪个展会都去；主办者要非常明确展会主题，要知道邀请哪些参展企业，并为他们邀请相应的观众。这方面，香港贸发局建立了世界一流的企业资料库，根据不同专业将企业分类。举办展览时，向相关企业发出邀请，给获邀企业寄送条码磁卡，凭卡入场，这样就将随意的或者凑热闹的观众挡在了展会门外。

现在一些展会主办单位也建起了观众数据库，也常见到一些展会设了观众登记处，但这项工作还需要科学细致地进行下去。

2. 展览会选择的要点

展览会是广告及促销的一个方面，就像所有促销活动一样，参展企业必须首先确定目标，否则，就没有评估将来结果的基础。为此，考虑一下该展览会是否覆盖了你所需的市场，绝不能仅仅因为想看一看这个展览、展馆或是举办城市就参加一个展览会，除非与市场有关。这是适合的地点吗？它必须能吸引正确的观众群，而且必须是适合你的新产品的观众群。这是适当的时间吗？它必须适应你的产品生产计划，而且必须与你的其他广告和促销活动相吻合。如何才能知道该展览会正是你所需要的呢？什么资料能帮助你做出决策呢？

你可以从国际展览联盟成员所主办的展览会中寻找有价值的展览会。国际展览联盟是一个评估展览会主办者所提供设施的质量的组织。它可以增强参展企业的信心，即他们可以得到所要求的设施，同时也可增强观众的信心，即该展览会值得花费时间和资金去参观。所以，参展企业先寻找是否有国际展览联盟标志的展览会。

参展企业还可以检查其他协会成员中是否有你所希望的展览会。每个展览会都应是本国展览组织者协会的成员，也应是某个出口组织及有关行业贸易协会的成员。市场调研不要忘记向当地商会询问你想参观或参加的展览会，还可以与本国驻展览会所在国使馆商务处联系。从他们提供的有价值的国际贸易资料中，你就可以进行大量有成效的桌面市场调研。

3. 展览会选择的误区

展览会选择的误区如下：

（1）因为被邀请而选择展览会。邀请可能是展览会组织者发出的，也可能是名人、政府部门、商会、行业协会等发出的。展览会组织者发出的邀请，如非确有需要，大多可以不予理会。名人、政府部门等发出的邀请也许表明展览会有些影响，质量不会差。但是，不考虑自身的营销需要和市场潜力就接受邀请是不明智的。

对于企业，低层次的邀请（包括展览会组织者的邀请）不必考虑，高层次的邀请也只能作为考虑因素之一。

（2）因为费用低而选择展览会。费用是选择展览的因素之一，低投入、高回报一直是参展企业所追求的。但是，在靠供求关系调节的市场经济中，费用低必然有其原因。大的方面可能有三点：一是展览会所在地的市场潜力可能不大；二是展览会可能不符合参展企业的需要；三是展览会质量效益可能不理想。因此，因费用低而选择展览会往往是错误的，实践也证明了这一点。费用高低很重要，但是更重要的是成本效益。因此不能孤立地考虑而要综合地考虑。市场是否有潜力、展览会是否符合参展企业需要、展出效果是否好应该作为选择展会最重要的考虑因素，费用低应该放在次要位置。

（3）因为评价好而选择展览会。社会名流、政府部门、商会协会、新闻媒体等可能会对某一展览会做出相当高的评价。但为此而做出选择可能并不恰当。需要注意以下几方面的问题：这种评价可能是展览会组织者所做的公关工作的结果；评价者出于本身需要，按照本身标准评价展览会，其需要和标准与参展企业可能不一致；评价者可能不是内行。因此，这类评价只能作为展览选择的参考依据而不能作为主要依据。

（4）因为竞争对手参加而选择。这是一个相当普遍的现象，尤其是大公司。好的展览会是重要的贸易场所，在此场合亮相，对扩大或保持参展企业的影响力有着积极的意义。但是，竞争对手参加某个展览会自有其战略战术的考虑。各个企业的参展原因不一定一样，他人的参展行为不应该作为自己的参展理由。因此，除了要考虑自己的营销战略，即为什么参展，还要考虑营销战术，即采取什么样的营销方式。总之，要根据自身的需要多方面考虑，不能被竞争对手牵着鼻子走。

策划锦囊

展位不好如何吸引观众

在企业参展过程中，某些实力较弱的中小型参展企业都会遇到一个问题：展位不好。这种情况在一定程度上会降低企业参展的收益，这是企业不愿意得到的结果。

如果遇到这种情况，企业该怎么办呢？通过什么方式才能吸引到观众的注意力？记者走访了几家专业展览设计公司和展览公司，请他们为展位不好的参展商支招。

一般情况下，展位相对不好的展台，在总体设计上会走"新、奇、特"的设计路线，这是吸引观众眼球最关键的一点。具体的方法包括以下几点：

（1）创新思维，大胆设计。由于展位不好，所以在设计上一定要大胆。如直接以企业的LOGO或名称为模本，设计超大型的展台，让观众一眼就能发现，给观众以极强的冲击力。

（2）尽量合理增加发光体。展位位置不好，主要就是指采光不好。所以在展台设计上要刻意增加发光体的数量和增大发光体的体积，让整个展位都亮起来，以吸引观众注意力。具体做法可以设计安装一些带有企业 LOGO 的灯箱、发光墙、灯柱等，比如直接将整个接待台设计成发光台，甚至直接将整个展台设计成发光体。可选方法如下：安装成组的格栅灯，排成行或方格网；使用槽灯照明方式照亮；使用直管型荧光灯做成大面积的发光体；运用先进的照明技术，使整个场地的天棚、墙面和地面都亮起来。

（3）充分利用色彩的搭配。色彩的搭配对任何展台设计来说都是不可或缺的，尤其对展位不好的展台更加重要。具体搭配中，一般要求在企业指定色的基础上，做到"抢眼"。但是抢眼并不代表一定使用大红大绿这样传统意义上的所谓抢眼颜色，关键是搭配合理。如联通公司在参加某次通讯展时，大胆采用全系列海蓝色，从远处看像蓝色的水体，当走进展位后就像置身于蓝色的大海。

除了在设计上下工夫外，在其他细节上还可以做如下工作：

（1）在主通道的地面贴上印刷精美的指引图案。但是，事先一定要和展会组委会沟通好，而且印刷物必须耐磨、结实、精美。

（2）购置一些小礼品，也能吸引一批观众，制造人气。

（3）通过发放专为展会准备的资料、邀请模特进行现场秀、开展互动游戏等活动来留住观众，吸引更多的观众参与，增加人气。

（4）有实力而没能获得好的展位的展商还可以加大展会同期的展馆室外广告宣传、新闻发布等活动。这也是直接吸引观众参观的方法。

最后要说明的一点是，在展会中展位的好坏其实只是相对而言，参展是否取得好的效益，关键在于企业自身产品的质量和服务。

10.4 拟订参展计划

当一个企业决定要参加展览并确定了展览目标及展览会后，企业就应该拟订一份详细的参展计划，以便及早对参展工作进行统筹规划，确保展览的顺利进行。

1. 确定目标

参展企业的参展目标应和公司的总体发展目标一致,见表10-3。

参展商应该从所参加的展会上获得以下几方面的收益:

(1) 更好的行业意识和时机的掌握;
(2) 获得与有购买意愿的买方接触的机会;
(3) 目标市场的潜力;
(4) 一个体验竞争销售环境的机会;
(5) 使产品在观众和其他参展商头脑中留下长久印象。

表10-3 参展目标与总体目标

总体目标	具体参展目标
增加10%的销售额	在1个月之内赶上领先者,在6个月之内接下50万美元订单
新产品市场调查	对参观展位的观众进行调查,并且记录他们关于产品问题的答复
提高对产品的关注	对进入和离开展台的观众进行调查,在展览后的2个星期内用邮件和电话分别对800名和100名参观者进行调查
扩大传媒覆盖面	在展览前3个月,把产品照片发送到4家与行业贸易有关的媒体或者其他出版单位,打电话给主编,尽量争取专栏介绍;在展览会上利用媒体工具发布信息,并且在展览期间至少接受3位记者的采访活动

2. 决定预算

一旦目标确定,就需要确定预算,这也是一个非常重要的步骤。因为要达到公司在展览会上的目标,只有通过对所花费的钱进行仔细的追踪——也就是说,考虑投资回报——才可以使参展商决定在展览上的方向和活动,并且决定在哪些方面应该节约成本,在哪些方面应该多投入一些,以达到预先设计好的目标。

展位空间费用当然是一项重要的开支。没有一个固定的规则来限定展位空间报价,展位空间大多是按照每平方米来收费的;也可以根据展位的方位和规模对展位租金进行分类。在一个多层次的展会中,展位租金费率可以根据展位的位置来分类。在大多数展会上,参展企业可以通过支付额外费用来租用半岛和岛屿展位空间。这些位置的展位可以获得更多的或优先的展示机会。

在展位空间费用内,通常只提供最基本的条件与服务,如在展层指定空间里的占用使用权,在标准展位标志上标有公司名称、地址和展位号码。设备、地板覆盖物、家具等都需要额外付钱租用。

一些展会可能会规定从桌面展示材料到展位装备费用的系列条款。展会地点可能需要额外的开支。比如,展会大厅地板通常是水泥地板,有时需要铺上地毯。额外费用的其他决定因素可能是当地的劳动力成本、展台搭建时间的长短和展会的种类等。

对于贸易展览的预算而言,下列项目列出了所有参展企业所需支付的费用:

(1) 展位的设计与构造;
(2) 展位建筑材料及附加材料的运输费;
(3) 展位附加材料等的托运费;
(4) 安全服务;
(5) 订购鲜花的服务;
(6) 视听设备;
(7) 电话安装费;
(8) 公用费用:电、气、水;
(9) 主持人、模特儿、演员;
(10) 酒店住宿;
(11) 专业广告;
(12) 飞机票;
(13) 展览人员的培训。

参展商应该按照下列各项费用比例制定预算:

展位空间租金	24%
展位建设	23%

展会服务 22%

交通 13%

整修（多年使用，展位已经破损。部分展位需要更新和修复）
10%

其他项目 4%

专业人员 2%

专业广告 2%

3. 评估展览及其投资

参展企业在参展前需要评估是否参加展览，同时还需要评估与展览有关的销售额和成本，只是采用的方法和标准不是唯一的。如果参展企业参加的是消费品展览，该展览中的产品只能在展览会上购买，那么对于投资回报的计算在展览结束时就可以进行了。对于参展企业来说，在该展览会上向参观者直接销售产品的收入就是公司所获得的销售额，如果销售额大于与展览有关的各项成本，那么参加此次展览就是成功的。

若参展企业参加的是行业展览，那么计算展览所产生的利润则需要用较长的时间。这是由于销售是在未来几个月进行的，甚至有可能是在未来12个月内完成。对于参展企业而言，要用上次的展览结果来评估是否参加即将临近的下一年度的展览，时间显然是非常有限的。如果参展企业缺乏及时的跟踪措施，那么就会削弱展览的影响，使得参观者忘记了他们或者只是从当时的展览会上购买一些产品，这使得参展企业在展览上获得的利益少之又少。而有经验的参展企业知道，若展览很成功，3个月之内会有一批订单。

4. 展览促销计划

参展企业要想从展览会中获得全部利益，就必须把参展企业作为一个整体来考虑，参与贸易展览不应该被看成是一项独立的活动，而应该是公司整体市场战略的一个部分，是公司总体销售和营销计划一体化的一个重要实例,这样公司所有的部门都会为了共同的目标而采取紧密合作的方式。然后,他们可以制定战略、预算和进度表,并且更加准确地分配任务,这样也就能更精确地评价展览。同时,也可以避免或减少这种状况的发生,即"我们认为这次展览是成功的,交通是良好的,但是我们并没有销售出任何产品"。

在展览之前,至关重要的一点是参展商的促销工作应该和展览经理的工作前后相继,否则,缺乏协调的状况会使参观者感到失望。对参展商来说,完整的促销计划应该包括展前、展中以及展后三个阶段。

比如,参展商可以在展览开始前 4—5 个月收集已经登记的参观者名单,这是为了使他们有充足的时间应对目录上的客户。然后在展览前 4—8 个星期,参展商至少应该给那些名单上的客户寄上一张明信片,邀请他们来参观你们的展台,同时为重要的参观者和客户提供一些小礼物、获奖的机会或是 VIP 通行证。这样做的基本目的是提醒参观者展览会上有自己的展台,希望他们按日程表上的时间去参观。

在展览会期间,为了加大促销力度,参展商可以在展览区之外沿着马路做广告宣传,在展览区之内进行广播宣传,也可以在晚上搞一些娱乐活动或是派对。这些活动可以是聚餐、接待、在剧院看演出,或是进行一些体育活动。

在展览结束之后,具体的促销是通过与参观者进行联系来确定销售,使得这次展览能够获利。

5. 展品装运

展品备妥后,必须把它们装运到展览地。总的来说,可以从下列三种装运方式中选择一种:

(1)提前装船。在展览之前,把货物送到正式的运输承包商或是一般服务型的承包商的仓库中。一般情况下,提前装运都会被接受,通常在展出日之前约 30 天送到仓库。然后,以每 100 磅的重量为单位计算费用(CWT)。CWT 的费用计算是根据利用铲车等方式把板条箱、集装箱等运送到展览场地来计算的。

（2）直接装船。确定到达展览地的时间，通常是到达码头的时间，并且按照CWT交付到参展商的展览地。装运的货物可以在展出前一个星期直接送到展览地。

（3）换线装船。在展览前60—90天，由服务承包商提前安排，如遇中转，则需换线装船把展品运送到展馆和展示地点。

6. 展台的搭建与拆除

一般而言，展台的搭建与拆除工作是由展览服务承包商负责完成的。对于参展商来说，其需要关注两件事情：

（1）根据展览服务手册的内容与展览服务承包商签订合同。展览服务公司的管理人员将负责监督整个展览会的搬运、搭建和拆卸等工作，并在现场随时为参展商和主办方的临时需求提供服务。

（2）需要关注预先安排的时间表。在进行展会策划时，许多展览就对使用展览场地的时间进行了规划，其中包括搬运展览材料、拆箱、安装、调试及开展前的清洁工作所需的时间。尤其是一些重型设备的展览，一般都是根据展台的位置和大小来确定进场、出场时间表，目的是为了有条不紊地进行展台的搭建和拆除工作。参展商必须了解这一方面的具体时间安排，尤其是要关注自己应该在什么时候进场。若是参展商错过分配给自己的日期或时间，不仅会错过搭建展台最好的时间，甚至有可能遭受其他的损失（如一定数量的罚款等）。通常，平面布置图上都注有具体时间安排的说明。

7. 培训展览人员

在大多数的情况下，参观者只会和参展人员进行沟通交流，并不关注主办方的经理、会展现场经理、一般服务承包商及会议和旅游局的代表等。参观者对参展公司的印象完全来自于他们与参展人员的交流，因此，若参展人员没有接受过培训，或是培训不充分，或是工作过度劳累，那么他们对待参观者的态度就会对展会产生负面影响。所以，一次成功的展览不仅取决于公司预先制定了多少计划，准备得是否充分，还取决于参展人员的培训工作。

10.5 参展实务

1. 国内参展实务

（1）报展。参展企业选择某个展览后，与主办单位取得联系，对方会将报展文件传真或邮寄给你。这些文件应包括展览会介绍资料、参展申请表格、参展费用、有关服务、展馆展位图、参展人员手册等。

填好参展表格，返回给展会主办者并加以确认。之后，还要将全部或者部分展位费作为订金汇给主办者，这样你的展位便得到最后的确定。

（2）费用预算。参展费用包括展位费、展位装饰装修费、展品运输费、飞机/火车/长途车费、市内交通费、食宿费、必要的设备租赁费、广告宣传费、资料印刷费、礼品制作费、会议室租赁费等。制定参展经费预算时，还要加上总费用的10%，作为不可预见费用的支出。

（3）挑选展位。展台的位置由主办者全盘规划，按照产品和服务的内容、行业、地区等因素安排展台的位置，或者是以展位费的多少来区分位置的好坏。主办者提供的展位图上标出了哪些位置可供选择。总之，越早将参展申请表格递交给展会主办者，越容易得到好的位置。

除国内某些大型商品订货仍采用面积较小的展位外，通常展位面积以9平方米（3米×3米）为标准展台。展会主办者负责标准展台的搭建并提供展示所需要的基本设施，包括三面展墙、两个能固定在展墙上的射灯、一个展桌（长1米，宽50厘米，高80厘米）、两把椅子、地毯、三孔电源插座一个，以及刻写公司名称的眉板。如无特殊要求，眉板文字是你自己填写在参展表格中的单位名称。

在展览会的标准展位中,有一种特殊的位置,位于每行展位的顶端,是最多只有两面展墙的展位,它有两个边甚至三个边可以面对观众行走的通道,能更多地接触到参观者。因此,越早申请参展,就越有机会向展会主办者寻找该种展位。

(4)进行装修。会展企业购买四个或四个以上的标准展位面积时,可以只预订光地面积,而自行策划、特殊装修。特殊装修则可以根据公司产品特点、技术特点、市场定位、展览期间的活动安排,别出心裁地进行独特装修。大会提供标准展位的展墙、桌椅都采用防火材料,在作独特装修时要特别注意,如果采用的是木结构的展架和装饰物,应涂上防火材料。

(5)布置家具。大多数参展企业会有这样的感受,就是一个资料桌不够用。展览组织者、展览场馆以及展览服务公司可以提供桌、椅、柜子、沙发等家具的临时租用服务。

(6)申请水、电、煤气及电话。如果在展览中要使用大量的水、电、煤气、天然气等,一定要在参展申请表格中加以说明并特别强调,再缴纳一定的费用,展览主办者会提供这些服务。

参展商可以申请在展览期间租用电话线(国内长途和国际长途),但要提前向展览主办单位提出,以免不必要的加急费用。

(7)物品保管。展览期间,展览组织者对展会提供安全保障,展览馆出入口设有保安,大件展品的出入馆都要登记。但目前我国展馆尚缺少贵重物品保险柜租用存放服务。展览期间,人来人往,难免零乱,所以小件展品和贵重物品等应自己妥善保管。如果是特殊装修的展位,不要忽略储藏室的设计和搭建。储藏室可以放置公司礼品、文件和工作人员的衣服、随身物品等。标准展位的参展工作人员则应随身携带公文箱包,用于携带和临时存放小件物品、钱财等。

(8)存放包装箱。展览开始之前,展览主办者和展览馆管理者、展览运输服务公司会收走包装纸箱、包装木箱和材料,或者指定统一存放的仓库,这是为展位整洁的需要,同时也是防火安全的要求。通常,展览结束撤馆时，包装材料会被退还或自行领走。

（9）运输展品。展览主办者会在参展细则里提供展品运输的提货负责人的姓名和收货地址，可以按此将展品提前运往展览所在地。另一便捷的方式是委托运输代理，运输代理提供门——展位——门的全程服务。

（10）布展和撤展。展览组织者通常会给布展留出足够的时间。展览会的布展时间为3天以上，并且可以在正常工作时间之外加班施工。在展览最后一天，观众清场以后即可以开始撤展。

（11）清洁展位。展览会免费提供观众通道和其他公共场地的清洁卫生，但展位内的清洁通常由参展企业自行负责。

（12）领取工作证及入场券。参展人员报到时，展览主办者会提供参展工作证，一般一个标准展位提供2—3个工作证。工作证也是通行证，在整个布展、展览和撤展期间有效。

展览主办者视展位面积的多少分配给每个参展单位一定数量的展览入场券甚至开幕式请柬，这给参展商提供了联系客户和关系单位的机会，参展商可以列出名单，将入场券和名片一起寄给这些嘉宾，邀请他们前来参观和见面。

（13）会刊宣传。每个展览会都要出版一期展览会会刊或参展企业名录，可免费列入每个参展企业的名称、地址、电话、联系人，甚至产品介绍。这是展览会的重要一环，它是展览会的延续。那些在展览会上没有看到你们展位的观众，那些没有来参观该展览会的人们，都可以在会刊中找到你们的名字。如果有足够的展览和宣传经费，在会刊上刊登广告，其效果当然更加明显。

（14）广告宣传。除会刊宣传外，展览主办者和展览馆还提供室内室外的场地广告，包括条幅、横幅、旗帜、气球等。对展览馆场地熟悉、有经验的参展企业策划人员，会最早占领有利的位置。

（15）参加技术讲座。部分展览会还同期举办技术讲座和研讨会，除展览会特别邀请的专题报告讲座外，参展企业也可以要求在期间举办一场或者多场讲座。这是向各界来访者推荐新产品和新服务的一种很好的形式，这些有备而来的观众并非普通听众，而是专业人士，这是发展客户的良好机会。通常，在缴纳规定的费用后，展览主办者提供会议室和基本的会议设备。特殊的会议设备，可以预先甚至临时租用。

（16）举办活动。为了吸引观众，参展企业可以在展位内举办小型活动，如小型产品讲座、技术讲座、有奖活动、发送小纪念品，甚至新颖的文艺演出。总之，应在有限的时间、场地和经费预算内达到最好的宣传效果。这些活动所需要的设备，包括上述会议、技术讲座所需要的设备，如大屏幕电视、电视墙、音响、舞台灯光、电视、录像机、VCD、DVD等。

（17）选用参展人员。选用合适的参展人员，便能得到更佳的参展效果、更好的销售业绩。参展人员应具备以下基本条件：对公司的产品和技术有较深入的了解；自信，适应能力强；性格外向，善于与各种人交谈；有参展经验；身体健康，乐于出差。

除日用消费品、食品的展销活动、娱乐性展示活动和产品促销活动的需要外，展览会期间，参展人员应穿着正式服装。因为在展位里你是公司的发言人，代表的是公司的形象，同时这也是对参观者的尊重。如果能配合展台的搭建和公司颜色统一着装，效果则会不同凡响。

（18）解决食宿。如果对展览所在的城市不熟悉，可以在展览会推荐的招待所、宾馆和饭店住宿。展览组织者推荐的住所通常距离展馆较近，来往展馆交通方便，并且价格适中。通常，展览会会安排展览期间的午餐供应。

（19）准备展览资料。参加展览会之前要准备足够的宣传资料，包括名片、产品介绍、公司介绍、产品价格清单，其使用量往往会超过预期，所以要做好充分的准备工作。

（20）会后的联系。展会期间，观众只是对你有了粗浅的认识，真正的生意往往来自于会后。展览会虽结束，但生意才刚刚开始。所以切记两点：①展会期间客户的名片和访谈记录，这是你的第一笔财富；

②会后资料的整理，客户跟踪联系。抓住这两条，成功就属于你了。

2. 海外参展实务

□ 展会选择

从展览分类中可以看到，虽然都叫博览会或展览会，但其中大有区别。由于展览主题不同，展出者的构成不同，与会者、参观者的构成不同，从而目标市场也不同，再加上展会所在国的市场情况各不相同，所以需要企业从中选择最能实现自己展出目标的展览会。如果为专门推销某类商品寻求经销代理，应参加相应的专业性展览会；如果要在某国推介产品，那么，参加博览会并独设一馆效果会更好；如果旨在试销某些新产品，则可在展览会上租用少量摊位，带上交易员和产品专家进行面对面的接洽，定会有所收获。切记的一点是，参加展览不是面向社会大众进行宣传，而是为了实实在在的产品交易。因此，要把选择展览会当做寻求产品目标市场一样慎重从事。

事前尽可能多地了解展览会资料，是做出正确抉择的可靠保证。只有全面而具体的资料，方能反映出展览会的特征与适用性。

需要指出的是，决定是否参加一个商展，最重要的工作是研究参展的产品在展览会举办的国家或地区有无潜在市场，有没有可能找到销路。千万要记住，参加展览的主要目的是为了在该地区推销产品。如果已经决定参加商展，就要着手做以下几项工作：

（1）了解这个展览覆盖的地区有多大？

（2）同哪些类型的产品一同展览，即展览会是综合性的还是专业性的？

（3）如果是国际性贸易展览会，将要参展的外国公司有哪些？是什么产品参展？

（4）展览会预订场地的费用、时间安排如何？

（5）产品若销往该展览举办地区或国家，需缴纳什么样的税？税会不会太高？

（6）产品的 FOB 价和 CIF 价分别是多少？

（7）出口到该市场，价格能否被接受，是偏高了还是偏低了？有时产品质量上乘，但若价格偏低，很可能会被怀疑质量不好，所以偏低的价格也可能会影响产品销路。

（8）产品销售对口的行业有多少？如果产品只是满足少数几个行业的特殊需要，就没有必要参加大规模的商展。

（9）如果收到订单，履约有无困难？能否迅速组织到需要的货源？在运输、出口等方面是否需要预先作安排？

如果公司决定参加展览，但是公司不属于国家批准的有外贸经营权的公司，需要委托一家有权经营外贸的公司，作为公司的代理商安排产品参展事项以及代办产品出口业务。另外，还可通过中国国际贸易促进委员会。这个机构设有专门的出国展览部，负责组织国内厂家的产品参加国际性商品展览会或在国外组织专门的中国产品展览会。

□ 展前工作

一旦做出参加某一国家或地区展览的决定，接下来应该做以下工作：

（1）展出前确定业务目标。例如，是否需要寻找适销市场和新客户？是否想要介绍新产品或提供新的服务项目？是否需要选择代理商或批发商？对办合资企业是否感兴趣？

（2）展前要仔细地选择和研究销售市场。

（3）确定参展商品。国外客户关心的是最新或质量最好的产品，所以不应展出过时的产品。

（4）充分做好展前的各项准备工作。

（5）了解展览会的全部具体要求。要清楚地知道展览会的全部规则、展出时间、服务项目以及参展所需办理的手续。

（6）应选派熟悉情况、可以做主的人赴会。参展人员应该了解公司的销售意图。如果展览的产品是有关技术和仪器设备的，还应选派懂技术的工程师以解释有关技术问题。

（7）时间安排要宽裕。应提前到会以确保展位秩序井然，展品状态和展览效果良好。展览结束以后，要有时间充分听取意见。

（8）应把业务和礼节很好地兼顾起来。

（9）要为展位配备足够人员。

（10）要重视广告宣传。展前及展期应该出版有吸引力的商业期刊和报纸。

（11）了解当地习俗。参展前要熟悉当地节假日、市场的季节性及消费者习惯等。

（12）选择理想的代理人。

（13）寄送产品样本。

（14）要报出全部产品的价格，主要是 CIF 价。当然 FOB 价和 CIF 价在国际贸易中都很重要，但一般来说，FOB 价用得较少，还要确定交货期。

（15）为国外用户提供服务。

（16）要用公制标出产品的规格。国际上通用的是公制，所以，出展以前要准备好产品规格的公制数据。

（17）越过语言障碍。参展人员最好也都学会一种外语。

（18）关于资信和付款方式。首先，应了解国外代理人的资信，可以通过银行了解，也可以从咨询公司获得。还应该了解有关保险、付款方式等方面的情况。

（19）要保护专利权和商标权。如果已取得专利权或商标权，就应该提前与专利代理人研究，如何使这种商标或专利在海外继续得到保护。世界上大多数国家都对专利或商标权给予保护。

□ 海外展览会的费用

在海外举办展览，所需费用中外汇支付占很大部分。究竟租用多少展位、多大展馆为宜，采用何种方式进行展出最佳等，都必须慎重考虑，要避免脱离实际需要以及背离"投入产出"的效益原则。同时，对展览会的费用项目多作具体的了解、比较，并作深入探讨，争取较多的服务和较低的价格。而一旦对外签约，则应守合同、讲信用，不可任意撤约，以免造成信誉与经济上的损失。

在海外举办展览的方式，大体有下述四种：

（1）租用展位；

（2）租用整个场馆或部分场馆；

（3）自设专馆；

（4）独自举办展览。

举办展览的方式不同，所需费用的项目与水平也不相同。费用项目和水平，应同展览面积的大小、设施、服务以及承担的义务相一致，绝对不能脱离这些具体条款而谈论费用的合理与否。而这些在缔结的合同中都必须一一注明。若不能派员实地了解展馆条件，起码应有详尽的图像文字资料，方可判断是否物有所值。

□ 展览品运输

如何将展览品安全、准时、经济地运到展出国的展览馆，并复运回国，一般均全权委托外运公司进行（外运公司通常又与其展出国的运输代理公司合作进行）。按外运公司的要求，展览组织者应提供有关展览品的资料，如展览会地址、日期、收件人，以及展览品箱号、唛头、卸装、尺码、毛重、净重以及总体积等。

应该注意的事项尚有：

（1）抵港时间最好稍微留有余地，以防港口至展馆途中的意外延误。但抵港时间亦不宜过早，否则会增加仓储费用以及展品受损的可能性。

（2）展览品使用出口包装，具备集装运输条件的尽量使用集装箱的运输方式；在散装出运时，尽量在配载时考虑到港后卸货的方便性。

（3）唛头、箱号、装卸运输标志要力求明显。

需要加以说明的几点是：

①送海关的一式两份的展览品清单。一是样张。二是分类列出。通常分为展品清册、卖品清册、宣传品清册、展览道具清册。三是语种。即展出国语种与我国语种相对照。四是有些国家要求标明每件展品毛重、净重。

②需交本国出口商品检验局出具的展品与卖品商检证书。

③对某些食品、毛皮制品等，尚需出具检疫证书。

□ 展览品投保

出国展览品的投保，我国一般在国内投保。投保的项目一般是火险、水险、盗窃险。

投保的作用主要是在发生事故和失窃时，尚可获得部分的补偿。但补偿永远不会同失去的价值相等，特别是供展览、销售的展卖品，损失了就等于失掉了市场时机，其看不见的损失是难以弥补的。所以，防患于未然是至关重要的。防火处理、防火装置、防盗措施、安全守卫与检查制度，都应完善和健全，并贯穿于开箱至装箱的整个展览活动过程中，特别是对那些价值连城的珠宝、文物之类，更应重点加以保护，力求做到万无一失。

□ 展品销售

展品销售，赚点钱不是主要目的。从展览现场效果看，其目的是为了活跃展览气氛，吸引更多观众；从展览促销角度看，在于促进展品的销售和获取大批订单，以物美价廉之印象获取广大观众对中国某些商品的良好印象，以有纪念意义的小商品让观众留下对中国展品的记忆。同时，展品出售也是实地了解当地消费市场的一次良机。从最后一点考虑，无论采取何种方式出售展品，参展企业一定要参与进去，进行现场考察和交谈。

展品出售方式大体有三种：

（1）自销。这种方式最能取信于观众，但由于工作量过大，若过多地牵扯有限的展团力量，常会造成本末倒置，削弱展览与成交的效果。

（2）同当地经销商或代理商合作经营，销售设备和大部分销售人员由当地合作者安排，可以大大减轻展览团的工作量。

（3）将展品卖给当地的经销商代理，并在展览地附近提供销售场地，这是最省事的办法。

不过，有两点应注意：

（1）为使展品更适销对路（包括部分有销售市场的试销品），可邀请代理商来华选购。

(2) 为使展品不因代理商可能的图利心切而违反原意，事前应与经销代理确定关于销售价格同当地市场价格差价的幅度。

□ 展品处理

对展品的处理，一般有以下几种情况：

(1) 国内指定不出售的，应原件运回。

(2) 贵重展品一般采取个别成交的办法或寄售的办法。若两者都不成，则需运回。

(3) 中低档展品一般采取折扣包销的办法，在展览中蒙尘、光照失色、吊挂受损之物，折扣较多（高档商品、艺术品一般不打折扣，有些令人瞩目的精品，反而因展览而身价提高）。

(4) 展览道具类，除了铝合金组装式道具之外，一般不具有重复使用价值的东西，出于运费过高的考虑，大多就地处理或出售，或赠送，或作为废品处理。

3. 参展计划日程表

(1) 12个月前

①从展览的规模、时间、地点、专业程度、目标市场等各方面，综合专家意见，选定全年展览计划；

②与展览主办单位或代理公司进行联系，取得初步资料；

③选定场地（一般而言，首次参加国际大展，较难取得最佳位置）；

④了解付款方式，考虑汇率波动，决定财务计划。

(2) 9个月前

①设计展览结构；

②取得展览管理公司的设计批准；

③选择并准备参展产品；

④与国外潜在客户及目前顾客联络；

⑤制作展览宣传册。

(3) 6个月前

①以广告或邮件等方式进行推广活动；

②确定展览计划；

③支付展览场地及其他服务所需预付款；

④复查公司的参展说明书、传单、新闻稿等，并准备翻译；

⑤安排展览期间翻译员；

⑥向服务承包商及展览组织单位预订广告促销。

(4) 3个月前

①继续追踪产品推广活动；

②最后确定参展样品，准备大量代表本公司产品品质及特色的样品，贴上公司标签，赠送给索取样品的客户；

③为展位结构设计作最后的决定；

④计划访客回应处理程序；

⑤训练参展员工；

⑥排定展览期间的约谈；

⑦安排展览现场或场外的招待会；

⑧购买外汇。

(5) 4天前

①将运货文件、展览说明书及传单等额外影印本放入公文包；

②搭乘飞机至目的地。

(6) 3天前

①抵达目的地，饭店登记；

②视察展览厅及场地；

③咨询运输商，确定所有运送物品的抵达情况；

④指示运输承包商将物品运送至会场；

⑤联络所有现场服务承包商，确定一切准备就绪；

⑥与展览组织代表联络，告知通讯方法；

⑦访问当地顾客。

(7) 2天前

①确定所有物品运送完成；

②查看所订设备及所有用品的可靠性及功能；

③布置展位；

④为所有活动节目作最后的决定。

（8）1天前

①对展位架构、设备及用品作最后的检查；

②将促销用品发送至分配中心；

③与公司参展员工、翻译员等进行展览前最后演练。

（9）展览期间

①尽早到会场；

②展览第一天将新闻稿送到会场的记者通讯厅；

③实地观察后尽早预约明年场地；

④详细记录每一个到访客户的情况及要求，不要凭事后记忆；

⑤对于没有把握的产品需求，不要当场允诺，及时回报总部做出合理答复；

⑥每日与员工进行简报；

⑦每天将潜在商情信息及顾客资料送回公司，以便及时处理并响应。

（10）展览结束

①监督展位拆除；

②处理商机；

③寄出答谢卡。

4. 成功参展要点

（1）参展计划——在展会前18—24个月开始作计划和调查。

①该次展览能满足企业拓展的需要吗？

②展会日期是否合适？

③同期有别的展会举办吗？

④展会地点是否便利？

⑤有多少与会者来自目标市场。

⑥有多少与会者来自企业主要的服务地区？

⑦组展机构怎样推广展会？

⑧展览过往的业绩如何？

⑨哪些竞争对手将参展？

⑩展会组织是否提供以往参展的联系方法？

⑪企业中有人曾参加过这个展会吗？

⑫企业可为此展会投资多少？

⑬展会组织对参展商的推广提供什么协助？

⑭组展机构可以提供参观买家专业性的保证吗？

⑮企业希望通过参展得到多少回报？

（2）参展计划——在展会前9—12个月开始计划。

①该展会能为企业现行的市场策略服务吗？企业的需求是：提高现有市场的现有产品和服务；向现有的产品推出新产品或服务；将现有的产品或服务推向新的市场；将新的产品或服务推向新的市场；增强企业在现有市场上的形象；将企业推向新的市场。

②需要展出什么产品？

③在这次展会上谁是企业的目标观众？

④企业参展的目的是什么？

⑤企业有书面的参展计划吗？

⑥参展预算已确定了吗？

⑦企业的展位已确定了吗？

⑧订金中必要的保证金已支付了吗？

⑨怎样的展位设计符合企业的要求？

⑩企业能使用现有的展示品吗？

⑪企业需要新的展示品吗？

⑫企业需要新的宣传画吗？

⑬企业需要预订什么展览设施？包括电气、地毯、视听器材、展位清洁服务、植物摆设、电话、计算机、打印机、垃圾篓、家具。

⑭安全服务状况如何？

⑮是否安排好展位的安装与拆卸？

⑯怎样安排货运？

⑰需要了解哪些当地工会条款？

⑱保险安排如何？

⑲是否已准备工具箱？

⑳酒店服务预订好了吗？

㉑注意展位付款的最后期限。

㉒需要提供展位信用卡交易方式吗？

㉓需要营业执照吗？

㉔指引卡片已设计并打印好了吗？

（3）推广计划——提前6—8个月制定。

①展前推广如何进行？具体推广方式包括个人邀请函（包括介绍和回复函）、广告（贸易出版物或当地媒体）、直邮广告、电话推广、公关。

②企业的展位号是否包含在展前的推广材料中？

③需要印制额外的传单、目录和价目表吗？

④印刷品准备好了吗？

⑤对其他的公关活动制定计划了吗？

⑥企业的展览指南已完成并寄出了吗？

⑦什么样的赠品能取得更好的效果？

⑧企业需要什么样的现场推广活动？包括机场广告/户外广告板、酒店电视广告、运输广告、展会每日广告、酒店房间推广、展会目录广告。

⑨企业需要组织一次观众竞赛吗？

⑩企业的竞赛和赠品符合当地的法规吗？

⑪要预订多少门票？

⑫欢迎仪式筹备好了吗？

（4）参展人员——提前4—6个月安排好。

① 展位上需要多少工作人员?
② 谁是代表企业的最佳人选?
③ 展位经理指定了吗?
④ 参展人员的培训准备好了吗?
⑤ 确定好展前会议的时间了吗?
⑥ 参展人员熟悉展出的商品和服务吗?
⑦ 是否组织好一个演示会?
⑧ 是否有一个准备回答问题的技术代表?
⑨ 是否确定了参展人员服装?
⑩ 是否为参展人员预订了足够的证件?
⑪ 参展人员是否有足够的名片?
⑫ 展位时间表是否已制定好?
⑬ 谁负责监督展位的安排和拆卸?
⑭ 该负责人是否清楚展会的出入程序?

（5）效率——在展会前为展会后的事情作准备。

① 是否为参观者提供引路服务?
② 是否制定了每天的总结会时间?
③ 是否向登记的参观者寄出感谢信?
④ 怎样处理展览指引?
⑤ 怎样监管展会上的销售?
⑥ 参展工作人员会得到怎样的奖励?
⑦ 怎样评估该次展览?
⑧ 展览费用是否在预算之内?
⑨ 是否应修改下一年的预算?
⑩ 还有什么其他的国内或国际展览?

5. 展台准备实务

展台准备工作主要包括如下三方面:

□ 展台人员训练

为了保证良好的展览效率和效果,在配备展台人员之后,参展企业必须对他们进行培训。无论是临时雇用人员还是固定工作人员,包括公司高级人员都应当接受培训。培训的目的是使展台人员了解展览目的,掌握展台工作技巧,培养合作及集体精神。

展台人员培训工作应当列入展览工作计划,作为一项正常工作。如果条件许可,就安排比较正规的培训,至少要在开幕前进行简单的工作交代和技术指导。培训工作可以在选定展台人员后即着手进行。比较正规的培训形式包括筹备会或者培训班,时间可以是半天至两天,但地点要专门安排。要尽量使用教学辅助工具,比如投影仪、讲义等。培训方法要尽量正规,越正规,越显示出组织者的重视,培训效果也就越好。若有主要负责人参加展览,也应参加训练,这对提高训练效果有利。

培训内容要有系统,培训材料应编印成套,发放给接受培训的人员。一些展览行业协会、展览研究机构、展览咨询公司安排专门的展览培训,有专门的展台工作培训教材、录像带等,可以购买参考使用。培训材料需要标明秘密程度。培训内容和步骤可以分为三部分,安排如下:

(1) 情况介绍。包括人员介绍、筹备情况介绍、展出情况介绍等。情况介绍的目的是使展台人员熟悉展出背景、环境和条件。

①相互自我介绍。培训者和接受培训者自我介绍,不仅要介绍姓名、工作,还要介绍在展览方面的知识和经验。

②展览情况介绍。包括展览会和展台情况。展览会情况,包括名称、地点、展览日期、开馆时间、场地平面、展馆位置、出入口、办公室、餐厅、厕所位置等;展台情况包括展览意图、展出目的、目标观众、展台位置、展台序号、展台布局、展览工作的整体安排等。

③展览活动介绍。包括记者招待会、开幕仪式、贵宾接待活动等,并对展台人员提出相应的工作要求。

④展品介绍。包括每一项展品的性能、数据、用法、用途等,以及市场介绍,包括销售规模、销售渠道、规章制度、特点习惯和销售价

格等。

(2) 工作安排。向展台人员布置展台工作，并提出要求和标准，必须使展台上的每一个人知道、理解展览目的。布置展台工作，包括观众接待、贸易洽谈、资料散发、公关工作、新闻工作以及后续工作等；管理安排，包括工作时间、轮班安排、每日展后会议、记录管理等；行政安排，包括展台人员的宿、膳、行、日程等安排。

(3) 技术训练。主要是训练展台的接待和推销技巧。展台工作与其他环境下的工作有所不同，即使是有经验的推销人员也应接受展台技巧的培训。可以使用模拟方式，并准备完整、系统的培训资料。另外，如果可能，要培养展台人员认真的工作态度、协作精神和集体感。

□ 展台工作准备

展台主要是为了成交，展台工作准备就是围绕此开展，包括市场调研、准备货源、准备产品资料、准备贸易条款等。

市场调研应围绕所展示的产品和成交开展，调研内容包括市场、运输、包装、保险、税则、汇率、折扣等。每个市场都有其特点，透彻地了解和充分准备有助于展览成功，有助于成交。

需要了解的市场情况包括市场规模、消费量、进口量、消费值、进口值、产品来源、消费增长率、消费者地理分布、有关法规、市场潜力和发展趋势、市场障碍等。如果市场对某产品有贸易的和非贸易的壁垒，在展出这类产品时就要慎重考虑，除非有长远打算，否则展览就没有太大意义。另外，要了解关税、税率、配额、货币管制、其他限制以及市场划分等状况。

还要了解产品情况，产品必须符合市场要求。为此，必须了解产品的质量、颜色、风格、尺寸、外观、设计、性能、技术规格、贸易标准，以及运输包装、消费包装、保护要求、说明要求等。展出者应该了解市场要求，并能向客户解释说明，只要有订货，就可以按市场要求和客户要求提供产品。

展出者必须了解竞争情况，以便知道与谁竞争，做好价格等各方面的准备。需要了解的竞争情况还有其他供应商，包括外国和当地供应商的名称、供应量、市场占有率、优势及弱势、商标及专利问题、市场主导产品的特性、市场主导公司成功的主要原因、各供应商市场增减情况、市场价格等。

了解销售渠道也是市场调研的一项重要内容。首先要了解销售整体情况，包括销售体系、正常的销售渠道和环节、不同渠道的相对重要性及优劣势、各环节的订货数量、交货期要求、销售条件、价格中加价幅度、售后服务要求等。其次是确定目标商人，即确定可能的主要买主，包括进出口商、制造商、批发商、经销商或是零售商。

展出者还必须了解运输条件，包括当地市场的运输业状况、运输路线、运输方式、运输价格，以便计算、决定产品报价中的运输成本、运输时间，以及成交合同中的运输条款。调研的具体内容可以根据展出和成交的需要来决定。如果展出者有条件，可以自己作调研。如果没有条件，可以委托展出地的咨询公司、市场调研公司。

□ 成交准备

成交准备主要有三方面：产品、条款、资料。根据展出者的生产能力和财政实力并估计客户可能的要求，决定产品的可供品种、数量、规格、性能，以及可以做出的改进和交货时间等，也就是准备货源和货单。根据市场调研结果决定包装条款、交货条款、运输条款、付款条款等，作为洽谈、签约的基本条件。根据谈判和签约需要，准备样品，编印公司介绍、产品目录、产品介绍、价格表、合同等。样品要与实际供货的产品一致，好于或差于实际产品都会有麻烦。公司介绍内容包括公司名称、公司地址、资金、年营业额、营业范围、职工人数等，公司介绍的目的是让客户了解展出者。产品目录是各种产品的综合介绍。产品介绍是一种或一个系列的产品的介绍，内容可以详细一些，包括各种技术规格等。展台资料质量要好、数量要充分，要使用当地文字、货币单位和计量单位。让客户了解自己与自己了解客户同样重要。

所有展台人员都必须熟悉产品知识，包括规格、功能、特点、作用、使用方法等。美国贸易展览局曾进行过一项调查，其中一条是参观者认为展台人员应具备什么样的知识，调查结果显示94%以上的参观者认为产品知识是展台人员应具备的最重要的知识。

展台人员掌握产品知识是为了促进销售。展台人员如果对产品不熟悉，不仅不能全面介绍产品，还可能会给参观者留下展出公司档次不高的感觉。因此，要在展出之前充分掌握产品知识。如果有可能还应掌握操作示范技巧。如果产品复杂，展台人员就必须熟悉说明资料，在需要时，能迅速查找答案。总之，展台人员要能够直接或间接地回答客户的所有问题。

6. 参展工作重点

参展商要想在展览会上出奇制胜，就必须做好以下四个方面的工作：

（1）展位地点的选择。选择合适的场地是参展计划中重要的一部分。首先必须考虑的是人群流动的方式，了解人群在整个展览会场移动的方向，再依此挑选展位。举例而言，通常人流量最高的地方是靠近入口及出口处、洗手间、休息室及饮食区，而展厅圆柱及上货区则有阻碍人流的潜在问题。

如果自己的展位设在了竞争对手隔壁，参展商要将展位有效地利用起来，以展示自己产品有别于竞争者的地方。如果在展览期间要使用悬挂牌示、高支架等物品，必须选择有足够高度的地点，以免影响可见度。此外，集团化公司或企业间也可组团参加展览，一来可壮大声势，扩大影响；二来也可在展览会场上开设专馆，展示品牌。

（2）展览人员的培训。通常，展览人员都将注意力放在会展企业提供的资料信息上，却忽视了企业参展的真正目的，将手册、赠品及样品摆放在桌上任由参观者自动拿走后离开，这不仅无法有效了解客户及市场信息，也非参展的目的。他们常因缺乏发问技巧而错过一些重要信息。要避免这一问题,就要进行展览前的培训及准备工作。很重要的一点是参与展览的人员要乐于跟陌生人交谈,并了解他们的需要,同时将事先准备好的企业印刷品或精致的小礼品适时发送给潜力客户,以达到营销的最终目的。图片及公司手册可让参观者进一步了解展示产品以外的产品资讯。此外,参展商还可在会场提供录像带、模型、产品展示名片(明确列出电话号码、网址、传真、邮寄地址等信息),扩大宣传效果。

(3) 展台创意与装饰。大部分展览会为参展商提供了天花板聚光灯,当然也可以自己准备携带式照明系统。根据产业调查,照明可将展品认知度有效提高30%—50%。另外,要选用少量、大幅的展示图片,以创造出强烈的视觉效果。太多或太小的图片都是不易读取的,同时限制了宣传文字的使用。要将图片在视线以上的地方开始放置,并且使用大胆而抢眼的颜色,避免使用易融入背景的中性色彩,这样从很远的地方就可以看到展台。此外,参展商在依赖大规模场地展览的同时,一定要突出创新设计,以吸引观众;要依展台大小来选择合适的展示用品及参展产品,避免过度拥挤或空洞。

(4) 展览前的广告宣传。广告宣传在整个展览过程中扮演着重要角色,参展商应在展览前三个月,在专业杂志上刊登一篇以上的广告报道,然后将这些报道的复印本寄给目前及潜在的顾客群,并附上信息,提醒顾客该项产品将于展览会中展出,同时也可附赠由展览会组织者提供的、印有本参展公司名称及展位号码的展览贵宾卡。同时,现在越来越多的展览会及其赞助合作单位均提供参展商的网站链接,参展商可借此提高公司及其网站知名度,或事先约定展览会期间的商业洽谈。参展商还可在网页上刊登展览产品图片或主题,甚至更详细的产品资料,借此提高展览会现场辨识度。

7. 参展商常犯的十种错误

(1) 参展目的不明确。参展目的是整个展览会的中心,明确参加展览会的最终目的有助于工作的完成,如主题、展馆布局、产品摆放等。展览的目的应是推销产品并助其走向市场。

(2) 忘记阅读参展商手册。参展商手册是展览会期间各方面的指南及省钱之道。这些手册内容简明易懂,里面有所有你想了解关于展览会的情况,如展览日程安排、登记程序、参展商资料、展览说明、运输服务、食宿信息、广告促销信息等。

(3) 最后一刻才制作用表。尽早制作用表,参展前6—8个星期比较适宜,可避免时间紧迫造成的失误。

(4) 忽略员工的功劳。花费大量的时间、金钱、精力组织参展工作,只摆设印刷商品目录等。最后,所有参加展览会组织准备工作的员工可能都被忽略,他们只是出现一下而已。事实上,这些人是企业的特使,应提前告诉他们参展的目的、内容及期望,参展员工培训是建立团结和专业形象的重中之重。

(5) 忽视参展商的需求。通常,参展职员都感到有义务尽量为参展商提供信息,然而,缺乏发问技巧常常使他们错过一些重要信息。要避免这一问题,就要进行展览前的培训及准备工作。

(6) 发送印刷品及精品。展览员工可能会在展馆环境里不知所措,或不习惯与陌生人交谈,最后会把本应保留的印刷品或精品发送出去。为此,很重要的一点是参与组织展览会的人要乐于跟陌生人交谈并了解他们的需要。

(7) 不熟悉产品的演示。很多展览员工都不懂得产品的演示,为此,应与展览会及员工沟通,以保证他们熟悉展馆摆设及展品演示。

(8) 设立太多代表处。一些公司通常在展览会上设立几个代表处,从而收集更多的行业信息。事实上,这样做并不科学。为了提高效率,要严格控制参展员工人数,规定工作时间不要出场,并给每人分派具体的任务。

(9) 忽视展后工作的跟进。很多企业不重视展览会结束之后的工作跟进,从而导致参展效果不佳。为此,应于展览会前建立时间表,以便每日跟进工作，并使销售代表处的工作更有意义。

（10）忽略展览会评估。了解自己在展览会上的表现，有助于今后展览会的改进工作。展览会各不相同，每场展览会都有优缺点，永远都有尚待改进的地方。每次展览会结束后，应立即与员工共同进行自我评估，以便不断自我改进。

策划锦囊

参展计划范例

□ 基本情况

（1）展览会名称或展览项目名称（全称、简称，中文、外文）；

（2）展览日期；

（3）开馆时间；

（4）会场地点；

（5）会场使用日期；

（6）展览内容；

（7）展览性质（贸易、批发、零售、宣传、招商）；

（8）观众性质和入场方式、参展企业数；

（9）展出目的；

（10）展出内容；

（11）展出面积、展出规模（参展公司数等）；

（12）主办者；

（13）协办者、赞助者、支持者；

（14）承办者（主要供有关领导和部门掌握，并可作为宣传基本资料）。

□ 总体安排

（1）成立筹备组，进行人员分工；

（2）制定工作方案；

(3) 制定工作日程;

(4) 制定费用预算;

(5) 确定合作者;

(6) 商量分工,落实方案;

(7) 签订协议;

(8) 召开筹备人员会议。

□ 设计施工

(1) 设计。

①确定设计整体要求、风格、标志、色调等;

②选择或委托设计人员和设计公司并交代设计要求;

③进行场地和施工设计,如平面设计、单元设计、施工设计、道具设计等;

④宣传设计,如广告、海报、资料、资料袋、信封信纸等特殊设计;

⑤大门、装饰等;

⑥内部审查、外部审查;

⑦修改设计。

(2) 参展公司提出设计施工方面的要求,并选择、委托施工公司(报价、洽谈、签约)。

(3) 安排、监督施工。

①确定会场面积;

②索要资料和图纸(规定、图纸、申请表、合同等);

③选择、租用场地;

④基本设施,如地面、桌椅、照明、电、水、气、空调、消防、扩音设备、仓库、办公室、会议室等;

⑤需要注意的事项,如通道宽度、紧急出口、禁止明火、禁烟、限高等;

⑥展期的展场管理、保卫、清扫。

(4) 展台。

①基本设施尺寸、用料、地面覆盖物、地毯、框、架、板等，公司展板、照明、桌、椅、废纸篓等；

②租用设施，如展柜、展架、模型、模特儿、支架、灯具、花草等；

③其他服务，如电、水、气等。

(5) 办公室、接待室、备餐室、休息室等。

①家具，如沙发、茶几、办公桌、椅、餐桌等；

②用具，如电话、传真、复印机、打字机、电脑、冰箱、饮水机、茶具、咖啡用具等。

(6) 物品运输，包括来程和回程。

(7) 安排特殊工具制作。

①图文、大门等现场施工，包括搭建、展品布置和拆除；

②日期、时间、人员、监督、交接；

③展出期间的展台维护。

□ 参展公司

(1) 做出参展决策，宣传、寄发申请表；

(2) 确认申请，召开参展企业筹备会议，寄送有关资料，如展览会概况、联系地址、工作日程、运输安排、设计要求、行政安排等。

□ 展品

(1) 公司安排的展品、模型（种类、范围、数量等）；

(2) 统一征集、调转、采购的展品；

(3) 装箱前测试将操作演示的展品；

(4) 准备或要求准备展品说明，包括技术数据说明、文字或图片说明；

(5) 安排或要求安排包装；

(6) 大型展品如机械设备运抵展台后安排组装。

□ 运输

(1) 安排运输日程：展品集中日期、办理单证日期、展品陆运或空运日期、展品海运发运日期、办理通关和保税手续日期、展品运至展台时间、办理结算和回运手续日期、回运发运日期。

(2) 选择运输公司和代理：报价、比价、谈判、签约。

(3) 集中展品、理货。

(4) 行程：船名、船期。

(5) 装箱：集装箱或木套。

(6) 安排装车、装船。

(7) 国外运输安排：通关、运至展览国存放和回运、结算、安排回程运输。

(8) 回国运输安排：结关、港口至开箱清点交接以及有关手续及单证。参展者办理清点、空运、分运、组织者审核等手续，包括出具报关函、出口报关单。

(9) 办商检证（参展者办）。

(10) 办原产地证明或领事认证（组织者办）。

(11) 出具免征港务费函、电装情况表，发委托装船通知书。

(12) 制作装箱单、提货单。

□ 宣传广告

(1) 基本资料：展览概要（单页）。

(2) 展览指南：公司介绍（名称、地址）、展出内容、产品介绍、展台号等，以及平面图、会场地图、导向图、询问地址等。

(3) 信封、信纸、资料袋、宣传对象表。具体对象包括贸易商、制造商、零售商、批发商、消费者等。

(4) 宣传渠道，如公关代理、广告代理、使馆、航空公司、贸易机构等。

(5) 宣传方式。

①新闻：新闻发布会、记者接待会、新闻稿发布；

②刊物：在报纸、杂志、内部刊物上刊登广告、消息；

③海报、招牌广告、直接发函：组织者和参展者都寄发，对象是目

标观众、工商团体、新闻机构等；

④电视、电台：刊登广告、消息；

⑤记录：摄像、摄影（开幕式、记者招待会、展场、洽谈等）；

⑥展览会目录：填写登录材料，刊登广告。

(6) 宣传资料运输：装箱、造册。

□ 展台工作和贸易活动

(1) 准备货源、货单、价格单、合同和成交条件；

(2) 编印询问表、记录表、统计表和其他表格；

(3) 选择、培训展台人员，并交代展台工作要求；

(4) 布置展台，检查展台文字，测试展台；

(5) 介绍、演示展品；

(6) 散发资料；

(7) 接待观众、记者和宾客；

(8) 贸易洽谈、成交；

(9) 调研，包括市场调研、展出设计布置和效果等；

(10) 报告会、讲座；

(11) 统计、记录；

(12) 展台管理：安排轮班，现场工作安排、管理，维护展台环境和秩序，监督展台人员的工作和效率，分析总结每天的展出情况，采取必要的工作调整；

(13) 评估总结；

(14) 后续工作。

□ 仪式

(1) 开幕式/开馆日、招待会：日期、时间、地点、范围、规模、程序、主宾、出席人（名单）、邀请（请柬、印刷、邮寄）、签到（名片盒、签到簿、签字笔、胸牌、胸花）、仪式、讲话（讲话稿内容、审核、翻译）、设备、剪彩（立杆、彩带、剪刀、手套、托盘）、参观（路线、引导、解说）、招待会、备餐（人数、标准、酒菜水内容）、资料（展览会介绍、讲话稿、贵宾名单）、礼品。

（2）邀请安排：①邀请函或请柬格式；②印刷、寄发日程。

（3）邀请范围、名单收集、筛选、人员安排：①发言人；②工作人员。

（4）场地安排：大厅、贵宾室、签到台等。

（5）用具、资料：①用具，包括国旗、国歌磁带或乐谱、签到簿、签到笔、名片盒、佩花、装饰花、彩带、立杆、剪刀、手套、托盘；②资料，包括仪式程序表、讲话稿、展览介绍。

（6）其他安排：停车、贵宾引导、安全、保卫、消防。

□ 交际

（1）拜会：对象、日程、安排、资料、礼品。

（2）宴请：对象、日程、邀请、地点安排、菜水安排、座位安排、讲话安排。

（3）礼品：购买、制作、包装、联系。

□ 行政

（1）展览团：设立展览团管理体系，任命展览团管理人员，挑选展台人员（也包括推销人员、技术人员等），雇用展台辅助人员（也包括招待员、译员），编制名单等。

（2）证件：办理签证、展览会入场证等。

（3）交通：安排行期和路线，订机、船、车票，向参展公司确认或自行安排。

（4）市内交通：有些地方需要统一安排展台人员上下班的交通。

（5）住宿：统计需求，找房，索价，谈判，订房，向参展公司确认或自行安排。

（6）饮食：统计需求，选择餐厅，谈价，订餐，向参展公司确认或自行安排。

（7）着装：统一制作，或提出要求。

（8）财务：制定预算，管理开支，支付费用（包括展览场地费、施工费、道具费、水电费、电话费、运输费、住房费、广告费等)。

表 10-4 预算表一

类 别	项 目	预 算	实际支出	备 注
直接开支	场地费			注明支付日期
	标准展架			
	道具、图文、模特			尽快预订
	服务：水、电、气、冰箱			核对在合同之内或之外
	电话			
	保险			公司原保险上加保
	清扫			
	家具、地毯			核对在合同之内或之外
	人工费：设计、施工			使用专业人员
	差旅			实地考察
设计施工	展具制作			尽快安排
	展具购买			使用标准件
	搭建、拆除			
	仓储			努力减少仓储时间
	测试			
	运输			准备去程和回程运输
	装卸			
宣传广告	广告：报纸、电视			结合公司整体广告安排
	海报：直接发函			尽快印刷
	展览会目录			
	专业报刊广告			结合展览会活动安排
	技术资料：设计、翻译			
	排版、印刷			
	公共关系活动			
	招待、宴请			
	新闻工作			
	摄影、摄像			
	贵宾访问			
	特别活动			竞赛、评奖

(续表)

类别	项目	预算	实际支出	备注
人员费用	操作人员			
	培训、培训材料			
	会议			
	住宿			及时订
	交通			
	安全保卫			展品、道具、人员
	制服			
	胸章、入场证			
	翻译、模特			

表10-5 预算表二

项目	预算开支	实际支出	差额比例	占总额比
1. 场地租金				
2. 展台设计费				
3. 施工费/标准展台费				
4. 文图制作费				
5. 道具制作租用费				
6. 电费				
7. 以上15%应急预算				
8. 设计施工总预算				
9. 交通费				
10. 市内交通费				
11. 膳食费				
12. 住宿费				
13. 工资、补贴、奖金				
14. 以上5%应急预算				
15. 人员总预算				
16. 展品制作费				
17. 展品包装费				

（续表）

项　　目	预算开支	实际支出	差额比例	占总额比
18. 展品、道具运输费				
19. 海关税、商业税、增值税				
20. 保险费				
21. 以上10%应急预算				
22. 展品运输总预算				
23. 资料编印费				
24. 直接发函费				
25. 广告费				
26. 记者招待会、新闻稿费				
27. 宴请、贵宾接待公关费				
28. 接待室费用				
29. 摄影、贵宾接待公关费				
30. 宣传总预算				
31. 以上20%应急预算				
32. 总预算				

第 11 章
展览设计策划

除少数会展企业外,一般会展企业不设有自己的设计、施工部门。会展企业在确定展览任务后,通常委托专门的展览设计单位或设计师来承接设计和施工任务。会展企业在确定展览任务后,首先应成立领导机构,由领导机构成员商讨、策划,确定本次展览的指导思想、展览要达到的最终目的、展览的内容、展览的主题、资金的来源渠道与使用、展览设计脚本的编写与作者构成、展示的设计、施工单位、时间的安排与要求、各类资料的收集与整理、宣传渠道和宣传方式的选择与利用等。设计单位也很少有自己固定的设计任务,他们面对的是市场需求,这就形成了一种委托和被委托的关系。

会展企业一般根据自己的展览内容、资金实力来选择展览设计、施工单位。为确保设计、施工质量,收到最佳展览效果,会展企业应先对展览设计单位作必要的了解和考查。了解和考查的主要内容有营业证书、资质级别、设计力量、设计水平、设计实例、施工能力、设备、资金状况等。

11.1 展览设计的原则与标准

展览设计是展览工作的重要组成部分,展览设计不是展出的目的,而是展览达到目的的手段。展览设计用艺术的手法，具体地表现展览意图。

1. 展览设计的原则

展览设计应遵循的原则如下：

☐ **目标原则**

展览设计自始至终应以目标为导向，展览设计的每一个细节都应体现展览目标。展览目标为展览设计规定了内容与方向。设计人员为遵循目标原则，应处理好以下几组关系：

（1）委托单位与设计者的关系。展览设计要求设计人员不是按自己的思路创造出一件艺术品，而是通过技术手段，创造性地反映、表现出委托单位的意图、风格和形象，达到委托单位所希望的目的和效果。

（2）展览与艺术的关系。展览的主角是展台与展品，因此设计人员不论使用何种设计技术、技巧，不论采用何种背景（包括展架、道具、装饰），都不能喧宾夺主。展览内容不能受制于表现手法，不能突出设计而忽略展台、展品。设计好坏不在于花钱多少，不在于是否符合艺术标准，而在于展台能否体现参展企业的形象和意图，能否吸引参观者的注意，展品能否反映出特征和优势。

（3）展览与贸易的关系。展台能反映参展企业形象，能吸引观众并留下深刻的印象，展品能体现出特征和优势，并能方便参观者观看，如此才称得上是成功的设计。如果是宣传展览会，这样的设计便达到了目的。但是，如果是贸易展览会，设计还未达到最终目的。在贸易展览会上，展览是开展贸易的手段，展台是参展企业开展贸易工作的环境，展台本身并不是目的；同理，展品是参展企业开展贸易的工具，展览产品本身也不是目的。

☐ **艺术原则**

展览设计应当有艺术性。展览设计的艺术性表现在以下几个方面：

（1）展台有吸引力。展台富有吸引力，令人赏心悦目，给人以良好的感觉，使人留下深刻的印象。展台设计有很多因素，需要用艺术手法去组合这些因素，使其能产生最佳的视觉效果和良好的心理效应。这是展览设计的基本要求。

（2）展台反映参展企业的形象，传达参展企业的意图。如果参展企业是一个大公司，就不能将其设计成摊贩形象；如果参展企业想显示自己在航空领域的霸主地位，就不能将其设计成航模玩具厂的感觉。

（3）展台能吸引参观者的注意，引起他们的参观兴趣。一些参观者有参观目的并制定了参观路线，但是也有很多参观者无明确路线，随意浏览，参观那些吸引他们注意并使他们产生兴趣的展台。有研究表明，在充满竞争的环境中，观众对展台的第一眼最关键。这一眼决定了这个展台是吸引还是失去这位潜在客户。因此，展台应当引人注目，使人产生兴趣。

□ 功能原则

展览设计还应当是功能性的。设计人员在考虑外部形式、形象时，也需要考虑内在功能，也就是要为展台的人员和展台工作提供良好的环境和条件。展览设计的功能性对参展企业来说同艺术性一样，甚至更重要。

因为展出目的的实现最终要靠展台人员，他们的工作效率最终决定了展出效果。在舒适、功能齐全的环境里，展台人员可以更有效地工作。

展览设计需要考虑的功能有以下几方面：

（1）对外功能。展台不仅要展览产品、吸引客户，还要有利于展台人员推销、宣传、调研，与观众交流，与客户洽谈。所有这些工作都需要相应的空间、位置、设备，都需要设计人员根据需要和条件进行合理安排。相应的功能区域包括问询区域、展览区域、接待区域、洽谈区域等。设计上容易出现的问题：一是展品、装饰、花草太满而造成参观者无法接近展台或无法在展台上浏览；二是洽谈区域不理想而失去一些潜在客户和贸易机会。展览不可能代替交流，也不应阻碍交流，而必须服务于交流。

（2）内部工作功能。如果展出规模大，要考虑安排办公、开会等场地。内部工作相应区域包括办公室、会议室、工具房（维修间）等。

（3）辅助功能。展台人员需要休息、饮食，展台资料、用品需要有地方储藏、堆放。辅助区域包括休息室、储藏室等。在很多情况下，参展企业是小公司，只占有一个9平方米的标准展台。由于设计能力和面积的限制，不可能考虑很多区域。但即便如此，也要考虑基本的功能：参观者能走上展台看展品，客户能坐下洽谈生意；展台有一个角落可以存放东西。好的展览设计不仅要"好看"，还要"好用"，要有助于展台人员开展工作，有助于展出达到目的。

□ 灵活原则

由于竞争日趋激烈，需求水平和结构不断升级，市场环境变化很快，即使是最理想的展览设计，也会因市场环境、约束条件和影响因素的变化而不得不调整。展览设计应具有相当的灵活性。这主要归结于展览设计流程不是一个单向的流程，而是一个双向的环状流程。从最开始的展览调研到最后的展览效果评估，针对市场和消费反应的变化，能及时调整和修正其方案，使得整个展览设计活动充分保持灵活性。

2. 展览设计的标准

（1）完整性标准。整齐而统一是展览艺术的首要标准。展览设计应形态统一、色彩统一、工艺统一、格调统一。总之，好的展览设计在艺术形式上是十分明确的。

（2）创造性标准。展览设计的创造性主要表现在创意的新颖性和艺术形象的独创性上。独特的形象给人以视觉冲击，令人过目不忘，发挥最有效的市场作为，实现最有效的形象传播。这种创造涉及形式的定位、空间的想象、材料的选择、构造的奇特、色彩的处理等。

（3）时代性标准。也称为观念性标准。展览设计应体现如下几种观点：人本观念、时空观念、生态观念、系统观念、信息观念、高科技观念等。具体地讲，应注意下述四个方面：空间环境的开放性、流动性、可塑性和有机性，给人以自由、亲切的感受，让人可感、可知；展品信息要求少而精；实现固有色的综合色彩效果，重视对无色彩系列的运用；尽量采用新产品、新材料、新构造、新技术和新工艺，积极运用现代光电传输技术、现代屏幕映像技术、现代人工智能技术等高科技成果；重视对软体材料的自由曲线、自由曲面的运用，追求展示环境的有机化效果。

（4）行业性标准。也称为功能性标准。主要是形式和内容的统一性问题，如冶金行业的展台设计与日化用品行业的展台设计不可能是一样的。

（5）文化性标准。设计要有突出的风格和品位，其中地域和民族性的文化传统应当有自然而然的表现。

（6）环境性标准。包含两层意思：其一，任何美的客观存在都是在特定环境中实现的，好的设计必然是在充分研究四周环境后的产物，必须与环境在形式上相得益彰；其二，任何好的设计都不会造成环境污染，都要符合可持续发展的基本国策的要求。

3. 展览设计的要求

展览会的设计实施是一项庞大而繁重的艺术创作系统工程，展位的设计也同样复杂多变。为了作好展览设计，必须符合一些基本要求。展览设计的要求如下：

（1）总体设计要从展出内容、性质出发，表现形式应突出主题、新颖奇特；

（2）平面布局和空间构成要做到视觉效果舒适、科学合理；

（3）整体基调要统一和谐，避免杂乱无章，主体内容要加强渲染；

（4）要简洁，不要复杂；

（5）要有突出的焦点；

（6）要明确表达主题与信息；

（7）要有醒目的标志；

（8）要从观众角度出发；

（9）要考虑空间；

（10）展台要易拆易建；

（11）版式应新颖，有较好的视觉传达效果；

（12）选用展具要坚持结构合理、格调统一、安全实用、便于储运等原则；

（13）空间过渡应清晰自然、统一和谐；

（14）陈列尺度应根据本地区居民的人均身高合理选择视高、视距和水平视角；

（15）展品陈列要注意密度、梯度和色度的和谐，色调处理应使展品固有色彩与环境基色遥相呼应；

（16）动态设施应结合客流方向、数量、动力分布和安全系数综合考虑与策划；

（17）装饰形式要利于突出主题与内容呼应；

（18）公关服务、销售策划的组织要与设计同步进行，使之与展览形式和谐一致。

11.2 展览的总体设计

展览的总体设计是整个展览设计的大纲，是各项具体设计的依据。一切展览活动在进入具体设计施工状态前，都必须先进行总体设计。

1. 总体设计的内容

展览总体设计的内容包括两个方面：展览总效果、设定和具体各分项设计的形式与要求。

展览的总体设计，是在熟读展览设计脚本，了解展览目的、展览内容与主题、展览规模与档次、展览环境的风土人情、展览场地的外围与内部环境状况、投资金额、时间要求等基础上，对整个展览艺术所作的战略性设计。整个展览设计有无新颖性、独特性，取决于总体艺术设计；总体艺术设计是否成功，取决于设计师对上述情况的了解掌握程度及设计师本人所具备的素质。具体内容如下：

（1）环境、场地空间的规则。主要包括展览场地的平面、立面和空间以及它的过渡、组织。平面的规划组织应根据展览内容的分类划分各具陈列功能的场地范围，按展览内容的密度、载重、动力负荷，结合总体平面空间的面积合理分配位置，确定具体尺度。同时，要考虑客流量、消防通道等因素，结合展览会的性质特点，规划出公共场地的活动面积。以上各项平面空间要素的组织划分应以平面图的形式表现出来。

（2）展览基调的确立。主要包括展览形式的色彩基调、文风基调和动势基调。展览形式的色彩基调，在色性方面可分为冷、暖、中调，在明度方面可分为高亮调和中灰调。其设计的关键在于，根据展览内容的特性、展览场地的环境特色、展览的时间季节、宏观上的固有色彩、采光效果及功能区域划分等因素，分别选择适宜的色彩基调，提出相关色谱，画出色彩效果图。展览形式的文风基调，主要指文字的表达风格、文字的组合和比例尺度、字型的选用、书写加工的规范等与字体设计相关的因素，并根据展览的形式内容，确定整个展览是以文字（版面展示）为主还是以实物陈列为主。展览形式的动势基调，主要包括动态、静态和两者结合三种形式。设计的关键在于，对韵律、节奏起伏的控制，要尽量给人以舒适的动势感；对音响、声光设备和电动模型、图表、计算机等的运用，要防止产生共振、噪音、污染和火警、漏电等不利因素。

（3）实施进度的安排。主要制定展品征集、布展陈列、物料供应、交通食宿和管理公关等几个方面的进度计划表。大部分展览的制作施工都必须在预订的时间内完成，因此在时间进度上必须统筹策划、合理安排，以达到预期的效果。

（4）制作、施工材料的计划。根据总体设计方案，确定主要制作和施工材料的规格、数量等，以及装饰材料的品种、规格、数量，并逐一列出供应和准备计划表。

（5）设计实施的经费预算。主要根据展览的规模等级、施工条件、管理能力等，综合分析展品征集、布展设计、制作施工、展具加工、场地租金、动力消耗、安全保卫、宣传资料、食宿管理、运输、公关等费用，并分别列出概算数额，经综合平衡、汇总后，报请主管部门审批。

2. 总体设计的原则

为达到展览的最终目的，在展览总体设计中要遵循"三个为主"的设计原则，即以展览内容为主、以展览空间为主、以人为主。

（1）以展览内容为主的设计原则。一切展览活动的根本目的，就是运用展览设计的各种语言，把展览内容、展览主题高度概括地、生动有趣地呈现出来，从而向观众输出自身特有的信息，使观众从不同的角度认识它、理解它，最终接受它。

展览内容的性质决定着展览设计的形式，任何展览形式都必须服从展览内容，这是基本的设计原则。

（2）以展览空间为主的设计原则。任何展览活动，都是在展览空间中完成的。所有的展览设计，都是一种展览空间的环境艺术创造。空间是固定的，形式、气氛是设计的。以空间为主的设计原则就是设计师通过运用自己丰富的想象力，综合利用自己的艺术实践经验，对不变的展览空间进行平面的、立体的分割，进行结构和形式的设计，进行艺术的加工处理，使之成为独特的、生动的、新颖的立体空间形象，使之成为有利于吸引参观者的注意力、活跃参观者的情绪、激发参观者的兴趣，并对其产生深刻思想影响的艺术空间形象。

（3）以人为主的设计原则。展览活动无不与人有着密切的联系，又无不以满足人的各方面需要为目的。以人为主的设计原则即以体现主办者的意志、满足观众的需求为主。设计师必须首先领会主管负责人的办展意图，明确办展的目的与要求，体现主办者的意志并将其融入到观众需求中去。一切设计，如参观路线的走向、人流通道的宽度、展台及演示台的高度、照明的方式、色彩的搭配以及一些休息、娱乐环境的设计，都应以满足人的心理、生理需要为目的，这是最根本的设计原则。

总之，展览总体设计的原则不是单一的、孤立的，它是展示形式与内容、人与展览环境、展览内容与人诸因素高度统一的设计，是立体的、全方位的设计。

11.3 展览空间设计

展览空间设计是展览设计的主要内容。展览空间是一种构成艺术，除了平面构成、色彩构成之外，用实体限定来创造带有心理情绪的立体空间构成是展览设计的主要艺术手法。

1. 空间的设计形式

（1）单一空间。单一空间的重复即同质单元体的反复，有方向性的拓展。这种重复的排列给人持续、稳定的心理感觉，在纷乱的展览空间里，能起到平和心境的作用，并有明显的导向意图。但是，单元体重复排列会略显呆板，所以这种手法通常用在展览空间的入口、走道和出口部分。

为了避免呆板，可以运用渐变的手法在大小、形状等方面把单元空间进行排列，把同一个形体或空间在排列中依据大小、高低、宽窄等多种形式渐变。相对于重复的排列形式，这样的渐变序列，同样给人整体统一的感觉，但并不呆板，会使观众的心情随着渐变而产生起伏变化。

（2）复合空间。指两个以上单一空间的复合渐变。在展览空间里，空间的组合形式各种各样，更多的是成组的空间序列变化，多个空间依照渐变的手法排列。变化有序的空间影响参观者心理，渐渐把观众引向主体展览。单元或复合空间按照重复或渐变的排列顺序发展，将观众引入展厅主体空间，这时就应形成相应的焦点，就像电影里的高潮一样，在这里让观众的情绪达到最高点。在展览空间里，空间焦点往往就是主要展区，大的形象背景和主要展品都集中在这里，高技术手法的展厅、声光电以及表演台等主体宣传区也都设在这个区域。正因为它是线型的焦点，所以在风格、材质上应是前面单元或复合空间的延续。

像杠杆原理那样，这个焦点如同杠杆的支点，起到中心控制作用，而大面积的空间排列、空间渐变甚至空地都应围绕着这个焦点，使整个展区达到稳定均衡的效果。

2. 空间的组合形式

展览空间受展位面积的影响，不能作无限拓展，只能在限定区域里做文章。区域内的空间要互相渗透，不同展区的空间也要相互映衬，考虑整体效果。空间的渗透主要分三个方面：内空间联系、内外空间联系和两种空间渗透。

空间的组合形式主要有下列几种：

（1）封而不闭。虽然展览空间都自成一体，需要有明显的区域限定，在一个展位内部，依据功能的不同要分出若干限定区域，如洽谈、办公、仓库等，但为了扩大视觉范围，绝大多数展位在意识上要封闭，但空间要敞开，达到封而不闭的效果。这种形式有很多手法可以表现，常见的如立柱、地台、半墙面、顶棚覆盖、栏杆等。

（2）空间影射，即间接空间。运用传统建筑的借景手法，在封闭区域时利用虚构架和透明材质将相邻的空间影射出来，使有限空间无限延展并能相互融合，给观众一种柳暗花明又一村的感觉。

（3）残缺空间。正因为展位空间面积有限，在传统观念中，同一组展位的空间形式是完整而统一的。为了打破这种面积的束缚，如果大胆地运用残缺空间，就能无限延展空间。所谓残缺空间，就是不完整的封闭空间，让观众在意识到空间的限定时，又感觉到还未结束，有一种向邻近空间拓展、渗透的魔力。

（4）对比与主次。展览的布局要有主次之分。为了向观众展示这种意识，需要用多种形式来阐释展品，并分出主次，主要从下列形式上体现：

①形状。展板、展架的形状是构成空间的主要元素，单一形状的展览不能产生视觉刺激，只有当形状在流动的过程中重复或渐变排列并产

生特别变形的效果,才能有主次的区分。

②体量。单元体的体量在排列中有大小、高低等形式上的变化,一般情况下,以大体量的构造为主体、小体量的构造为辅助,产生对比效果。观众是沿着设计师给定的线路参观的,往往对正对流线方向的形体更为注重,所以很多主体展览区要设在垂直于前进方向的展览面上。

③明暗。通过色彩和灯光的烘托,展区里层次丰富、明暗有序。一般在展览中,明亮的区域是主体展区。另外,人的视线在多数情况下都会不由自主地被高处的物体吸引,在参观线路中,也喜欢登台观望。所以在展区中如果抬高一块地面,并把构架做高,就形成了主体展区,并能吸引远处的观众,可谓一举两得。

3. 参观动线设计

展览区划应满足展示、演示、洽谈、人员流动、休息等多方面的功能。其中,尤以展览功能和人员流动功能最为重要。

功能区域的确定主要取决于展览内容,展览内容不同在区域划分上也不相同。任何展览内容都有其内在的秩序性,在展览功能区划中要将这种内在秩序体现出来。也就是说,要将展览内容按主次、形状、尺寸、程序等内在秩序调理好,再在展览面积内给予对应的设计安排,使其各就其位。具体而言,就是要做到:主要内容、主要程序划分在主要区域,让其得到充分的展示;次要内容、次要程序,放在次要展区。

人流通道的设计受到展览内容的约束。它的形式主要取决于展览内容的需要,如人流通道的宽度取决于人流量和人流速度,而人流量和人流速度又取决于展示内容。展览内容简单的展带,人流量小,人流速度快,人流通道所需面积小;展览内容丰富的展带,人流量大,人流速度慢,人流通道所需面积大。展厅入口、展带入口和主要展位,人流集中,面积需求大;出口、次要展位,人流分散,需求面积则相对小。

人流动线还要统一考虑人流方向、人流速度、滞留空间、休息空间等几个环节。人流方向通常以顺时针方向为主，但规模较大的展览也可采用放射式、岛屿式等形式，但无论何种形式，都要避免流向复杂，保证流向畅通。

演示、洽谈空间与展览、参观流动空间相比，应属静与动的对比，此类空间在设计时应先考虑其使用功能。此功能区划应在展示和人流通道对其影响较小的某一区域设定。

人流动线与展览空间的关系具有不定性、多变性，设计中要充分研究它们之间的这种性质，使各种需求都能得到满足。

平面展览功能区划和人流动线一经确定，应及时将平面图画出。

4. 空间动线设计

视觉是参观者在展览环境中获取信息的主要感官。视觉有着跳跃性、连续性、流动性等特点。展览空间的视觉效果，取决于空间动线的设计。展览空间在平面功能区划的基础上已基本形成了动线脉络，但空间的造型、尺度仍需进行具体的设计。

展览物是构成空间动线的核心与焦点，设计中要视其主次、体积、面积情况，尽量将其安排在空间动线的最佳位置。中心展台、洽谈间、演示厅是展览空间效果的主要组成部分和可调节部分，此类道具的造型、高度可随空间动线的需要而定。

通过悬挂、吊挂展品或饰品，改变、美化空间动线，也是非常有效的方式。

空间动线的设计要注意与内容的关联性和与平面布局的呼应性，以及空间平面的占有率等；要使整个空间设计形成上下呼应、左右连贯、高低错落、富有变化的生动而有效的展览环境。

5. 平面图与效果图设计

展览平面图是体现展览规模、展览功能区域和人流动线的蓝图，是进行后续设计工作的基础和依据。

平面图的内容包括展览区域和人流通道两个方面。展览区域是指展区内各参展单位展出面积的划分、主要展团的分布位置。人流通道是指供人们参观活动的路线、休息空间等，人流通道又分主要通道和次要通道。展览区域与人流通道的比例一般为3:1。有时，因展览内容的不同，展览区域与人流通道的比例会发生变化。

展览平面图设计主要是将以下两种功能规划表示清楚，同时对展览环境的水、电、暖、安全通道、地面负荷等配套设施交代清楚，以利于照明、安装等相关设施的设计。

平面图的绘制要求精确而严谨，配套设施标注全面清楚，作图及标注尺寸规范，以便为后续工作提供方便。用效果来表现展览设计的形式有两种类型：一类是整体效果图，一类是局部效果图。

（1）整体效果图是指对一个完整的展厅或展位用一个画面或几个画面，将该环境的实际展览效果真实地表现出来。此类效果图通常采用散点透视、俯视构图的画法，将所有的展位景观全部展现出来。整体效果图还可根据展馆、展带的先后顺序分别绘制，然后再依照顺序排列成一幅总体效果图。

（2）局部效果图是指在整体效果图的前提下，需要对某些局部作重点形象描绘时所采用的形式，特点是局部形象真实、效果生动。

效果图的绘制应追求新颖性、艺术性，但同时要准确地表现设计的思想、设计的主题、设计的效果和设计的风格，画面上的所有内容都应以突出展示设计的效果为主。

效果图的表现手法与风格大体分为两大流派，即以结构显示为主的写实派和以绘画效果为主的绘画派。

写实性的效果图有着精确的透视、准确的造型、明朗的线条。此类效果图给人以清晰、严谨的感觉，而且具有参考依据翔实、可信度高等特点，为后续工作的开展提供了依据。

绘画性的效果图强调的是色彩效果，用笔生动、气氛浓烈是其特点。此类效果图给人以生动、感人的艺术享受。

绘制效果图的材料有水粉、水彩、钢笔淡彩等。此外，还可用色彩笔等直接绘制。

展览平面设计图的常用比例为1:50、1:75、1:100、1:200、1:300、1:400、1:500等。展览平面大的展览可采用1:600、1:700、1:800等不同的比例。

展览立面图的比例通常与平面图选用比例相一致，如有特殊需要，可适当放大。

各类道具施工图的比例应视施工对象而定。大面积的可采用1:25、1:50、1:70等比例，小面积的可采用1:1、1:2、1:4等比例。

第 12 章
会议策划

会议是会展业中的一个重要组成部分。会议是指一群人为了解决某个共同的问题或以各种各样的目的聚集在一起的活动。会议根据主办单位的不同，可分为公司、协会组织与非营利性机构三类会议。会展企业所进行的会议策划主要是针对协会组织及非营利性机构举办的会议。

12.1 会议策划的基本内容

会议策划要明确的内容有会议主题、会议目标、会议参与者、会议形式、会议日程、会议时间、会议地点等。

1. 会议主题

会展企业要成功地举办一次会议，必须有一个中心思想和主要内容，只有紧扣主题，才能使更多的人参加会议。会议的主题应该与主办者的目的和使命相联系。会议的主题一般颇具戏剧性，目的是为了吸引人们的注意，同时表现出会议的核心议题。

一般情况下，主题在会议标志中通过图形表现出来，有时候，会议标志可能是主题的字母缩写或由其他非图形元素构成。会议的主题和标志都可以造成一种氛围,这种氛围在为会议进行宣传与推广的时候被进一步强化。

2. 会议目标

举行会议必须是为了达到某个目标。有时候,会议可能只是履行简单的年度惯例,但是除此之外,大多数会议还有其他的目标。会议主办者举行的会议可能是要创造机会使其会员聚在一起,但通常会议也包括一些围绕具体目标展开的内容。公司(雇主)主办者举行的会议一般都有明确的目标;公众研讨会主办者也必须清楚地说明其目标,以便吸引目标公众参加。主办者有时候会使用"预期效果"来说明会议的目标。

3. 会议参与者

主办者希望哪些人来参加会议?对于企业自行主办的会议来说,通常在策划会议的时候首先要确定会议目标,然后就要定义与会者。会展企业应根据所期望的与会者类型来确定一个能够吸引他们参加会议的目标。不论先决定哪个要素,关键在于使会议目标和与会者一致。

会议参与者策划必须考虑谁来参加会议、要邀请多少人来参加、预期有多少人参加会议(主要为了做预算)。此外,还要考虑:是否邀请与会代表的陪同人员?可能有特殊的贵宾吗?包括传媒的代表吗?有海外代表参加吗?如果有,是否需要提供翻译服务呢?

此外,还要考虑演讲人,他们是在大会上发言,还是作为研讨会或分会的主持人?从外部邀请演讲人吗?对他们是否需要付费?是否有旅游消费?

"谁"中还应该包括组织团体。它可能只是一个人,也可能是一个专门小组,其中还可能包括所介绍的中介代理。如果是一个团体,并不一定其中全部的人都从会议的初始策划阶段一直参与到会后的评价,但却要从一开始就考虑他们将要参与的程度。活动越复杂、参与会议的人越多,会展企业就越需要某种严格的路径分析,从而做到按合理的次序并在合理的时间之内来安排活动的顺序。

4. 会议形式

会展企业应根据所举办会议的目的、规模、持续的时间以及其他与计划和实施相关的细节来确定会议的形式。例如，是一天研讨会，还是一周的年会；是举办论坛，还是座谈会；是包食宿的，还是自理的，等等。表 12-1 是一些会议的形式及选择的因素，仅供参考。

表 12-1 确定会议形式的有关因素

会议形式	选择原因	可能的听众	范围	合理筹备时间	组织工作负荷	对可持续性专业发展的作用
食宿型会议：一周或以上	组织尽量多的听众，在相对集中的时间内进行集体工作和娱乐	国际的、国内的或临时组织的	广泛、复杂、多主题；有机会深入、广泛地进行	18个月	高	通常有
食宿型会议：2—3天	听众广泛，平时很难聚到一起，出差时间不能太长	国际的、国内的或地区间的	广泛、复杂、多主题	18个月	高	通常有
为期1天的活动	紧紧围绕一个主题或专业	国内的或地区间的	相对特殊的主题或关注的焦点	6个月	中	常常有
半天的活动或培训主题讨论会	对工作繁忙的人而言，成本相对较低；有区域或话题限制	本地的、国内的或机构间的	特殊主题或关注焦点	6个月	中	常常有
专家研讨会	汇集专家进行经验和学术交流	邀请的专家	相当特殊，也许仅就一个议题进行讨论	6个月	中	常常有
公众演讲	关注某位特殊人物或特殊话题	所有来宾	各种话题	3个月	低	有时有
邀请演讲，如捐赠讲话或纪念演讲	向精选出的听众介绍特殊的讲话人	听众未知	各种话题，常为学术或专家性质的	3个月	低	有时有
座谈会或辩论会	听取就某一话题或主题的不同见解	各种各样的，可以与其他会议或活动时间重合	专家级活动，侧重讨论	6至12个月	中或高	常常有
推介活动	介绍某个议题、某个组织或某种产品	产品、组织或特殊成果的目标听众	各种听众都有	6至12个月	高	很少有
颁奖活动	庆祝取得成功	提名者、获奖者、领导和嘉宾	主要是获奖者	6至9个月	高	有时有
年度大会	履行慈善组织或志愿团体法定职责	会员和领导	管理、计划和发展	12个月	中	没有关系
晚宴与宴后演讲	组织或工作组庆祝活动	组织成员与嘉宾	庆祝、娱乐、联谊	12个月	中	没有关系

5. 会议日程

每个会议都应该有一个日程表,并且应该在会前发给每一位与会者。

准备会议日程时,要考虑会议中有哪些事项需要讨论、它们的先后顺序如何、每一事项需要花费多少时间等因素,然后据此排出会议预计结束的时间。

表12-2给出了一份会议日程表。其中,每一个事件开始时间都是用北京时间表示的。在表示时间的时候,应该根据会议主办者和与会者的实际情况选择不同的表示方法。

表12-2 一日会议日程表

事件序号	时间	活动	地点
1	8:30	注册登记	大厅
2	9:00	全体大会	大会厅
3	9:45	并行会议	
4	10:30	休息	大厅
5	10:45	并行会议	
6	11:30	自由活动	
7	12:00	午餐	大会厅
8	14:30	讨论会Ⅰ	
9	15:30	并行会议	
10	16:15	休息	
11	16:30	讨论会Ⅱ	
12	17:30	自由活动	
13	18:00	全体大会	大会厅
14	19:00	招待会	大会厅

6. 会议时间

会议召开的时间及会议持续的时间是会议策划需要考虑的重要问题。会议策划和准备时间不足的问题常常会出现。会议组织者常常只是得到会议拟订召开的日期，并被要求保证准时开会。工作性质的会议召开时间应尽量避免选择周末或假期前一天的下午下班前，或是假期结束后第一天上班的一大早。在选择时间上，也有比较有创意的做法，比如，午餐会议或是正式上班前的早餐聚会等。

非工作性质的会议如社团活动或是同业聚会，应该安排在非上班时间举行。这些会议要想找到大家都可以接受的适当时间可能比较难，而一般做法是在平常上班时的晚上举行这类会议。如果会议组织者不拘泥于常规，也可以开发出一些别人不曾使用过的时间，比如星期六早上9：00—11：00（如果星期六不用上班的话）、星期日下午2：00—4：00、星期三早上6：00—7：30或是星期五晚上9：00—10：30。届时，只要会议设施一应俱全，参加会议者都有空闲时间。

如果开会的日期比较灵活，那么可能会有助于确保从被选中的会议地点拿到尽可能好的优惠。也就是说，如果选择的开会日期有助于会议地点获得最大的收益，那么，它就更有可能提供优惠。

在策划会议的时候，在某一会议地点的会议持续时间也是一个考虑因素，因为它影响到成本和效益。如果你策划了一个船上举行的两日会议，专家会建议你选择一个更长一点的会期，因为较长的会期比较划算；如果使用公共建筑（如学校）作为会议场地，两天的会期则比较合适，而三天的会期可能会影响到该建筑的正常使用。再比如说，在选择会议地点的时候要考虑到季节因素：一方面是因为有些设施具有季节性，如冬天在船上举行会议就没有其他季节好；另一方面是因为季节对与会者的影响受到他们预期和喜好的制约。例如，一些与会者希望在冬天的时候到北方参加会议，因为他们喜欢冬季运动。

7. 会议地点

会议地点的选择事关会议策划的成败，因此必须慎重对待。会议地点的物质条件往往影响会议的举办效果。可供选择的会议地点主要有宾馆饭店、会议中心、大学学院等。会议地点的选择首先要确定在哪个区域，同时要记住会议的举办日期，因为天气可以决定会议是否能如期举行，恶劣的天气会推迟或者阻碍与会者以及观众来到会场。比如，冬天在哈尔滨举行会议绝不是一个好主意。但是，当会议的预算很紧张时，也可以在一个城市的淡季举办会议，因为场地租金、酒店消费等都会降低。会展企业应综合考虑各项因素并最终做出决定。

"会议城市"都有众多的场所，所以一旦会展企业选定了会议的举办城市，接下来就是审查可用的会议中心、展厅、酒店、大学、学院、大体育场、礼堂以及其他可以使用的场地。会展企业不应该忽视的是，一个有特色的场地会增强会议的吸引力，吸引更多的观众，尤其是吸引那些经常参加类似会议的观众。

12.2 会议的组织与实施

会议的组织与实施可分为三个阶段，即会前、会中与会后。

1. 会前规划

会前规划是根据会议策划所制定的更为详细工作计划，是介于策划与实施的一个中间环节，也是会议实施的依据。这一阶段的工作期最长，也最重要，如果在这一阶段把相关的工作做好，则后面两阶段的工作会有很好的效果。

会前所需规划的相关项目很多，其中包括场地、印刷、宣传、展览、视听设备、会场接待人员等，这些工作不但烦琐而且环环相扣，如若处理不好，可能危机四伏。例如场地的选择，太大或太小都很麻烦。

□ 会议的宣传与推广

宣传对于一个会议的成败至关重要。对于主办会议的协会组织来说，市场宣传的目的有两个：首先是为了吸引与会者参加会议，达到主办者的期望值；其次是为了传达信息，因为宣传材料可以反映出该组织在会员活动方面的水平,换句话说,市场宣传是该组织开展公关活动的一种方式。当公司雇主主办完全面对雇员的会议时,这时的宣传主要是为雇员提供会议的相关信息;而当公司雇主作为会议主办者邀请公司以外的人参加会议时,如分销商和股东,就需要给他们一些鼓励,需要精心策划的宣传方案以鼓励他们参加会议。市场宣传对以盈利为目的的公众大会来说是非常关键的。除了获得利润之外,主办者还希望通过会议及宣传提升自己的形象。虽然并非所有的目标受众都会参加会议,但是他们知道这个主办者在举行会议,也许他们将对该主办者以后举行的其他主题的会议会产生兴趣。不以盈利为目的的公众大会的主办者也要进行市场宣传,只是目的不同而已,如希望别人来参加或教育大众等。具体来说,宣传与推广的方式有三种:一是宣传,将相关活动(会议)信息传递给大众;二是推广,这是一种营销策略,用以增加报名人数;三是公关,经由公关加强公众对会议内容和主办单位的印象。

□ 会议材料印刷设计与制作

举行会议必须要印刷一些宣传品及会议资料,用来告知会议的信息以及会议期间提供与会者开会时所需要的相关资料,也可以作为会后建档的参考。这些宣传材料的设计和制作需要特殊的技术,会议承办者通常需要借助专业人士来完成这类工作。

印刷项目包括:

(1) 会前需完成的项目,如大会专用信封、信纸、宣传品、海报、会议通知、报名表等。

(2) 会议期间需完成的项目,如大会节目手册、标牌、参会证书、感谢书、晚宴邀请卡、餐券、论文摘要集、与会者名册等。

□ 展览的安排

会议主要出于两个原因举办展览:

(1) 为了服务与会者。公司雇主主办会议的时候,可能通过展览向自己的雇员或经销商展示自己的新产品;协会组织可以在自己主办的会议上举办展览,让各种公司在那里展示与自己协会有关的产品和服务。

(2)为会议创造收入。因为举办一次高效的展览可以为会议主办者带来相当可观的收入。

□ 视听设备的安排

几乎所有的会议都要使用某种形式的视听设备,从简单的公告牌到复杂的双向交流沟通。视听设备可以用来辅助演讲、代替现场发言、进行娱乐活动等。视听设备包括音响设备和视觉设备,音响是指让与会者可以听到的设备,而视觉设备则是让与会者看到图像的设备。两者可以分开单独使用,不过它们合在一起的时候就构成了视听设备。

□ 会场临时工作人员的挑选与培训

这是一项非常重要的工作。不管会前的筹备工作做得多么完善,会议筹办人员或会议主办单位都需要训练一批接待及工作人员,会议期间由他们在会场将会前所规划及准备的各项工作一一呈现给与会人员。

要完成这项工作,合理的人力规划是非常重要的。人力规划由一系列安排组成,首先要根据人力需求分组,确定各组的工作内容;然后根据工作要求挑选合适的人员,并对他们进行工作安排和训练;最后在会议举行前一到两天进行预演,或是让他们实地了解各组的工作区及会场所在地的各项设施。

□ 相关服务的安排

在会议中除了主要会议相关服务外,还有一些其他的服务项目,如会议场地可能需要花草等植物布置或需要现场摄影、保安等。一般来说,这些事项并不像整个大会所需设备那么重要,但这些服务也应提前计划。好的服务可能不被人们注意,但是差的服务却会影响大会的成功。这些相关服务包括:

(1)花;

(2)办公室事务处理设备(如电脑、复印机等);

(3)办公室家具和设备;

(4)保安;

(5)摄影;

(6) 其他需求。

2. 会中实施

会议安排的每一个步骤都很重要，但是一个会议成功与否还是取决于执行。前阶段的准备工作在这个阶段将全部派上用场，在会议期间短短的几天内将执行会议前所策划设计的所有事项。

□ 召开会前协调会

召开会前协调会很重要，一是可以及时、完整地表达会议主办者、承办者的意图，二是将工作分层安排，以使各个岗位的工作人员都详细了解自己的工作内容与责任。需要协调的人员及工作包括：

（1）场地人员协调；

（2）指示标志制作；

（3）工作人员工作时间表和注意事项。

□ 设立会议秘书处

会议主办单位在筹备会议期间会设立一个秘书处来统筹处理所有相关事宜，作为对外联络的窗口。而在会议开始前则要将整个秘书处移至会场运作，所以需要在会场内规划一处合适的地方作为现场办公室之用，即设立一个会议期间的秘书处。在会议进行期间，秘书处的主要工作包括：

（1）接听电话及留言；

（2）操作电脑，处理文书作业；

（3）联络交通或餐饮事宜；

（4）接待；

（5）协助处理报到事宜；

（6）物资供应；

（7）危机事件处理；

（8）协助处理一般事务。

□ 检查会议准备情况

出色的会议准备工作是保证会议得以顺利进行的重要条件。准备工作的好坏与会议开得成功与否关系密切。完成会议准备工作的具体事宜以后，花点时间进行一次抽样检查是很有必要的。下面仅举几例，以作参考。

（1）提供信息的会议的检查事项

①是该举行这个会议的时候了吗？

②参与这个会议的成员是否分散在不同的地方？

③参加会议的人数变化后，会议是否能够顺利进行？

④是否有必要让每个人都充分了解有关信息？

⑤会议的信息是否会在会后保留，作为下次会议的参考资料？

（2）作决定的会议的检查事项

①这个会议的内容是否涉及需要几个人共同来解决的问题？

②参加会议的人是否需要对会议决议的执行许下承诺？

③与会者所形成的互动效应，对会议中形成较好的决定是否有帮助？

④会议中是否有需要协调的冲突意见？

⑤会议中是否需要解决有关公平性的问题？

（3）检查会场是否符合有关条件

①会场的空间与其他辅助设施是否能保证所有与会者使用？

②照明与空调是否正常？会议室里能否很方便地调节？

③会场是否有干扰，如电话、汽笛声或由其他活动产生的杂音？

④会场的桌椅设备是否齐全？座椅的舒适度是否足以满足时间较长会议的需要？

⑤会议地点是否对所有与会者都很方便？

⑥使用会场的全部成本是否在预算中？

⑦会场在计划使用的时间内是否不受其他干扰？

（4）对照检查会议安排的必要条件

①是否依照会议的类型妥善安排桌椅？

②桌上是否已摆放了与会者的铭牌（尤其是在与会者彼此不熟悉时）？

第12章 会议策划

③视听设备是否已经安排就绪,如黑板或挂图、投影仪、放映机、幻灯片、监视器、录放音机?

④餐饮工作是否已准备好了?

⑤一个半小时以上的会议,中间是否有休息时间?

⑥是否有适当的抽烟规则?如果可能的话,应禁烟。如果允许吸烟的话,可安排吸烟区,并且随时清理烟灰缸。

⑦是否已备妥所有相关资料、文具,比如笔记本、纸张、笔等?

(5) 对会议准备事宜完成情况的综合检查

①会议的目的是什么?

②会议既定形式与领导风格是怎样的?

③会议既定人员名单有哪些,有无需要增补或删减的人员?

④会议规模有多大?

⑤会议议程是否清晰,有无需要修正的地方?

⑥会议时间是否已经确定,有无更改的可能?

⑦会场布置工作是否已经完成?

⑧与会人员是否已经都获知开会的信息?

⑨座位安排得是否妥当?

⑩会议用品是否已经准备好?

⑪与会人员的膳食是否已安排妥当?

⑫会议规范是否已经制定好了?

⑬会议的相关资料是否准备好了?

□ 注册报到

注册报到的程序需要在会前规划好,并培训相关人员,以便在会议期间衔接处理现场报到的种种问题。

注册报到程序应尽量简单。部分参加会议的人都不喜欢站在那里长时间等候报到,所以应尽量使报到程序简单,提供多方面的报到咨询并改进收费记录。报到的方式有很多,如使用电脑进行报到作业、会前报到等,但无论是利用电脑还是人工,是会前还是现场报到,最主要的是准确和高效,目标是利用有效的方法减少与会者麻烦。

另外，秘书处相关工作人员及会议筹办人要把与会议相关的资料及用品打包，列好清单运到会场并发放给与会者。

□ 现场沟通

一个成功的会议管理人一定要确保现场的有效沟通。一次会议可能花费了数月或数年计划，但现场沟通不好会使会议失色，甚至导致会议失败。现场沟通是团队合作的一种表现。首先，这是一个极为庞大的团队，包括主要承包商、场地工程、服务、餐饮和保安人员，以及视听工作人员等；其次，有效的沟通与合作需要物质和精神保障，电话、无线对讲机、移动电话、留言中心等是常用的设备。除此之外，采用一定的方式进行精神激励也很重要，如现场简报等。总之，目的是让现场所有员工彼此协助，及时处理现场的每一件事务，保证会议的顺利进行。

□ 召开记者会

有些会议除了在会议前定期发布大会新闻稿之外，还要召开会前和会议期间记者会，借以加强新闻发布及宣传的力度。会前记者会一般在会前两三天召开，因为这样可以在会议开幕前一天或当天报道与会议有关的消息。如果把会议议程及相关活动资料发给媒体，媒体了解之后可为会中的采访及记者会作准备。会中的记者会主要针对大会邀请的知名发言人在发表演讲之后召开，以便记者发问或采访（事先需获得演讲人同意方可召开）。总之，记者会是整个会议公关宣传的重要组成部分，应给予妥善安排。

3. 会后总结与评估

会议结束后，有一项很重要的工作就是总结与评估。

□ 总结

总结是管理工作的组成部分，总结的功能是统计整理资料、经验和建议，研究和分析已经做过的工作，为未来工作提供参考。因此，总结对会议的经营管理有重要的意义和作用。一般会议的总结分为三部分：

（1）从筹备到开展中的各项工作总结；

（2）效益分析和成本核算；

（3）会议市场调查，本次会议在同类会议中的地位、所占的市场份额、优劣势比较、竞争情况等。

□ 评估

评估就是收集与特定目标相关的信息并做出判断的活动。有时人们把评估与调查混同起来，但是两者是具有很大的差别的。它们在概念上的主要区别在于，评估的目的是找出发生了什么，而调查则偏重于为什么事情会发生。几乎每一个会议都需要进行某种形式的评估，但是很少有会议需要进行调查。评估工作的作用和意义在于为判断所有已做过工作的效果提供标准和结论，并为提高以后工作的效果提供依据和经验。

通过对会议评估，会议主办者可以发现会议的实施与策划之间的关系。评估的主要目的是为了了解：

（1）会议目标是否得到了实现；

（2）会议的成本、效率如何（是否超支，是否盈利）；

（3）与会者是否感到满意；

（4）在以后的会议中需要进行哪些改进。

12.3　会议主题与目标的确定

会议主题与目标的确定是会议策划的核心内容。适宜的主题与明确的目标是成功举办会议的两大中心问题。

1. 会议主题的确定

从主办单位的角度，会议可分为公司、协会组织和非营利性机构三类组织主办的会议。后面两种会议对主题的选择确定要求较高，特别是论坛、研讨会等类型的会议。确定一个适宜的会议主题是成功举办会议的第一步。

1996年第二次世界人居大会在伊斯坦布尔隆重举行，大会的中心议题是"人人有适当的住房"和"城市化世界中的可持续人类住区发展"。

"99《财富》全球论坛"于1999年9月27日在上海开幕，该论坛年会的主题是"中国：未来的50年"。

2002年7月14日在青岛举行的"2002海洋科技与经济发展国际论坛"，其主题是：海洋资源、生态环境与技术。

为期两天的第12届伊比利亚美洲国家首脑会议于2002年11月16日在加勒比国家多米尼加的旅游胜地卡纳角闭幕，来自欧洲的西班牙、葡萄牙和拉美19个国家的元首、政府首脑和代表出席了这一西班牙语、葡萄牙语国家间最重要的首脑会议。这届会议的主题是"旅游与环保，以及两者对生产的作用"。旅游业在许多拉美国家发展很快。人口不到850万的多米尼加每年就接待游客350万人次。多米尼加总统梅希亚主张，要采取措施使旅游业和出口加工业的发展不影响生态环境。

首届中国国际农产品交易会于2003年11月11日至16日在北京举行。此次农交会的主题是"展示成果、推动交流、促进贸易"。

2001年2月27日成立的博鳌亚洲论坛，是亚洲区域合作发展史上的一件大事。论坛建立起了一个强有力的国际网络，为促进亚洲各国之间的经济合作与交流以及亚洲各国经济与全球经济之间的融合，提供了建设性的意见和建议。除定期举办非官方的亚洲经济最高级会议和其他相关会议外，论坛还将通过经济技术交流、国际培训和人力资源开发等方式，落实提出的各类建议，实践论坛提出的经济发展思想，促进亚洲经济与全球经济的交流与融合。2005年年会的主题是"亚洲寻求共赢——亚洲的新角色"。

为了确定一个合适的会议主题，会展企业可以从以下几个方面着手：

（1）当前有哪些热点议题？当前社会上政治、经济、文化、科技等各种领域的热点话题是什么？在策划会议时紧扣热点问题并进行主题创意。

（2）目前国内外的热点事件、时事话题和最新的思潮是什么？会议策划者是否为更新观念而不断地参加相关的活动，而且一直关注所有国内外的热点话题？市场格局的变化、国际时事的发展或是新的理念、新的产品，都可能成为你的议题。

（3）竞争对手的具体情况。会议策划者当然不希望举办与他人雷同的会议。但是，如果你的会议主题与当前的热点相关，会议的内容和主题就极有可能与其他同时进行的会议相近。如果会议过于相似，很可能缺乏市场吸引力。

（4）会议的目标群体最感兴趣、最密切关心的是什么？目标市场公众最想做什么？他们需要什么信息？而这能否作为会议的主题呢？

（5）不要期望能够吸引所有的目标公众。任何会议都只能吸引一部分目标公众，某一会议的主题只能使特定公众感兴趣。

2. 会议目标的确定

会议目标的确定分为总体目标的确定与具体目标的确定。

会议的总体目标是召开会议的理由，即为什么要开会，请不要忽视或低估这个问题。如果你要制定好计划，就必须很好地解答这个问题。举办会议的目的，是因为会议是采用一种友好的和个性化的方式，向许多人传递你的重要信息的最快捷和最容易的方式吗？这的确是一个良好的想法。如果会议确实有必要，则应该慎之又慎。典型的会议总体目标包括找出或解决问题、献计献策、搜集或组织信息、决策以及计划。会展企业仅仅确定了会议的总体目标是不够的，因为这还不足以把会议信息更清晰地传达给参会者。

会展企业还应确定会议的具体目标。要想使会议有一个具体的目标，必须准确地描绘出你希望取得什么样的结果。你可以使用这样的语言来表达："我希望本次会议取得这样的结果……"下面的表格（表12-3）列举了几个例子，说明了总体会议目标下的各项具体会议目标。

表 12-3 会议目标

会议的总体目标	会议的具体目标
明确问题	本次会议的目标是找出并讨论我们行业中的主要问题
解决问题	本次会议的目标是所有行业成员对解决这个问题献计献策
献计献策	本次会议的目标是企业为我们行业协会即将提供的新的方法提出他们的看法
搜集信息	企业集体讨论的目标是行业协会可以知道新方法是否受欢迎
组织	这次会议的目标是使企业达成一致意见
决策	这次会议的目标是要决定购买哪一种产品
完成	这次会议的目标是对合同的修改达成一致意见并签署销售协议
筹划实施	这次会议的目标是我们和制图部门合作以完成我们新的促销宣传材料

会展企业在确定会议目标时，应考虑以下几个问题：

（1）与会者希望通过会议获得什么。最能促使与会者参加会议的因素是什么？参加会议迎合了与会者什么样的兴趣与愿望？

（2）与会者需要从会议中解决什么问题。他们有什么难题？通过参加会议，他们能有什么收获？会议将帮助他们得到什么解决办法？

（3）不要设定太多的既定目标。会议可能会有几个目标，应该只选择那些与会者最关注的既定目标。

（4）清楚与会者已经实现了哪些目标。如果人们觉得这次活动不会进一步深入探讨他们所关心的问题，他们是不会参加的。所以，要使既定目标的描述看起来尽量吸引人，使与会者对问题有进一步的认识。

（5）使会议目标具有可操作性。避免使用"了解"、"认识到"或是"懂得"这样的泛泛词语。要着重阐述人们参加活动后能否提高自己原有的理解、知识和认知。

（6）既定目标要紧扣主题。例如，每个主题都设置一到两个既定目标，利用目标来阐述主题在实践中的意义。会议主题只是使代表们对会议的内容有所了解，而目标能为准代表们提供他们希望了解的与主题相关的重要细节。

（7）向与会者调查会议目的是否切实可行。这可以发现目前决定的会议目的中哪些不符合代表们的需求。

12.4 会议场所的选择

会议场所的选择与展览场所的选择是不同的。一般来说，会议场所的选择要根据会议目标、会议形态、会议实质上的需求、与会者的期望、会议地点，以及会议场所本身的设施与环境等，在综合评估的基础上做出选择。

1. 会议场所的基本类型

下面几种类型的场所适合举办会议：

（1）宾馆饭店。宾馆饭店是许多会议的首选场所。经过多年的发展，从前只提供住宿客房的饭店现在有许多已将会议作为一个单独的领域进行开发与设计，规划专门的软硬件设施为开会使用，提供会议所需的服务与设施，成为举办会议的非常便利的场所。就专业设备和会议专用设施而言，大多数宾馆饭店自然比不上会议中心。但是，宾馆饭店可以提供舒适的环境、精美的食物和良好的服务，在一定程度上可以弥补其他方面的缺陷。

（2）会议中心。有时这个名称被用来泛指任何适合举行会议的场所。会议中心国际协会认为，会议中心必须具备以下条件：①有60%的业务来自会议；②提供会议所需的全部设施，包括功能性房间、各类设备、卧室、餐厅以及娱乐区；③拥有能够随时为会议承办者和与会者提供帮助的专业人士。

（3）大专院校。在许多大学和学院中都设有某种形式的会议场所，有的还具备与商业会议中心同样规模和水平的设施。有些学校的会议场所只供教师和学生使用，但是，有些学校的会议场所也对外界团体开放。大专院校能够提供较先进的会议设施，如我国的许多大专院校都设有某种形式的会议场所，从几个房间到许多房间，再到整幢建筑，甚至一个独立的校区。大专院校比较适合于专业团体或者研究机构举办的诸如在会议中有正式报告提交讨论的会议。会议期间，与会人员的住宿可以利用校内宿舍，学校宿舍布置虽不豪华，但却很便宜。大专院校浓厚的学术气息，对与会者也是良好的熏陶。但是，部分现代化大学位于比较偏僻的地区，部分学校的会议设施在假期里不能租用，这是会议组织者应考虑的因素。

总之，在大专院校开会，经济、高效、实惠，而且空间范围大。

（4）轮船。轮船也可作为会议地点。有的轮船专为会议设计，这种轮船实际上成为了游轮，它除了一般轮船的设施之外，还能提供特殊的会议设施，如会议室及录像放映设备等。会议可以租用轮船的一部分，或者包下整艘轮船。

（5）疗养地和主题公园。有些疗养地和主题公园也常常提供各种会议设施，它可以为与会者提供更多的康乐设施，这也往往是会议组织者选其作为会议场所的重要原因之一。像广州的从化温泉疗养地、深圳的世界之窗均可作为举办会议的场所。

（6）公共建筑。国家或当地政府所有或经营的建筑有时可以出租用于举办会议，如果想在这类地点举行会议，可以联系相关的政府部门进行协商。例如，图书馆、影剧院等。

（7）协会和公司内部的会议地点。协会和公司在主办会议时可以使用公司内部的场地。选择公司的董事会会议室或股东会议室作为会议地点，不但可以提高公司的声望，而且能够让不能到公司以外的地方参加会议的高层管理者参与会议。不过请记住，在公司里举行会议的时候，与会者可能在会议的过程中被叫出去听电话、会见客人等。

2. 会议场所的寻找

会展企业可以通过各种方法寻找合适的会议场所，或干脆将其委托给专业组织，如旅行社。国内会议场所的寻找相对简单些，这里主要介绍国外会议场所的寻找。国外会议场所寻找的资料来源包括名录和宣传册、网站、CD-ROM 和 DVD、贸易展示会、贸易出版物和专业代理机构。

□ 名录和宣传册

有各种各样的年度名录可供参阅，其中有一些甚至是国际性的，另有一些是国家性的，并每年进行修订。

国际名录包括：《会议地点——世界会议和奖励旅游设施指南》，由 Haymarket 商业出版社出版；《世界会展中心名录》，由 CAT 出版社出版；《官方会议设施指南》，由 Reed 旅游集团出版；《商务会议地点推荐指南》以及《酒店推荐指南》系列，刊登有世界上 1 200 家私有和独立的酒店，由 Johnsens 出版。

大多数的国际性贸易协会都编制会员名录（可通过其网站索取电子版本），详细介绍其会员和贸易协会提供服务的情况，其中可能包括会议地点的寻找和咨询参考服务。从客户（即会议策划者）的角度来看，由会议地点或会议局组成的贸易协会在标准上和高质量服务上保险系数更大。

另外，国家旅游局、商务部、宾馆酒店协会往往会编制介绍各种会议场所的名录和宣传册。

会议场所的编制形式一般是宣传册，会议的组织者可以收藏这些信息的最新版本，供定期召开会议时查找会议。

□ 网站和 CD-ROM/DVD

目前，网站和 CD-ROM/DVD 已经取代传统的软件形式。其中两个处于领先地位的因特网会议地点查找和咨询系统是：www.venuedirectory.com 和 www.plansoft.com。这些网站都允许人们联机进入其系统检索会议信息，并在几秒钟内给出会议场所的细节。然后，可以进一步查找有关会议地点的详细情况，并可以对该会议地点进行"虚拟"旅游。有的甚至还可以将特殊的咨询（请求提案）发送给列出的会议场所。类似的信息还可以存放在 CD-ROM（或 DVD）上，会议策划者一年内就可以收到几次 CD-ROM 的修订版本。

对于那些更愿意自己寻找会议地点而不是使用中介组织的会议策划者来说，网站和会议场所名录及宣传册是取代编制会议场所简表的最有效方法。但是，仍不应该省略在做出最后的选择之前考察会议场所的步骤。尽管计算机或印制的图像和文本能够有所帮助，但仍应亲自去会议场所实地考察，会见工作人员。

□ 贸易展示会

专门针对会议组织者和会议策划者的贸易展示会和展览会可谓多种多样。参展的展商有会议场所和举办地、会议服务提供者、中介机构、交通运输公司和贸易杂志社。

国际上重要的会议业展示会有：

（1）奖励旅游和会议经理展示会（IT&ME）。北美规模最大的贸易展示会，每年9月和10月份在芝加哥召开。由 Hall Erickson 公司主办。

（2）欧洲奖励旅游、商务旅游和会议展览会（EIBTM）。这是一个名副其实的国际性展览会，于每年5月份在西班牙的巴塞罗那举行，由 Reed 旅游展览公司主办，每年有几千名购买者参加该展览会，由会议组织者提供返程机票和过夜住宿。

（3）"会议在德国"（IMEX）。2003年首次在德国法兰克福举办的一个新的展览会。组织者打算邀请2 500名购买者，旅游和住宿费用全包。IMEX 将并入德国贸易展览会。

（4）International Confex。英国规模最大的展览会，在伦敦的 Earls Court 展览中心举办（通常在2月底或3月初）。展商都是英国的海外公司和组织，由 CMP 信息公司承办。

□ 贸易出版物

会议业的贸易杂志是一种报道最新新闻以及国内和国际性会议地点

和举办地的有价值的资源。有些杂志除了刊登评述特定地区的设施和景点的文章外，还刊登案例研究，以实例说明其他会议的组织者是如何在特定地点举办会议的。

□ 专业代理机构

各种代理机构都提供专门的找寻会议地点的服务。国际上的代理机构有寻找会议地点的代理、专业会议组织者、会议生产公司和举办地管理公司。我国的代理机构目前主要是旅行社。代理机构对购买者通常是免费的（代理机构也作会议的策划和管理的情况例外），但委托找寻做生意的地点则收费。会议场所或中介机构需要的信息有：

(1) 会议的性质和主要目标；

(2) 会议要进行多久；

(3) 与会人员包括陪同者、展商等的数量；

(4) 选择的地区；

(5) 会议地点的类型、空间和会议室的要求，以及会场的布局；

(6) 所需要的技术和视听设备；

(7) 餐饮要求及其接待、娱乐等项目；

(8) 住宿（客房的数量和类型）；

(9) 社会活动项目及要求；

(10) 预算；

(11) 听取情况反馈的截止时间和决策过程的细节。

3. 会议场所的评价

(1) 会场

①举行全体会议、分组会、就餐和娱乐的场所组合是否得当？

②对残障人员是否方便？会场的设施是否能够接待许多残障人员（含演讲人）？

③需要哪种座位排列方式？如 U 形布局、董事会布局、剧场布局、教室布局、中空的正方形布局或人字形布局。

④会议室是否自然采光？

⑤供热和空调系统是否噪声很大？

⑥会场内有没有负责视听设备的技术人员？如果有，利用他们的服务是否需要另付费用？如果没有现场技术人员，会议地点是否会雇用独立的视听设备公司？

（2）地点

①会议地点离与会者所在地多远？

②会议地点与会议前后的旅行有何关系？

③会议期间，会议地点的天气如何？

④会议地点的各个酒店和会场之间的距离如何？

⑤能否就近安排社会活动？

（3）历史

①会展企业以前是否在这个地点举办过展览？评价如何？

②会议主办者以前是否在这个地点举办过会议？评价如何？

③是否知道其他机构以前在这个地点举办过会议？

④该会议地点是不是连锁机构中的一个？

（4）服务设施

①会议地点是否有汽车租赁服务？

②会议地点可以提供哪些娱乐活动？

③会议地点是否与附近的娱乐场所有联系？

④会议地点是否对使用娱乐设施收费？

⑤会议地点是否有商店？

（5）住宿

①能够使用的房间总数是多少？其中，多少单人间、标准间、套房？

②会议地点是否有为贵宾准备的房间？

③是否所有的卧室都有媒体设备？

④是否定期向每个客房发放报纸？

⑤房间管理水平是否能够接受？

⑥房间的条件如何？

⑦是否有些卧室规定禁止吸烟？

⑧是否有客房服务？

⑨这些客房最早可以何时进住？

⑩何时退房？

⑪会议地点是否可以快速退房？

（6）会议地点的工作人员

①会议地点的工作人员是否需要特殊指导？

②侍者是否着装得体，侍应殷勤？

③前台服务人员是否礼貌周到而且有较高的效率？

④看门人是否能够帮助来宾？

⑤会议地点的工作人员是否成立了工会？如果他们有自己的工会，那么当前的工会条例是什么？

（7）公共区域及设施

①是否有足够多的电梯供与会者使用？

②会议地点是否设有欢迎与会者的标志？

③会议地点是否为行动不便者提供了方便？

④走廊和公共区域是否干净整洁？

⑤是否有足够多的公共卫生间？这些地方是否干净而且设施齐备？

⑥是否有专门的衣帽存放处，而且有专人管理？

（8）费用

①会议地点的收费情况如何？

②会议地点是否提供免费的使用房间？

③会议地点的收费是否有淡季折扣？

④工作日和周末的收费标准是否有所不同？

⑤是否需要缴纳押金？

⑥会议地点对迟到的客人有何处置方法？

⑦会议地点接受哪些货币？

⑧是否可以用信用卡消费？

⑨会议地点是否提供预订服务？

⑩会议地点对取消预订有什么规定？
⑪该会议地点是否已经预订过多？
⑫会议地点是否要求保险？
⑬谁将对财产损失负责？
⑭会议地点是否对某些设施进行特别收费，尤其是在会议的前一天和后一天？
⑮会议地点对附加收费有哪些规定？
⑯哪些费用可以延期支付？
⑰会议地点是否能够保证客房价格？
⑱会议地点可能还有哪些附加收费？

（9）景点
①当地的景点是否在会议地点附近？
②与会者是否会对这些景点感兴趣？
③会议地点的管理部门是否与附近的景点有互惠合作？

（10）安全
①会议地点的工作人员是否具有安全意识？
②是否每个房间都设置了烟雾警报器和洒水装置？
③会议地点是否安装了可用的火灾警报系统？
④酒店是否公开了撤退程序？
⑤是否每一个门的出口都做了明显的标记？
⑥是否使用房间钥匙？
⑦会议地点是否在合适的地方配备了保险箱？
⑧会议地点是否有常驻医生？
⑨会议地点是否有一支保安队伍？
⑩会议地点距离最近的急救中心有多远？
⑪会议地点的工作人员是否接受过应急训练？

（11）其他
①会议地点是否提供到其他地方参观的来往交通工具？
②会议地点是否正在进行建设或改造？
③会议地点是否有内部通信工具？

④会议地点还安排了哪些其他活动?

4. 会议场所的确定

会议场所必须与会议策划协调一致。例如,在策划方案中需要使用小型会议室,或者要求有一个可容纳2 000个座位的场地来举行全体会议,那么会议地点就必须有这样的设施。又比如说,在使用轮船、疗养地或主题公园作为会议场地时,要考虑到时间因素,因为这些地方并不是全年都可以提供会议服务的。另外,还需要考虑会议的性质,因为这些地方尤其是疗养地和主题公园不适宜召开严肃的会议。

会展企业在选择会议场所时,应注意其与展览场所的区别,具体如下:

(1) **导向不同**。展览会是市场导向,而会议是设施条件导向。展览会应该随着市场转,有了展览的市场,才有展览会,展览馆就建在那里去配合,而不是相反。而会议举办则不同,去一个城市办会,要看这个城市有没有好的会展中心、住房够不够、租金多少、通信设备怎么样等。

(2) **重复性不同**。展览会的重复性强,而会议的重复性很弱。许多展览会每年都办一次,一些大的展览会两年甚至四年办一次。而那些大规模的国际性会议,每年安排在不同的洲、不同的国家、不同的城市举办,在同一个城市再举办的可能性很小。比如 APEC 会议,2000 年在上海,下一次再到上海来举行,大概要 30 年以后了。

(3) **场地要求不同**。展览会要求场地面积较大,使用时间也较长,再加上进馆、备馆的申请,时间会更长。而会议的场地要求分散且时间比较短,进场的时间也不长。

(4) **服务范围不同**。展览会的一些服务如展台搭建、运输等,由展览承办商负责,展览区只提供基础设施;会议则依赖场馆提供全面服务,包括音响、通信、信息系统、场地布置等。另外,在餐饮服务方面,展览会的要求比较简单,一般提供基本的餐饮;而会议的餐饮服务则要求全面,通常要有午餐、早餐、晚宴,开会期间还要有茶点。

(5) **参与人数不同**。展览会参与人数较多,一般有上万人;会议人数比展览会要少得多，上千人的会议就是大规模的了。会议与展览对一个会展中心的要求不同，其经营管理手法也应该有所区别。

5. 饭店的选择

□ 了解饭店基本情况

饭店基本情况如表 12-4 所示。

□ 了解饭店会议情况

饭店会议情况如表 12-5 所示。

□ 签订协议书

会展企业与饭店之间的会议协议书应包括如下基本内容：

（1）饭店和会展企业名称。协议书必须明确写上签约双方（饭店和会展企业）的名称。同时，协议书也应该表明会展企业选择该饭店作为此次会议场所的意向和此次会议的名称。

表 12-4 饭店基本情况表

序号	基本情况 客房信息	餐饮和娱乐设施	会议和宴会设施
1	客房数量 单人房/双人房/套房数量 客房面积 楼层数 客房传感器 供残疾人使用客房 非吸烟客房 客房用品	餐位 桌数 环境氛围 内部装潢设计 非吸烟区域 服务要求 各餐厅定价 餐厅定位	会议厅位置 面积/席位数 设备设施 可供展示面积 会议厅出租价格
2	房价 办理住/离店手续时间	餐厅类型/主题 各餐厅菜肴类型及特点	多功能厅家具 视听设施容量
3	客源构成概况 周日平均房出租率 细分市场平均逗留时间 销售预算 各细分市场利润率 团队入店/离店手续 前厅部人员配备	娱乐设施 预订要求 鸡尾酒吧 酒单 咖啡厅食品 特殊促销 餐饮设施营业时间	宴会席位容量 宴会菜单谱 主题晚会 宴会外送服务 特色宴会服务类型 饮料服务 宴会人员配备水平

第 12 章 会议策划

表 12-5 饭店会议情况表

1	饭店名称
2	饭店地址,可能的话,应提供一张区域位置图,上面标明最近机场、主要公路和区域内的主要旅游景观
3	饭店电话号码,如有 800 免费电话号码,应该提供给联系人(如宴会销售服务部经理、会议经理或会议协调员等)
4	饭店传真号码、网址与电子邮件地址
5	展览场所的照片、简图和详细的说明(包括面积比例图、层高等)
6	可以提供的视听设施
7	其他可以提供的会议服务(电话会议、传真服务、电脑、商务中心、秘书、翻译以及会议注册登记服务)
8	特殊服务和设施(摄影录像、鲜花、文娱活动安排)
9	宴会和饮料服务安排
10	主题晚会安排
11	客房信息(说明、楼面图、保留客房的规定、预订、房价、入店登记和离店手续信息)
12	特殊手续(货运和收货手续、指示牌和通知的规定、付款手续等)
13	娱乐活动和设施(文娱活动安排、饭店吸引物、区域景观)
14	交通(停车设施、定期班车、出租车、旅游车、公共交通工具)
15	其他一般消息(气候、服装、是否提供客房送餐服务、小费规定等)
16	有关过去会展活动的参考信息
17	为会议策划者提供的准备工作清单及策划指南

(2)正式日期。要明确活动的准确日期,讲清入店和离店的日期是非常明智的。不仅要讲清日期,而且每次活动开始和结束的时间(几点钟)都应该详细说明。这有利于饭店督促与会人员不要过多地占据会议多功能厅、餐厅或客房,以免影响会议的效果及增加费用开支。

(3)客房数量和类型。详细说明需要的客房总量和各种类型客房(如套房、单人房、双人标房和大床房等)的具体数量。会展企业还应了解客房安排的具体位置（如几号楼、哪个楼层或者客房的具体朝向）以及各位置上的具体客房数量如 A 号楼的客房数量和 B 号楼的客房数量。

这部分还要包括预订截止要求，例如，可以写上类似下面这样的一段话："会议开始前第 30 天为预订截止日期，到那时，你们仍未最后确认的预订客房将不再保留。预订截止日期后，若我饭店客房仍有剩余，将继续接受你们的预订。"

此外，还要说明客房预订的方法，如传真预订、800 免费电话预订、网上预订。

（4）房价。清楚地说明各类型客房的房价。会展企业应要求饭店提供一个价格范围，即标明最低价和最高价。如可以协商统一价格，亦应讲明。在标明套房房价时，应说明是一室一厅还是二室一厅。

（5）活动出席者到达情况。知道客人到达情况对饭店的会议接待工作是非常重要的。如果客户预订了 400 间客房，那 400 间客房的客人不会同时到达，会展企业可以说明在客人预期到达时饭店每天可保留的客房数。例如，协议书可以提出：××月××日星期×，为到达的活动出席者提供 100 间客房，××月××日星期×（第二天）为到达者提供 200 间客房，为××月××日星期×（第三天）到达者提供 100 间客房。此外，还应进一步说明在活动出席者到达饭店的几天时间内，饭店每天为他们提供的不同类型客房（单人房、双人标房、大床房和套房）的数量。

（6）多功能厅活动场所。会展企业应要求饭店保留所有的多功能厅活动场所，直到其最后确定整个活动的计划安排和预算。如果会展企业的这项活动在很久以后才举行，并且不将饭店的全部客房都预订下来的话，那饭店可能就很难为客户保留所有的多功能厅场所。因为饭店还需要将多功能厅的一些活动场所提供给其他也要举办活动的客户。请记住，当引人注目的大型会议在饭店举行时，绝大多数大型会议都不可能使用饭店的全部客房和全部功能厅活动场所。而通常的情况是，同时有几个会议在饭店举办。这时尽管在饭店举办的其他会议规模会小些,但也是饭店重要的收入来源和为回头客服务的机会。

会展企业要与饭店谈判决定保留多少面积的多功能厅活动场所。会展企业最好要求饭店保留会议可能需要的全部客房和多功能厅活动场所,并且与饭店确定一个客房和多功能厅活动使用情况的最后确认日期。这样,在最后确认日期来临时,会展企业不使用的部分原预订客房和多功能厅活动场所就由饭店销售给其他客户,从而可以减少会展企业的支出。

会展企业应将指定所要使用的会议厅写进合同里,并且最好明确会议厅的名称。此外,尽量避免以下对会展企业不利的条款:

"甲方(饭店)已按乙方(会展企业)的要求保留了多功能厅活动场所。但乙方必须在会议前九个月向甲方提供会议的最后活动安排方案。到时,甲方将不再为乙方保留不需要的多功能厅活动场所,并有权对它们另行安排处理。甲方将在乙方付印会议活动日程表前向乙方提供会议使用的多功能厅具体名称,以便乙方有充分的时间来确定会议的出席人数和最后会议所需的多功能厅面积。"

(7) 免费和减价客房。饭店往往会对会展企业提供一些免费客房,会展企业应争取获得这些优惠。如果会展企业的会议时间安排在淡季或者一周中饭店业务清淡的时间,会展企业就可以要求饭店给予进一步的优惠。如果饭店比较出名,那会展企业就不必要求太多的优惠,毕竟饭店在谈判免费房间问题时会把握得紧一些。国际饭店业务中,一个常用的惯例就是客户每使用 50 间客房,饭店可为客户提供一间免费房。在我国饭店对团队客户一般是按 16 免 1 的惯例提供免费房的,当然这并不是固定不变的,饭店在具体提供免费客房数时,还会根据其业务情况以及会议活动的规模、档次、营业额等具体情况,与会展企业协商确定。需要注意的是,饭店不管提供多少免费客房,不管提供什么免费房,都应通过书面形式加以明确。如果饭店要对会议厅收费,会展企业就必须要求饭店详细说明会议厅名称和价格。

会展企业还必须与饭店就减价房取得一致意见。减价房的使用者主要是会议工作人员、会议讲演者和演出者。

（8）活动前的现场考察。会展企业应要求饭店在其进行活动选址现场考察或者进行活动前期安排时提供免费客房，饭店在有多余客房的情况下，也往往会接受，但其会对免费房的间数作一些限制。

（9）办公房。办公室、新闻中心和其他类似的会议工作场所也应该在协商洽谈中进行讨论。如果要对这些场所收费的话，会展企业就应要求饭店详细说明该收取的费用。如果不收费的话，也应该说清楚。另外，会展企业还应要求饭店讲明这些办公房的具体位置，以便确定在会展活动进行期间，工作是否方便。

（10）套房控制。会展企业应要求自己有权控制套房的分配使用，这样会展企业就可以将套房作为会议的接待中心，或者开一些小型展览。

（11）展示面积。如果会展在开会的同时进行，那么应就展示面积的收费与饭店协商。要饭店说明费用中所包含的收费项目。收费项目一般包括展示面积使用时间（按小时计算）、电、空调或暖气、地毯、桌椅费（按件数计算）等。另外，会展企业要饭店提供的设施、服务和其他事项也应写进合同中。

会展企业最好要求饭店按招展出去的实际展位数来收费。费用是以会展活动期间（包括布展和撤展）每天每个展位为基础来计算的。这样，就把饭店多功能厅活动场所出租为展厅的租金收入同会展企业吸引展商的组展能力结合在一起，从而减少会展企业的展场租借风险和组展风险。虽然就一个具体的会展活动来讲，饭店的收入可能会相对减少；但从长远来讲，可以抓住老客户并扩大影响，从而赢得更多的新客户，获得更多的收入。所以，在国际饭店业中每个展日（包括布展和撤展）每平方英尺，饭店向会展企业收取1—2美元的租金是较普遍的。我国饭店一般参考当地展馆的展位收费情况，并根据客户会展业务的具体情况以及饭店客房的出租率最终确定饭店展示场地的收费。

(12) 膳食服务。会展企业应向饭店提供膳食服务的需求时间，一般应在48小时之前通知。如果饭店需要更多的时间，会展企业也可以与饭店就通知时间问题进行协商，并把双方同意的通知时间写进协议书中。会展企业应同饭店协商菜谱及其定价，并要求其同意按照确定桌数的一定百分比多摆几张餐桌以便招待临时增加的客人，如按照10%的比例增设餐桌。另外，也可要求饭店按照原定客人的百分比增设餐桌或餐位。下面一段合同内容可供参考：

"乙方（会展企业）必须向甲方（饭店）就各项膳食服务在48小时前做出最后确认。乙方必须在确认中通知甲方宴会经理实际就餐人数，并保证支付他们的餐费。对需安排在星期日或星期一的膳食服务，甲方必须在（前面的）星期五中午收到乙方的确认。甲方同意按下列比例增设餐位：

①20—100餐位，按确认餐位数增设5%餐位。

②101—1 000餐位，按确认餐位数增设3%餐位。

③1 001以上餐位，按确认餐位数增设1%餐位。

在活动中，如果甲方不能在约定时间内收到乙方的最后确认，甲方将按乙方最初估计就餐人数备餐，并按此人数向乙方收取费用。"

(13) 休息茶点。休息茶点往往是会展企业与饭店的争论之源。因为会展企业往往按照咖啡厅标准来考虑问题，而饭店则会对此安排表示不满。所以会展企业应与饭店解释清楚提供休息茶点时所涉及的问题，明确休息茶点的费用，包括糕点费、软饮料费、劳务费等。

(14) 酒品。会展企业应与饭店讲清酒品服务的规定，如果饭店按瓶收取费用，那在活动前饭店需向会展企业提供的饮料就得备好货并好好保管，在活动后，按实际开瓶数计算收费。会展企业最好有专人和饭店工作人员一起清点备用饮料和实际饮用饮料。会展企业要问清楚饭店是否允许客户外带食品和饮料入店，以避免会展活动期间引起不必要的误会。

（15）总账户和信用程序。会展企业应向饭店提供授权人员名单，以便饭店为会展企业设立总账户，并且只有这些授权人员可以签单，只有他们签过字的账单才可以转入会展活动总账户。会展企业应向饭店说明将负责活动参加者、讲演者或演出者等受邀人员的哪些费用。

（16）付款方式。会展企业应在谈判协商中讲清付款方式。如果饭店需要会展企业在会展活动前支付一定金额的订金，那就要明确该付多少订金、什么时候付。

会展企业应要求饭店在其离开之前把总账单仔细看一遍，但饭店往往不能这么快地把总账单做好。如果有些项目还需要双方协商或者账还没做好，饭店通常的做法是先将这些项目作为客户未付款项做账，但绝大多数饭店坚持总账单应该在客户离店前得到客户的确认。因为这时客户对会展活动在饭店的所有消费以及所有应付款项还记忆犹新，如果客户对总账单上有些项目的费用和饭店有争议，那也可以和客户方饭店的有关人员当面解决。

（17）终止和取消。因为签订协议的任何一方都可能因为不可控制的原因而取消协议的约定，所以合同或协议书必须包含终止条款。例如，饭店不应该在发生火灾、停电、停水或自然灾害时承担不履行合同或协议书的责任。如果饭店遭遇变故或处于破产程序，会展企业也可以终止协议书或者合同。

在终止条款的下一段应该是取消条款。许多会议在数年前就开始策划了，所以取消的情况时有发生。绝大多数饭店对会议取消都有相应规定，这为协议书取消条款的制定提供了准则。但饭店有关会议取消规定不适用于会展企业改变主意、另选其他会址的情况。取消条款应该讲清楚饭店和会展企业在不是因为终止条款中阐明的原因而取消会议时，所应该承担的责任。会展企业应在合同或协议书的取消条款中明确取消会议应承担的费用。一般来讲，会议取消时间离会议原定时间越近，这项费用越高。取消计划中的餐饮项目也应该按上述办法处理。因为会议取消方所应承担的责任应该是以损失的利润为基础，而不是以损失的营业收入为基础来计算。因取消会议而承担的费用一般是按营业收入的百分比来确定的，而不能超过客房和餐饮的利润率（一般来讲，客房利润率为60%—75%，食品利润率为20%—30%）。

（18）惩罚条款。对任何一方如不能履约怎么办？最常发生的事就是饭店不能按协议所承诺的那样，为会展企业保留预订客房或会展企业不能使用饭店为其保留的全部约定客房。当合同不能履行时，在法庭上，守约方对违约方有追索权。但实际上，如果被取消预订的客房在原定会议举办期间仍未被销售占用，就能说明饭店受到了损失。但在供不应求的会议市场中，饭店即使告赢也只不过取得了一个虚假的胜利。饭店会因此而得到一个"坏形象"，并会失去未来的业务，因而处于进退两难的境地。

会展企业也有同样的问题，饭店如果不能履约，他们有什么办法？如果会议参加者被饭店安排到其他饭店入住，会展企业还能向饭店追索什么呢？鉴于此，建议在协议书或合同中写入特定的惩罚条款。这个条款要提出双方议定的惩罚或弥补措施。例如：饭店如果在会议期间出现超额预订，而影响到与会人员入住的话，就得负责安排他们入住其他同档次饭店并负担其所需费用。会展企业也必须同意在饭店证实客人未到的原已确认客房仍是空房的情况下，支付协议所约定的所有客房费用。

（19）服务费。会展企业应与饭店就会议期间服务费收取的有关规定进行谈判。会展企业一般将服务费视为会议成本的一部分。只要经过协商，双方在服务费问题上取得了一致意见并在协议书中讲清楚，那就不会再引发什么问题了。

（20）抵损条款。此条款容许饭店在会展企业最终使用客房大大少于饭店为其保留客房的情况下，向客户收取罚金。这一条款保护了饭店，使其免受过多的损失，也使会展企业在对会议出席者进行预测时更加谨慎。在这种情况下，少订客房比多订客房好，客户会更主动，要求饭店增加客房比要求饭店减少客房也容易得多。

(21) 仲裁条款。会展企业与饭店常在协议书或合同中使用仲裁条款，因为仲裁在打官司之外又提供了一项及时、有效、相对廉价的选择。仲裁而不是诉讼，符合双方的最大利益。

典型的仲裁条款如下：

"任何由协议产生或与协议有关的争论，或任何一方的违约行为，可通过国家工商局所属仲裁委员会按国家制定的有关仲裁规定来加以解决。"

(22) 授权条款。如果饭店销售人员和会展企业代表经授权签订协议书或合同，那即使一方或双方签约人都不再为其雇主工作，合同对会展企业和饭店双方仍有约束力。授权条款要说明签字人已经得到各自单位的签约授权。

典型的授权条款如下：

××公司和代表其签署此协议的人员保证并声称下面签名人是××公司授权给指定签名人并完全有权使××公司受此协议书全部条款的约束。××公司不需为缔约再采取进一步的行动。

此协议包含双方一致同意的有关协议议题的各有关条款，它取代了双方以前有关同样议题的所有口头或书面协议安排和沟通。××公司和其继承人、受让人将受到此协议的约束。按此协议所阐明的条件，此协议可经双方一致同意，随时进行修改与补充。

(23) 保险/保护。许多饭店规定会展企业必须同意购买责任险。饭店和会展企业就会议进行交易时，饭店在和会展企业的关系上承受着特定的责任，虽然参展商或与会者是从会展企业处分租到饭店的展示场所的，但饭店还是应该要求参展商签署责任协议书，确认饭店在会议期间对展商设备或展品的失窃和损失不负任何责任。有些饭店甚至对非饭店疏忽而导致在饭店内公共场所发生的事故拒绝承担说明的责任。

典型的责任险条款如下：

"会展企业承认饭店对参展商带进饭店展会现场的任何展品和财产不承担保险责任,而应该由参展商自己承担损失责任险的投保责任,会展主办单位将为此向所有参展商发出书面通知。"

当然,许多保护条款都是互相的,饭店和会展企业互可保护。合同书中的保护条款也可这样写:

"会展企业特此签约,保证并同意保护饭店不受因会展企业疏忽或故意过失而造成的遗失或损坏、人员伤亡或者包括辩护费在内的费用所带来的损失。"

12.5 会议活动安排

会议活动安排是会议策划的中心,它主要考虑的是与会人员到达时间、最初的活动安排、与会者的预期、与会议主题的关系以及各类会议等。

1. 会议的基本活动

会议的基本活动主要有:

(1) 全体大会。每一个会议至少要有一次全体大会,把所有的与会者同时聚集在一个会场里。全体大会通常作为会议的开幕式和闭幕式,但是也可以安排在其他时间。全体大会一般有一个发言人(有时称为主题发言人),但这不是必需的。全体大会上可以进行媒体演示、短剧表演或其他具有鼓动性的活动。

(2) 并行会议。并行会议是会议最常用的一种形式,所谓并行会议,是指同时进行两个以上会议。大型会议中的并行会议从20—200个以上不等,而小型会议可能只有2—3个会议同时进行。一般说来,并行会议虽然符合整体会议的主题和目标,但与其前面进行的会议并无直接关系。实施并行会议可以利用各种不同的手段和技术，会上也不一定是发表演说或宣读论文。

（3）分散会议。分散会议看上去很像并行会议，但实际上两者有非常大的差别。虽然有人用分散会议指代所有的小组会议，但分散会议指代的是在全体大会之后，让与会者能够从不同角度和深度对全体大会的议题进行讨论的小型分组会议。这些会议可能由小组领导组织，通过一系列问题和议程展开讨论，或者在与会者之间进行自由讨论。分组讨论的结果可能被制作成报告，在其他全体大会上公布。另一种方法是将每个分散的小组提交的报告纳入整个会议报告中。

（4）重复会议。当会场不足以容纳所有预计的与会者时，并行会议也可能转化成重复会议。在进行并行会议的时候，与会者在一个时间段里当然只能选择参加其中一个会议，因此可能错过其他一些他们感兴趣的会议。这种情况有时可以通过参加重复会议得到一定的解决。有些重复会议也可能是事先没有纳入计划的。例如，当某个并行会议吸引的与会者超出了预计，或者在该会议结束后与会者对其发言者或话题产生了更加浓厚的兴趣时，会议承办者还可以考虑增加重复会议。

（5）特权会议。在一次会议中，大多数会议都是对所有与会者开放的。除此之外，还有一种特权会议，参加会议的与会者都必须符合一定的条件或资格认证，如医生等。不过，这种会议在整体策划中很少使用。

（6）聊天会。这种会议是一种没有发言人也没有议程的非正式会议。有时候，聊天会会为与会者提供软饮料、咖啡和茶等，以营造一种轻松、愉快的会议气氛。

（7）会场外的活动——实地旅行。一些会议在会场之外安排一些实地旅行，如参观与会议主题相关的便利设施、作为会议过程中间的休息、参观历史名胜，等等。活动归来或在后面的会议部分，人们将就活动的结果进行讨论。

（8）展览。除了开会之外，会议过程中还有其他一些活动对与会者也很重要。在会场某部分举行展览，可以使参展者有机会展示他们的产品和服务。展览的规模可根据具体情况来确定。

2. 会议活动设计

设计好的会议活动是会议成功的基本要件，会议组织者往往通过成立会议活动设计委员会来实施这项工作。委员们应充分了解与会者的期望，这是设计活动成功的要素。给活动委员会充分时间，告知截止日期，接着设计会议活动进行的内容大纲，再预估需要多少时间筹划，包括从场地选择到会后评估。

□ 活动设计应考虑的要素

针对会议的形态或传统，考虑活动设计的方向，活动设计的内容也会影响与会人数的多少。以下是活动设计应考虑的要素：

（1）在活动设计前有一些基本要素需要考虑。例如，必须了解以往活动设计的形态和主题，最重要的是主题明显并且符合大会及与会人员需要。它是强调学术，或是受到组织、公司、与会者的认同？大会是否要赚钱？与会者的期望如何？因此，过去大会的评估调查表和每场研讨会的出席报告是最有用的参考资料。

（2）如果是例行会议，要先选定大会名称与主题，接着列出大会形式的大纲，加上会议活动讨论时间和社交联谊及额外所需时间。根据这些先设计一个时间表。

（3）考虑与会者的兴趣、爱好的标准，设计每一节会议活动之间的休息时间，以使与会者得到适当放松。

□ 会议活动研讨模式

大部分的会议至少安排一个启发性的专题演讲，鼓舞与会者学习的欲望，当然也有一些技术性的研讨方式可采用。

（1）提出问题，以讨论方式进行：针对一个特定主题，由3—4位专家提出个人见解，再与台下听众进行讨论。

（2）问题方式：每个小时准备8—10个问题，事先提供给参加这场研讨的与会者,由与会者提出上列问题,由专家回答。这些问题必须经由专家详细研究以避免错误,并提供最正确的回答。

(3) 研习会方式:以小组讨论方式进行并使用一些教学技巧,如角色扮演、模仿对立角色和问题解决等。

(4) 圆桌会议:每一桌10—12人针对一个主题讨论,而且有一位专家协助,或者专家走动式协助每一桌,在一种非正式的气氛下提出问题,彼此分享。

(5) 借用辅助设备:当讨论某种特别仪器和设备时,有一些绘图辅助是很有用的,它们能提高与会者的兴趣。

(6) 模仿对立角色:通过模仿对立角色,使与会者了解对方。由10—15人组成一组,事先经过说明与指导。

(7) 争议性讨论:激起兴趣与辩论,安排2—3个争议性的题目,主持人经常挑战辩论者。

(8) 海报方式:利用照片、图表、平面方式说明。

(9) 其他活动手法:会议进行方式有很多种,尽量应用媒体资源和技术,鼓励演讲者使用相关视听设备。

幻灯片在会议中的应用已有十多年的历史,但现在被录像带取代了一部分。在有些研讨会中,角色扮演过程会被立即录下来,再放映给大家看,并加以讨论。电脑辅助活动也变得越来越受欢迎,有线电视网络在未来也会越来越普遍,这些都使会议变得越来越生动有趣。随着会议技术日新月异,对会议筹办人来说,不断吸取新知识是非常重要的。

□ 活动委员会委员的遴选

活动委员会委员的遴选要偏重于活动主题方面的专业人士。委员会的召集人从委员中选出,这个人要有足够的能力,对活动选择负责任并有控制与主导能力。

在委员的邀请函中要详细说明他们的职责和时间,提供大会暂定时间表及旅费支付规则,并附上回函(列有是否接受、截止日期、何时必须寄回等项目）。只有筹划充分，活动才会充实。

（1）委员作业指南

①了解活动委员工作时间和截止日期。

②如果截止日期无法配合，要立即向召集人和助理报告。

③与演讲人员联络。包括：获得其全名、地址、电话号码；告知研讨会进行方式和与会人员的期望，包括主题和纲要；告知酬劳；需要演讲大纲与详细文字；询问哪一天邀请他（她）演讲。

④将完整的任务分配表发给活动召集人与助理人员。

⑤如果任务分配表有任何不正确或无法完成的工作时，要立即通知活动召集人和助理人员。

（2）准备工作簿

在第一次筹备委员会召开前寄一份工作簿给委员们，最好用散装夹，可随时增加，内容如下：

①筹备委员名单，包括办公及家庭电话、地址、传真号码、E-mail等；

②委员收费（报名费）和作业规则；

③工作人员名单，并简述他们的角色与职责；

④会议的目标和主旨；

⑤简述活动的结构；

⑥过去几年的宣传资料；

⑦过去活动的评估摘要；

⑧过去的会议议程；

⑨有关酬劳和费用政策；

⑩会议场地资料和地图；

⑪预计出席人数；

⑫会议日期和过去比较；

⑬会议平面图及会议室容量；

⑭当地联络点和资料来源；

⑮会议预算；

⑯会议进行方式（包括每一场进行方式）；

⑰视听器材资料；

⑱活动相关资料——展览、节目、旅游、餐饮等；

⑲详述有关特殊考虑或问题。

3. 会议日程安排案例

以下是一个协会组织主办的五日会议日程安排，这个会议是专业协会主办会议的典型代表。此会议日程安排方案中预计的与会者人数多达2 000人。会场选在一个附近有酒店的会议中心，这是主办者一年一度的年会，大多数与会者都已事先注册过。表12-6为会议日程安排表。

表12-6 五日会议的日程安排

事件序号	周日	事件序号	周一	事件序号	周二	事件序号	周三	事件序号	周四
1	登记注册	6	全体大会	13	全体大会	20	特殊兴趣小组活动：实地旅行	26	并行会议
		7	休息	14	休息			27	休息
		8	并行会议：分散会议	15	并行会议			28	全体大会：闭幕式
		9	自由活动	16	展览开幕式和午餐	21	展览和午餐会		
2	协会会议	10	并行会议	17	并行会议	22	并行会议		
3	会议介绍			18	展览	23	展览		
4	开幕式：全体大会	11	特殊兴趣小组活动：电影节			24	自由活动时间		
				19	电影节：发布会	25	宴会和表彰晚会		
5	地方集会	12	聊天会						

12.6 会场布置

会展企业应根据会议的性质、主题以及参与者的要求来布置会场。

会场布置，尤其是桌椅的排列决定了会议召开的气氛。

1. 会场桌椅布置

会场布置的方式有多种。会展企业选择哪种方式应根据会议的类型、规模及场地条件和客户的要求而定。一般来说，出席会议的人都希望自己的座位能居中靠前并面对主席台，但这些要求由于种种原因并不一定都能给予满足。会议策划者应该熟悉各种排座方式，在会场客观条件容许的情况下尽可能地选择最佳排座方式以满足与会者的需求。同时要注意和与会者的沟通，在取得一致意见后，才能将排列要求写进合同或安排会议厅服务人员去具体布置。下面是常用的排座方式：

（1）礼堂式

礼堂式也称剧场式，是最常用的排座方式之一。它要求椅子面对主席台，主桌或讲演者按行排列。这种排列方式适合不用记太多笔记的大会、讲座或论坛等活动，大小会都可使用。

使用礼堂式排座时，先将两把椅子定为通道，然后将椅子往左右排开，椅子和椅子的横向间距为5.08厘米，前后椅子之间的距离（从椅子中心到椅子中心）至少是91.44厘米，当主要的椅子放好后，大量的椅子就可放置了。会议策划者在会议厅排列座位时最喜欢多功能厅地毯上有1平方英尺的方格图案，因为这种方格可以帮助会议厅服务员将座位快速放好，行是行，列是列。如果设有地板，硬木地板的直线也可帮助排列座位。

座位通道的数量和宽窄应考虑到紧急情况（如火灾、地震等）发生时的快速疏散和撤离。在美国，地方消防部门对此还专门作了有关的规定。绝大多数消防部门对会场过道的规定要求，在400人以上出席者参加的会议中，座位通道应有182.88厘米宽，小型会议座位通道也应该有121.92厘米或152.4厘米宽。如果会议需要人员前后移动，或者需要传送麦克风进行对话时，最好在座位中排出双通道。

座位第一排应该离主席台182.88厘米远。最常见的礼堂式排列是在座位中间设立通道，但是许多有经验的会议策划者却避免在座位中间设立通道。因为这样可以避免让演讲者面对一个没有座位的空通道。许多策划者更喜欢用两个 121.92 厘米宽的通道将座位区域分成三个部分。在大的会议厅内，考虑到有紧急情况时人员疏散的方便，在座位区域第一排到最后一排的中间横向再设立一个通道。

排列座位时，要记住所排的座位数。让会议出席者必须越过 15 人才找到排在中间的座位会使他们感到非常不舒服，许多会议策划者希望会议厅座位被排列成不超过 7 人的"短排"。

不管场地座位怎样安排，最后一定要检查主席台的桌子是否围上裙围，注意裙围的下摆应和主席台上桌子的高度一样。还要在主席台就座的每两人前的桌面中间放一只烟灰缸，每人席位前的桌上要放一只茶杯或一瓶饮用水。最后，在讲台上也要放一只茶杯或一瓶饮用水。

（2）课堂式

课堂式/教室式排列也是最常见的会议场地布置方法之一。这种会议厅（室）的桌椅排列方式适合大会、典礼及讲演活动。课堂式/教室式排列不仅适用于大型活动，也适用于小型会议、典礼、小型演讲会或讨论活动，所以又称为研讨式排座。这种排座方式的优缺点基本上同礼堂式相似，可以增加会议的严肃气氛并将会议出席者的注意力集中到主席台，还可以最大限度地利用场地空间。所以，场地小而人数较多的会议多采用此方式。但是，因为有前后排之分，所以难以为看重平等身份和地位的会议出席者安排座位。同时前排往往容易挡住后排的视线，使主席台就座人员不易看清后排出席者。

在最常见的会议场地安排中，出席者坐在桌子的一边，会议桌是 45.72 厘米宽的长方形桌子。大多数情况下，教室式排列容许在会议场地座位中间设立一个通道，前后排桌子中心之间的距离为 121.92 厘米，但是如果可能的话，可容许这个距离再大 5—20 厘米。每个人所占席位的宽度约为 60.96 厘米。76.2 厘米宽的桌子用在课堂式/教室式的排列中太浪费，因为会议出席者仅坐在桌子的一边。但是也有必须使用

76.2厘米宽桌子的时候,特别是会议有许多文件、会议出席者要作记录时,在这种情况下前后排桌子之间的距离应为152.4厘米,每排桌子的长度取决于会议厅的大小和会议出席者的多少。

所有桌子应围上台裙,每个席位前的台面上应该放上铅笔和本子加上茶杯或饮料。在国际上,大型会议场所使用此种方法排座时,每16个人席位前的桌面上需放一个大水罐,也可以在每个席位前的台面上放一个玻璃杯,或者为每16位会议出席者提供一个杯盘,上面放10—12个玻璃杯。另外,为每6个人或者更少一些人提供一个烟灰缸。

按照教室式/课堂式排座时,也可以将每排桌椅和主席台或演讲台成垂直角度排列,这种方法被称为教室式/课堂式垂直型排列。这种排座方式应使用76.2厘米宽的桌子,因为桌子的两边都要坐人。此外,这样排位后,会议出席者的座位要有一定角度转向演讲者,所以每个人的占地必须大一些。由于用了宽桌,所以每人台面面积就有76.2厘米而不是60.96厘米了。左右排桌子中心之间的距离是152.4厘米,每行首桌与主席台的距离为182.88厘米,会议厅两边都应留有182.88厘米宽的通道,在会议厅的中央应再留一个121.9厘米宽的通道。

课堂式/教室式排列还有一种中间留有通道的"V"字式排列。

如果会议超过2小时,许多会议策划者会安排会间休息。会议场所应为会议服务人员在会间休息时的工作制定工作流程,这样服务人员就可以利用休息的机会为倒空的大水罐再倒满冰水,用干净的杯子更换脏杯或使用过的杯子,倒净并洗净烟灰缸,更换脏的或弄湿的布件,摆正所有的座椅并且打扫桌面和地面上明显的废物。这些工作的圆满完成会给会议策划者和出席者留下一个积极的印象。

(3)"U"字式

小型会议更喜欢面对面而坐的安排,这样便于讨论与交谈。"U"字式排列因为两边长度较长,会议主持人往往看不清会议出席者的铭牌。如果会议出席者临时发言，则需要举起铭牌。有的国际会议把代表的铭牌斜放，以便会议主持人识别，但其他代表观看又不便。而且铭牌还要多占代表桌面的空间，也容易滑动或出现排列不整齐的现象。如果会议出席者坐在桌子两边的话，那应该使用76.2厘米宽的长方形桌子；如果仅在桌子外面坐人的话，那只要使用45.72厘米宽的桌子就行了。培训和技术会议的出席者需要桌面更宽一些的会议桌以便放置会议资料或作记录，所以会议策划者应指定76.2厘米的宽桌。"U"字式排列的会议桌前的桌裙高度要和桌子的高度一致。

（4）马蹄式

马蹄式排列适合董事会和交换意见的活动，在国际会议中使用较多。有些国际机构的会议厅室的固定座位都以马蹄式排列。这种排列方式的长处是每个会议出席者都面向主席台，彼此互不遮挡，所以它和"U"字式排列一样适合讲演者使用视听设备进行陈述的活动。缺点是当马蹄式两边座位同主席台成90度角时，会议主持人往往看不清会议出席者的铭牌。有的马蹄式排列除了用弯桌连接两边桌子并使角上看上去线条更柔和以外，其他方面与"U"字式排列一样。

（5）中空方形和中空圆形

不安排主席台的会议策划者喜欢中空方形和中空圆形排座。这种排座方式有些像"U"字式和马蹄式，只不过将"U"字式和马蹄式排列时形成的开口封上。这样，座椅自然被安排在桌子的外面。中空方形和中空圆形排座在小型会议的布置中最常见。两种排座都需在桌子的内侧围上裙围。用中空方形和中空圆形排座通常最多排40人的座位。

（6）"E"字式

"E"字式排座是"U"字式排座的变型。两排椅背之间需留出约121.92厘米宽的地方供人员走动。

（7）"T"字式

"T"字式排座是"U"字式排座的另一种变型。这种排座有一个76.2厘米宽的主席台，按"T"字式排座。在主席台中心部位伸出一排台子，这一排台子实际上是两排76.2厘米宽的长方形台子并在一起的，长度可按需而定。

（8）圆桌式

国际上通常说的圆桌会议，就是指会议出席者和主持人环桌而坐，没有礼宾顺序上的高低贵贱，因而更好地体现平等协商的原则。圆桌式也常有非正式协商之意，所以这种排列形式，在国际会议中使用较多。

1992年的联合国环境与发展大会，与会人数达8 000人，都环桌而坐。有的国际会议厅室如联合国安理会的座位，也固定成圆桌式。有时圆桌式也可排成椭圆形或由互不连接的小桌摆成圆环，供小组讨论活动之用。为充分利用空间，有的圆形设有出入口，有关会议工作人员可坐在摆于圆心处的长桌旁工作。圆桌式排列最常见的是在宴会会场的布置中。在西餐宴会中，182.88厘米直径圆桌可坐10—12人，而西餐宴会最常用的152.4厘米直径圆桌能坐8—10人，也有167.64厘米直径的圆桌坐8—10人。如果要让宴会出席者坐得舒服些，那每桌可少安排一些席位。在排列圆桌时，应注意利用地毯图案或者地板上的线条将桌子整齐地排列成行，前后左右桌子中心之间的距离至少要有274.32厘米，一般也要保持304.8厘米。既要考虑到席上客人所需要的空间，也要考虑到服务人员服务和其他席位上客人走动所需要的空间。

靠近墙边的椅子和墙保持60.96厘米的距离，这样可以方便服务员走动并为客人服务。排列桌椅时，服务员应先将桌子排列定位，然后再放椅子，椅子座位的前部边缘应刚好碰到台布。会议和宴会活动结束后应立即将椅子叠起来，以便服务员清扫。

（9）长桌式

小型会议桌椅最常见的排座方式是长桌式，亦称为董事会式、谈判式或传统式。这种排座方式将两张宽度为76.2厘米的长方桌子并在一起，按一行排座，长度可按实际需要而定。由于长桌式排座是会议策划者通常要求的一种会议桌椅排座法，所以许多会议场所都用上好质地的木桌和豪华舒适的座椅，布置成固定的长桌式排座会议厅。设有长桌的套房也可以当做小会议室用。

椭圆形长桌式是长桌式的变型，它只要在长桌式排列的基础上，再在两边分别加半个直径76.2厘米的圆桌就可以了。

（10）天桥式

这种排列方式实际上是马蹄式的变型。不过，它属于横宽型，因而更适合宽型的会议厅（室）。在天桥式中，主席可以与会议出席者共桌而坐，所有会议出席者都可以从不同角度面向主席台。

（11）正反"L"字式

这种排列方式是由两个正反"L"字形状的桌子对摆而成。它的长处是全体会议出席者分两桌相向而坐，可以更充分地利用会议厅室的面积，而且两桌断开便于行走；短处是会议出席者需侧向会议主持人。

（12）群落式

这种排列方式较不正式，适用于分组讨论或社交活动。会议主席或主持人只能随遇而坐。

2. 音响系统布置

音响系统是会议场所必须拥有的视听设备，它基本上是由音源、调音台、功率放大器（功放）和音箱四部分组成。

音响系统一般应按照音源（话筒）—调音台—调压器—均衡器—功放—音箱的顺序连接。开机前，调音台上的音量推子拉到最小处，然后再按照信号流动的方向依次打开电源。此时，必须注意功放器应最后才能接通。如果先打开功放电源，音箱中会有很响的"扑通"声，这是功放电源打开时产生的电流造成的。这种"扑通"声严重的甚至会损坏音箱，要记住关机时顺序必须和开机时顺序相反。

等电源都打开后，要等到功率放大器的延时保护指示灯停止闪动后，再放音乐并缓慢推动音量电位。在此期间，将音量调至合适程度，最后再逐步检查设备的输入电频是否恰当。为了保证音响系统的正常工作，会议厅室的服务人员应该用粘胶纸或者胶布把所有的连接电线同地板或地毯粘牢，同时还要想尽一切办法避免让电线穿过整个主席台，以防会议厅室变暗时有人会被绊倒。如果连接电线需要从主席台前绕过的话，那应该将电线放在挂着的台裙后面。

每次会议前如需要音响系统的话，都需请专业人员进行安装调试。要准备好备用的话筒，了解会议场所是否计划安排专人负责控制音量和传送话筒。扩音器对会议的成功也是极为关键的，所以扩音器的测试也是音响系统测试过程中的重要内容之一。如果需要使用多个话筒或者整个会议内容需要录制下来，那就需要音响师来操纵调音台，控制每一音源（话筒）的音量。如果场所使用背景音乐或传呼系统，就要确定能在每一会议厅室控制或者消除这样的干扰，这是必须要做的一件工作。大的多功能厅经常会被移动墙分隔，而音响控制系统却在多功能厅的某一部分，所以会议策划者应知道哪个部分有音响控制系统，以便分隔空间。

许多会议场所接会议业务时都免费提供1—2只话筒，对额外话筒的提供将另收费用。例如，美国迪斯尼大饭店只提供2只免费话筒，以后每增加一只话筒每天收取的费用是20美元。

3. 照明设备布置

会议场所的灯光系统应有专家进行设计并有专门技术人员控制操作。如果会议场所没有永久性舞台或主席台的话，那就必须安装多用途的照明设备，但绝大多数的舞台或主席台都是临时设置的，这样舞台照明设备就得安装在照明架上。如果舞台或者主席台总是设在某些会议厅室的固定位置，那就要建立永久性的照明设施并很好地配置必要的照明设备。即使小一些的会议厅室，也需要熟练地放置和控制照明设备，以便改进讲演者陈述时屏幕使用的视觉效果。

会议场所照明质量的基本要求应达到：照明均匀（需合理布置灯具）、照度合理、限制强光（可限制光源亮度或运用磨砂玻璃作灯罩）。常用电源按发光原理可分为热辐射光源和气体放射光源。前者如白炽灯、卤钨灯，一般为15—100瓦；后者由荧光灯、高压汞灯及金属卤素灯，一般可达100—1000瓦。在会场内，选择光源一般以白炽灯居多。因为它即开即亮，灯光柔和，又可调光，还可用于形式各异的吊灯，增强会议厅室的环境美化效果。灯具则选择开启型灯具（光源与外界空间相通），而在贵宾接见厅等重要的场合则应选择闭合型灯具（光源被透明罩密封）。

相比之下，小型会议厅室对照明要求很简单，而大型多功能厅和礼堂对照明要求就要复杂得多。例如，小型会议场所就不需要聚光灯或舞台照明。舞台灯的基本类型有聚光灯、侧光灯、椭圆形聚光灯、追光灯、泛光灯和特殊灯。500—1000瓦的聚光灯装在天花板上，用于靠近观众的舞台区域照明。为了取得最佳效果，这种灯经常使用滤色镜。追光灯通常用来为讲演者和演出者提供特别可视度，它需要技术人员的服务来保证正常照明。这种灯特别亮，使用滤色境可达到不同的效果。泛光灯常用于照物而不用来照人，也可配上滤色镜以达到各种效果，所以它经常用于舞台背景照明。特殊灯既用于照明也可制造气氛，舞厅的球灯、激光灯、频闪灯，可以达到增强特殊活动所需气氛的效果。

在使用会议厅室的各种照明设备之前，会议策划者应要求会场工作人员仔细检查，如发现故障应及时报修。同时，要严格遵守有关规章制度，不得自行拆修，以免事故的发生。

4. 屏幕布置

大会议厅使用的大型屏幕，特别是那些受到低天花板局限的屏幕必须要定做。会议策划者可根据表12-7、表12-8、表12-9所提供的数据选择屏幕尺寸。该表还能帮助会议策划者决定在何处放置投影机或电影放映机。选择能充分利用的投影机型和会议厅面积的屏幕尺寸同选择恰当的屏幕表面一样重要。如今，短的投影镜头在大的会议厅室也可以比以前得到更大、更逼真的投影画面。例如，现在 35 毫米幻灯机的 10.16 厘米（4 英寸）镜头可以从离屏幕 4.6 米（15 英尺）处放映在 1.83 米（60 英寸）高与宽的屏幕上。可调节焦距的放映机需要大屏幕来充分发挥它的放映能力。

表 12-7 屏幕尺寸选择和放映距离指南表

镜头焦距		16 毫米电影			
		屏幕宽度（英寸）			
		40″	50″	60″	70″
1″	放映距离（英尺）	9′	11′	13′	16′
1.5″		13′	17′	20′	23′
2″		18′	22′	26′	31′
2.5″		22′	27′	33′	38′
3″		26′	33′	40′	46′
3.5″		31′	38′	46′	54′
4″		35′	44′	53′	61′

表 12-8 屏幕尺寸选择和放映距离指南表

镜头焦距		35 毫米电影			
		屏幕宽度（英寸）			
		40″	50″	60″	70″
3″	放映距离（英尺）	7′	9′	11′	13′
4″		10′	12′	15′	17′
5″		12′	16′	19′	22′
6″		15′	19′	22′	26′
7″		17′	22′	26′	30′
8″		20′	25′	30′	35′

表 12-9 屏幕尺寸选择和席位至屏幕距离指南表

屏幕尺寸	最远席位至屏幕距离（英尺）	最近席位至屏幕距离（英尺）	观众容量	席位面积 平方米（英尺）
43×48（平方英寸）	30	5	88	50（531）
54×74（平方英寸）	36	6	125	70（755）
63×84（平方英寸）	42	7	169	95（1 018）
72×96（平方英寸）	48	8	224	725（1 345）
7.5×10（平方尺）	60	10	350	195（2 100）
9×12（平方尺）	72	12	502	（280）3 010
10.5×14（平方尺）	84	14	684	382（4 110）
13.5×18（平方尺）	108	18	1 175	655（7 050）
15×20（平方尺）	120	20	1 400	780（8 400）

1. 最远席位距离应是屏幕宽度的 6 倍，这是任何会议厅室选择理想屏幕的首要考虑。
2. 最近席位距离应等于屏幕宽度。
3. 除去走廊通道的距离观众容量是每 0.5 米 1 人。

5. 投影机布置

投影机在会议演讲中经常使用。投影机经常放在演讲者旁边稍后的地方，将需要投影的图片投影到屏幕上去。投影机可以接受任何品牌的 21.76×21.76 厘米（9×9 英寸）或 A4 纸大小的投影片（透明胶片），这种胶片投影机和透明胶片价格不贵，不易损坏，需求量大。

投影机一般分胶片投影机和实物投影机。胶片投影机接受透明胶片。实物投影机是将纸质材料上的文字图像直接投映出去，不用先将需要投影的文字画面材料制作成投影胶片，但它较笨重，而且必须在暗室中使用。

表 12-10 列举了常用视频设备的优缺点，供会议策划者及工作人员参考。

表 12-10　常用视听设备优缺点比较表

设备类型 \ 优缺点	优　点	缺　点
幻灯机	1. 可用无线程控装置操作 2. 幻灯片色彩感强 3. 可通过电脑程序化制作多个图像 4. 可放映出更大的图像文字	1. 同录像相比，画面缺乏动感 2. 幻灯机风扇杂音易使人心烦意乱，分散注意力
电影放映机	1. 全部动感影像 2. 色感极好 3. 可以放出质量好又大的图像文字	1. 除非有自动装胶片机，否则装胶片很难 2. 内置扩音器质量不好
胶片投影机	1. 可在明室使用 2. 操作简单，可以在复印机上快速制作投影片 3. 讲演者可通过在投影片上列出要点、黑体字和标记来突出陈述重点 4. 讲演者可面对听众而不必转身（如在白板上写字时那样）	1. 内置风扇噪音会分散注意力 2. 缺乏良好的色感
实物投影机	1. 简单、价廉 2. 可节约不用投影片处理的费用，避免烦琐的准备过程	1. 产生图像效果较差 2. 适合小范围会议场所 3. 需要在暗室使用 4. 设备笨重
录像机	1. 立即倒带功能 2. 全部动感影像，色感强 3. 操作便捷	1. 不同格式的设备不能兼容 2. 大量与会者不能使用电视放录像

6. 演讲设备的布置

（1）黑板、白板、绿板

并不是所有演讲者都使用视频设备，也有许多会议演讲者使用黑板。现在，黑板又演变成了白板或绿板。这些黑板、白板或绿板可永久性安装在会议厅室的墙上，或者临时放在三脚黑板架上使用。会议策划者在开会前要确认黑板、白板或绿板是否擦干净，并要提供板擦和粉笔。如果是白板，还需要提供足够的色笔。色笔能使讲演更加生动，黑板、白板或绿板、板擦、粉笔或色笔通常是由会议场所提供。会议策划者应要求会议场所提供良好的黑板、白板或绿板，以及质量上乘的粉笔或水笔、板擦。使用白板比使用黑板更为干净与方便，而且还能作为临时的投影屏幕。另外，白板还有所写文字看得清、易修改的特点，白板不用粉笔，所以可用干擦器。

还有一种电子白板，可以复制书写在上面的内容，需要的话，按一下按钮就可以复印电子白板上书写的全部内容。这样，就不用让听众记大量笔记，并可让他们集中精力听讲。双子黑板是白板的又一技术改进产品，这种装置能通过电话线路将写在黑板上的材料发送到另一块黑板上。有时这块黑板会在千里之外，因为更多的会议策划者正在转向电话会议，这种装置的应用也变得越来越普遍了。

挂在架子上的大拍纸簿、可翻动的活动挂图、彩色笔和宽体软头笔也都是会议经常使用的物品。它们应该便于携带和移动，而且有专用柜子存放。如果会议场所有经常用于培训教室的会议厅室，在架子上安放使用这种可翻动的大拍纸簿也是非常方便的。这种可翻动的大拍纸簿一般是27×34平方英寸，使用范围局限在小会议室内效果更好。有些会议场所仅提供架子，而对大拍纸簿和书写笔要另外收取费用，而有的会议场所在基本费用中包括了演讲所需一切用品的费用。

（2）教鞭

从最初的木制教鞭开始，教鞭已经变得更为现代化了。许多演讲者使用可伸缩的金属教鞭，这种金属教鞭一直能缩短到圆珠笔般大小。还有一种电子激光教鞭，它能在30米之外的地方将一束光投射到屏幕上，这样讲演者在会议厅室里就有了更大的自由移动范围。

（3）电脑

电脑可用在演讲、沟通、培训及专题研讨会或培训会议上。会议讲演尽可利用手提电脑和微软公司的PPT软件将演讲的内容通过液晶投影机在大屏幕上展现给与会者。

7. 其他会议设施的布置

除了在多功能厅内按客户要求将桌椅、讲坛等按一定的排列方式布

置好外,会议策划者还应注意要求会议场所做好其他布置工作。具体如下:

(1) 会名和会徽。在多功能厅或其他小会议厅室悬挂的布板或木板上印(贴)上会议或展示会名称、日期及地点。木板或布板一般为深色,印字为白色,这种鲜明的反差可以起到醒目的作用。会期及地点的字体可略小,应该放在会议名称后部或右部,有的活动还在会期及地点下方写上活动主承办单位的名称。如果活动会议使用两种文字,可分别居上下或左右,以上方和右方为尊。如果会议有会徽的话,可在布板或木板的显著位置印(贴)上会徽或所属国家机构的徽记。

(2) 旗帜。如果举办正式的国际会议,会议策划者应注意悬挂东道国和与会国的国旗及主办者机构的旗帜。如果旗帜较多,可采用旗杆悬挂方式。国旗的尺寸应一致,并按国名第一个英文字母顺序自右往左(面向观众)排列,东道国国旗和国际机构旗帜可置中间或两端,必要的时候在会议场所的外面也要悬挂有关旗帜。可将旗杆排列成环形,并将东道国和国际机构的旗帜置于显著地位,也可通过尺寸大的旗帜以示区别。

(3) 铭牌。这里指的是国家、机构、个人姓名及职务名称的标示牌。设置铭牌的目的是:

① 显示某与会者所代表的国家或者机构;

② 显示在会议中所担任的职务;

③ 显示与会者的个人姓名和身份;

④ 便于其他与会者、会议主持人及会议工作人员快速、清楚地加以识别。

铭牌可以分为胸卡和席卡两种。一般用塑料或硬纸板制成,白底黑字,用正楷体或大写字母书写,文字应保证绝对正确无误,席卡应便于在桌上直立。铭牌的大小长短应相同,上面的机构名称可使用人所共知的简称,如 WTO(世界贸易组织)、WHO(世界卫生组织)、UNESCO(联合国教科文组织),个人姓名要写全名,一般不加职称。会议中担任职务的人如主席、副主席、秘书长,其铭牌只写职务不写姓名,在临时出席会议的政府领导人铭牌上一般也只写职务,不写姓名。

铭牌的放置应视会议进行过程中人员的变动而及时变动。如果有些会议主席团是现场选举的，与会者会议职务的变动要求铭牌也要随之而变化。换牌的任务应指定专人负责，以免发生差错。

（4）主席台。主席台多设于会议厅室的正前方。正式的会议主席台往往是一个高出地面的平台，左右两侧应有台阶供人员上下，标准高度约为40厘米。一般台阶不宜过高，而且离与会者席位的最前排距离也不宜过远，这主要是为了台上、台下人员沟通的方便。对于以演讲为主的会议来讲，沟通的要求不高，因此对主席台高低要求也就不讲究，但讨论及审议性的会议对主席台的高度要求就高了。

主席台上应有为会议主持人及助手放置的长桌，台上座位的数量按主席台上的人数来定。除典礼性活动外，主席台上的人数不宜过多，一般为执行主席、秘书长、会议秘书等人。

策划锦囊

如何成功筹备会议

□ 会前——规划阶段

这一阶段通常时间最长、事情最多，因为要筹备的事项很多，所以最好早一点开始进行。

（1）会前两年半。确定会议日期与场地；评估财源并制作预算；成立筹备委员会；成立秘书处；设计会议标志；确定饭店房间数的预订；确定会议室使用数量；制作工作进度表；搜集并准备宣传寄发名单；定期召开筹备会议，审视各项工作进度及决议。

（2）会前2年。制作筹备企划书，确定会议宗旨、内容、主题，以及工作进度表和预算；拟订推广计划；选定合适的会议专业顾问公司；草拟学术节目，确定拟邀请演讲者名单；决定报名费及相关费用；搜集旅游、文艺等资料；决定会议是否使用同声传译。

（3）会前18个月。草拟会议通告，含邀请函、会议日期和地点、主题等；印刷并寄发会议通告；确定学术节目形态及内容；确定社会节目的安排；设定大会所有印刷品的印刷时间表，并与印刷设计公司协调；确定所有将寄发给报名参会者的宣传手册应包括的资料，并着手草拟宣传手册及报名表、论文摘要表、订房登记表；设计网页。

（4）会前12个月。草拟展览说明书及合约；收集参展商名单；印刷并寄发宣传手册及相关表格；确认演讲者是否接受邀请并请提供演讲题目及摘要；制作大会纪念品；通知政府有关单位本次会议的举办时间；联络并确定会议各项安排的供应商。

（5）会前6个月。审核投稿的论文；安排节目议程并挑选、邀请各组主持人；寄发通知函给投稿人；寄发通知函给所有受邀的主持人。

（6）会前3个月。发布新闻；邀请开闭幕典礼出席嘉宾；现场工作/接待人员规划及招聘；草拟设计大会节目手册；安排贵宾接待事宜；报到处使用规划；确认各项餐饮安排；社交活动表演节目设计。

（7）会前1—2个月。报名截止；与饭店核算已订房数量；现场接待人员工作训练；印刷大会节目手册、与会者名册；检查各项活动/节目/餐饮的安排；参展商协调会；检查会场各项准备工作。

□ 会期——执行阶段

所有会前的筹划、准备就是为了这几天的会期，有了万全的准备，这个阶段就会有完美的演出。会前3天至会期工作如下：召开记者会；现场接待/工作人员预演；备妥报到相关资料装袋；检查各会场布置；各项节目、表演彩排；会场桌椅摆设确认；报到资料整理；发放大会相关资料；进场；检查餐饮安排；大会正式开始。

□ 会后——善后阶段

很多筹备会议的人通常会忽略这个阶段。善后工作虽然很累，尤其准备那么久的会议终于圆满闭幕，谁都想好好休息，但是会议闭幕后其实还有很多工作要总结，要把这些工作完成之后，会议才算结束。

会后1个月内应做好如下总结工作：统计报名人数；与饭店核对总住房数；财务结算；寄发感谢函；举行庆功宴；整理大会相关资料并归档；召开总结会，报告收支情况；论文集编撰；薪资清册，以备次年初申报所得税；结案。

主要参考文献

1. 〔日〕安昌达人：《展业活动的规划与管理》，北京：光明日报出版社 1985 年版。
2. 〔美〕伦纳德·纳德勒等：《成功的会议管理》，北京：机械工业出版社 2002 年版。
3. 〔美〕Militon T. Astroff、James R. Abbey：《会展管理与服务》，北京：中国旅游出版社 2002 年版。
4. 〔美〕诺贝：《如何进行成功的会展管理》，北京：高等教育出版社 2004 年版。
5. 保健云、徐梅：《会展经济——一种蕴藏无限商机的新型经济》，成都：西南财经大学出版社 2001 年版。
6. 韩斌：《展示设计学》，哈尔滨：黑龙江美术出版社 1996 年版。
7. 华谦生：《会展策划与营销》，广州：广东经济出版社 2004 年版。
8. 金辉：《会展营销和服务》，上海：上海交通大学出版社 2003 年版。
9. 姜夕泉：《招商引资运作谋略》，南京：东南大学出版社 2002 年版。
10. 林福厚：《展示设计》，北京：学苑出版社 1996 年版。
11. 林宁：《展览知识与实务》，北京：经济科学出版社 1999 年版。
12. 刘松萍、李佳莎：《会展营销》，成都：电子科技大学出版社 2003 年版。
13. 潘杰：《展览艺术——展览学导论》，哈尔滨：黑龙江美术出版社 1992 年版。
14. 吴信菊：《会展概论》，上海：上海交通大学出版社 2003 年版。

15. 魏中龙、段炳德：《我为会展狂——如何经营成功的会展》，北京：机械工业出版社2002年版。
16. 向洪主：《会展资本：并不高深的赚钱秘诀》，北京：中国水利水电出版社2003年版。
17. 阎蓓、贺学良：《会展策划》，北京：高等教育出版社2005年版。
18. 周彬：《会展概论》，上海：立信会计出版社2004年版。
19. 赵衍文：《现代展示策划与设计》，北京：人民美术出版社2000年版。

后　记

本书由多人参与编写完成。在编写过程中，我们得到了北京大学出版社各位编辑的悉心指导和帮助，在此谨向他们表示诚挚的谢意。同时我们还参考了大量国内外相关文献资料，在此，也向本书所引用文献的作者表示衷心的感谢。由于参考资料繁多，又承蒙多人收集整理，若在文献列举中存在一些遗漏或偏差，还请各位作者和读者见谅，并告知宝贵意见，以便再版时更正。

对于部分直接引用的相关资料，我们一直在努力寻找版权所有者并向其支付稿酬，但有的至今未能联系上，希望相关版权所有者见到本书后能及时与我们联系。

联 系 人：徐文锋
联系电话：13767798001
电子邮箱：lnzxxwf@163.com

编者
2007 年 11 月